Christine

双面的克里斯蒂娜

[澳] 玛德琳·马森 著

刘略昌 王二磊 程庆华 译

新星出版社 NEW STAR PRESS

目　录

楔　子

随着"温彻斯特城堡号"冒着蒸汽驶离开普敦港,我就预感到:要过很长一段时间才能返回家园。然而,这次旅行的缘由却是非常快乐的,因为我就要和自己深爱的那个英国男子会面了。一想到马上就能重新团聚,我就异常兴奋,这可能会削弱我的观察力和理解力。

作为作家,我总在搜寻素材。由于好奇心,我对周围人们的行为和反应很感兴趣。人类的生存状况对我来说非常重要,但除非是作为我弟弟的监护人,我一般不会卷入他人的生活。我缩在那紧紧包裹起来的内心深处,这就是为什么在面对那些比我个人的问题和情感更加强烈,当然也更加重要的事情时,我依然能够毫无牵连,置身事外。

然而在1952年5月底的这个下午,我的这种自我保护意识却失灵了。

随着客轮越来越远地把开普敦港抛在身后,冒出的蒸汽像桌布一样盖在了圆桌山上。远方的城市似乎缩小成了一幅小小定居点(海洋旅店)的水彩画。这么多世纪以来,那平坦的屋顶,那色彩斑斓的房屋还有热情好客的市民一直欢迎水手们的到来。

我站在栏杆处,向高高地栖息在散发着香草气息的圆形大山一侧的茅草屋告别;向那蓝色温柔的圆形海湾告别;向栖息在由早期定居者种植的橡树中间咕咕鸣叫的斑鸠告别;向我的朋友和熟悉的习惯告别。

我一生当中经历了多次别离。德国人进入的那天我离开巴黎,与我的哥哥挥手告别。哥哥是个高山猎人,没有胡须,圆脸,个头矮小。在我前往西班牙边境,试图回到南非时,我哥哥却觉得继续留在德占区的法国,等待时机加入戴高乐将军领导的军队是自己的职责。但这最后一次和祖国告别却是可怕的。这是骨肉血缘之情的最后一次分离,因为就在后方内地的某处,在炽热明亮的太阳下,我母亲静静地躺在了红土中。

我朝着舱位走去,开始打开手提箱往外拿东西,我主要关心的是里面的写作素材和我最喜欢的书籍。我喜欢随身带着帕斯卡①的《思想录》,兰波②的诗集还有《圣经》。我刚刚拿出这些书,就响起了敲门声,女侍者进来了。我抬起头,虽然只是瞬间的感觉,但我却立刻就意识到:这个穿着整洁制服的柔弱女子身上散发着某种生机勃勃的魅力。她用一种口音很重、让人屏住气息的腔调问我是否需要服务。正陷于思乡之情中的我说眼下不需要帮助,过会儿我会按门铃叫她。她离开后,我继续往外拿行李,但她身上的某种东西却使我急于再次见到她。即使我们之间的共鸣非常微弱,交流很少,我仍然确信:她不是个普通的侍者。那傲然的脸庞,忧郁的眼睛,还有精美的双手都表明这是位很有个性和教养的女子。看得出,她有过一段经历。要是换了其他任何场合,我一定会对她的经历发生兴趣,就像高明的盗贼见到了保险箱一样。

这位女侍者举止很有礼貌,做事效率高,但态度冷淡。我躺在舱位上,看她端着托盘进来,然后放下托盘。她清理舱位时,我惊讶于她动作的优雅流畅。我想,或许她是一个在罪恶时代倒了霉的优秀芭蕾舞演员。她不会主动提起话头,并总是让话题仅限于海上的平凡生活。有一两次,我发现她脸上焕发出逼人的光彩。因为日晒而呈现深褐的面色变得通红,闪着金色的光泽。但在其他时候,她却看起来疲惫不堪,不过是个身材苗条、鼻子泛着光亮、不再年轻的女子而已。

只有一次,我看到她笑了。当时,我告诉她:我在马德拉岛给侄女买了个玩偶。看到这体积很大、像机器人一样、会走路会说话的玩具时,侄女一副惊慌失措的样子。当时,她脸上一下子就泛出了勃勃的生机,她双

---

① 帕斯卡(1623—1662),法国数学家、物理学家、哲学家。——译者注

② 兰波(1854—1891),法国诗人,创作生涯自15岁到20岁,但其作品及简练奥秘的风格对象征主义运动产生巨大影响,并成为后人热心研究的课题,主要诗作有《醉舟》,散文诗《灵光篇》和《地狱一季》等。——译者注

眼发亮,看起来年轻,敏感而又美丽。然而没有任何预示,我竟会在二十年后,不管是清醒还是熟睡,都想记起这个女子所说的每句话,每个腔调,每个姿态。

航行期间,我向船长打听女侍者的身份,但他态度谨慎,言辞模糊。当我告诉他我对女侍者的猜测时,他笑着说道,船上的作家们总是试图给非常普通的人物编造一段浪漫有趣的历史。"这肯定和船上生活有关,"他继续说道,"船上生活让人精神愉快。作家……"他接着讲了一个和某位著名小说家有关的长插曲。在这艘船上旅游时,那作家产生了错觉,把船上的一名员工当成了被通缉的罪犯。

在潮湿、有风的一天,我们的船在南安普顿登陆了,但没有什么能打击我兴致勃勃的劲头。我回到舱位,锁上箱子,准备给女侍者的小费。我想向她表示感谢,感谢她一路上对我这么精心照料。我按响了电铃,前来回应我召唤的却是一个面容憔悴、不知姓名的女子。"你所提到的那个侍者身体不舒服,"她说道,"我能给您做点什么?"我有点失望,就写了一张表达感谢的便条,把小费包在信封里。我问事务长:"那女侍者全名是什么?"他察看了一下名单说:"给您服务的是克里斯蒂娜,全名是克里斯蒂娜·格兰维尔女士。"

1952年6月13日,轮船驶入了码头。几天以后,我开心放松地躺在床上,读着晨报。突然我震惊地看到了一条短讯。短讯言简意赅地说道:6月15日晚上,"联合城堡邮轮"上一个叫克里斯蒂娜·格兰维尔的女服务员在伦敦一家旅馆被革新会的厨房看门人杀死了。看到那神秘女侍者死亡的恶劣事件,我心里一阵悲哀,但因为忙于安排新生活,所以只给了克里斯蒂娜的灵魂一个短暂的告别。

然而第二天,原本毫不起眼的短讯迅速膨胀成了数则头版新闻。给我服务的侍者的确不是名普通女子。她生于波兰一贵族家庭,在二战期间曾在波兰、匈牙利和法国做过英国特工。她是法国抵抗组织中的女英雄,由于表现突出,曾被授予乔治勋章,英帝国勋章还有法国银星军功十字章。

报纸上到处都是一些有关克里斯蒂娜·格兰维尔的耸人听闻的故

事,说她是个传奇人物,有过什么样的英雄事迹。我很生自己的气,因为我打算创作一本关于剖析勇气的书籍已经耽搁良久,但这次却错过了获取第一手信息的机会。我责备自己,因为我没有更卖力地去突破克里斯蒂娜·格兰维尔那沉默寡言的樊篱,她借此来保护自己免遭缠绕不休的话题骚扰。我想起了克里斯蒂娜的许多印象:她的优雅,她金黄色的皮肤,还有她那泛着光泽的鼻子。

然后,我嫁给了那艘船的船长,我们外出度蜜月,一切其他事情都暂时忘在了脑后。但在接下来的几年中,特别是当我返回法国,看到我那些经历了德军占领和集中营而幸存下来的亲戚朋友时,克里斯蒂娜却从未远离我的思绪。在后来的生病期间,我主要依靠阅读那些描述抵抗运动和特种行动执委会工作人员功绩的书刊来获取信息。我痴迷地想创作一本有关克里斯蒂娜·格兰维尔的书,以此来纪念克里斯蒂娜,还有那些为自由献身的勇敢的无名女子。

回想 1940 年 6 月 14 日,我走出位于巴黎贾克伯的公寓(当时德军正进入巴黎)时,装备极差地开始了一段漫长而又冒险的旅程。这旅行持续了四年时间,它最终把我带回到了那处 25 年以来一直是我魂牵梦萦的地方。

抵达巴黎后的一天,我开始尝试和亲朋好友取得联系。我明白,德军占领法国造成了当地人口的大批重组,我的许多朋友和同事,正如我本人一样,已经去了国外或转入本国地下。但我不能相信,我的生活圈子就这样永远土崩瓦解了。

我的朋友总共有五十人左右,其中许多都不是犹太人,也和犹太人没有亲戚关系,但他们中的百分之六十都消失不见了。我向朋友们居住的公寓打了一个又一个电话,但结果并不令人满意,我甚至有种不祥的预感。于是,我在巴黎挨家挨户搜寻,又敲响了那熟悉的大门,按响了那熟知的门铃。

我过去认识的一些看门人已经走了,但那些仍然留下来的给我讲了很多事情。看门人谈到了夜间的敲门声、哭喊声、打斗声,说看到我的朋友们走下楼梯，后面跟着那些抓他们的人。正如一位看门人所说的那样，"他们看起来好像刚被粗暴惊醒的梦游人一样"。不管我去哪里，遇到的都是同样令人震惊的体验。我通常会敲敲门，充满期待地等着。接着，门开了，一个不认识的人出现了，他或者充满歉意，惊恐万分，或者一副非常粗鲁的样子。

我花了很长时间才完成调查。我发现，除了一个表弟之外，我所有的犹太亲戚都在集中营的毒气室被杀害了。我的文学代理人死在了拉文斯布吕克，三个密友的丈夫都死了。其中有一个是马基游击队队员，他死于德国人之手；另外一个也是马基游击队队员，因为炸弹碎片感染生了坏疽病而死；第三个是一名很有前途的艺术家。在被审讯期间，纳粹党卫军不停地对他施加暴力，他受伤而死。

在过去几年里，我在咖啡馆结识了许多熟人，有诗人、作家、记者还有演员。其中，只有为数不多的几位与敌人合作了，这些人大体上在国际社会属于那些更加颓废堕落的人物。我感觉自己好像鬼魅一样行走在一个充满了幽灵的都市里，因为不管我去哪里，周围都会有景物使我想起战前的日子。我朋友中只有为数不多的几个人留了下来，我们一起挤在双叟咖啡馆里，咖啡馆就像对面的圣日尔曼教堂一样没有改变。景物保存了下来，但人却没有幸存下来。我们敬酒通常是献给那些"不在场的朋友"。我们无法相信，会永远见不到他们了。最后，我再也无法忍受了，满怀幸存下来的内疚感，回到了南非的家里。

多年以后，我开始调查克里斯蒂娜·格兰维尔的生平。在被告诫难度很大时，我仍固执地决定要创作这本传记。有人告诉我，许多人曾经尝试过做类似的工作，却都失败了。这一事实并没使我畏缩不前，反而激励我一直向前。我把其他一切事情都放在一边，专心致志地搜集事实材料。

开始时，我给特种行动执委会法国分部的前任部长莫里斯·巴克马斯特，还有奥黛特·哈洛斯的一个朋友GC写信。莫里斯把这位朋友介绍给了我，也介绍了他的一名员工文静聪颖的薇拉·阿特金斯。如果没有他们的帮助，任何人想写有关在特种行动执委会工作的员工以及发生的事情，无疑都会失败。

通过朋友、著名作家塞尔温·杰普森(杰普森少校曾在军事情报局工作,后来调到特种行动执委会的法国分部)和 M. R. D. 富特教授(对于那些试图理解特种行动执委会所从事的工作和它繁杂多变的部门的人们来说,富特教授关于驻法特种行动执委会的出色书籍肯定是本教科书),我得到了许多宝贵的信息,还有一些男男女女的名单。战时,这些人都认识克里斯蒂娜,战后依然和她保持着联系。

设法找到这些人是我乐意完成的一项主要任务,因为我决心尽可能精确地创作一本关于这位女子的书,必须尽力拯救其名使其免遭遗忘。接着,一系列奇怪的巧合事件发生了,这些巧合贯穿了我创作该书过程的始终。许多陌生人给我打电话,鼓励我坚持下去。我在伦敦图书馆一堆堆书中转来转去,翻阅了许多书,这些书给我提供了宝贵的线索。无意之中,我遇到了一些人,结果他们既认识克里斯蒂娜又认识安德鲁·肯尼迪。我的许多朋友似乎曾效力于特种行动执委会。但由于我们是在战争结束很久之后才见面的,所以他们战时的经历从来就没有出现在我们的谈话中。

到这时为止,我沉浸在能找到的一切有关特种行动执委会的书籍中。这很正常,不仅仅是因为克里斯蒂娜日后的活动受到他们从伦敦或阿尔及尔发来的指示影响,而且还因为从某种意义上来说,那些和这个组织有联系的人使我了解到有关克里斯蒂娜在战争年代的经历和工作的大多数信息。特种行动执委会招募了一些才能卓越的女性,例如戴安娜·罗登、瓦奥莱特·绍博、努尔·英亚特·卡恩、奥黛特·哈洛斯、约朗德·比克曼、伊利亚恩·普卢曼。她们都是一些妩媚动人的淑女,其共同点就是能说一口完美无缺的法语,愿意为自由事业服务。

在和克里斯蒂娜的朋友们交谈时,我得到的最深刻印象之一就是:克里斯蒂娜憎恨任何形式的压迫,不仅仅是出于爱国原因,而且是因为她把自己对思想自由、行动自由的渴望带到了人类的一切领域。任何威胁到克里斯蒂娜个人或他人自由的做法都成了她个人的事情。

我给那些认识克里斯蒂娜的人写信,他们或是杰出的将军,或是政治家,还有一些远在他乡的皇家大使,他们都是她在为特种行动执委会效力时认识的。我惊奇地认识到:了解克里斯蒂娜·格兰维尔,并且尊重、景仰她的大多数人,本来就是一些已经或正在为国家幸福做出宝贵贡献的人。虽然有人对特种行动执委会颇有怨言,但事实依旧是:他们挑选出来、并加以训练的人员,战时工作和未来生活都非常成功,没有什么以次充好或二流的。

并不是我所有的信件都得到了回复。许多信件上面都写着"已经搬走"或"查无此人"被退了回来,我沿着虚假线索顺藤摸瓜,遭受了许多挫折,也经受了很多失望。

对于名人,不管是历史上的还是当代的,人人都有自己的看法和解释。不管是真实还是虚假,诚实正直的作家只能提出唯一的看法。即使对那些和名人关系最为密切的人来说,他们也只能呈现出他们自己的发现,他们自己的结论,还有他们自己了解的真相。真相必定受到了作家个人的经历和判断的影响;传记作家必须要全面描绘他/她笔下的主人公,是文过饰非还是如实呈现就要依赖于作家的本性,还有他如何看待英雄崇拜、是否会掩饰错误以及批判分析的能力了。

对于克里斯蒂娜·格兰维尔的性格和动机,许多人都提出了自己的见解。其中有像我一样只在短时间内认识她的人;有为了履行任务和她有过接触的人;有和她一起工作,并成为她朋友的人;有对她非常了解、并深爱着她的人。每一个人心中都珍藏着对于自己所认识的那个克里斯蒂娜的回忆。但我觉得,关于克里斯蒂娜的真相不在她朋友们的回忆之中,而在她的实际行动和她准备做出的全部牺牲中。

要想精确地创作这本传记,就有必要把我要展现的主人公放置在她所处时代的环境和重大事件的背景之下。由于克里斯蒂娜在许多战争舞台上都非常活跃,这就意味着必须要获得大量关于二战历史的细节和一些错综复杂的情况——这些都对克里斯蒂娜的工作和行动产生了影响或是她的行动影响了这些历史——的详细资料。幸运的是,二战几乎和拿破仑时代一样资料翔实。在过去的十年里,禁忌的闸门已经放开,关于那大劫难岁月里的方方面面,出版社和媒体都不断有文献记录问世。在大量回忆录和传记的文字和图片中,在有关背叛、死亡、抵抗、毁灭和幸存的所有记录中,进行资料筛选并不是一件容易的事情。在我搜集有关克里斯蒂娜的信息时,我发现几乎所有的人都对他们共同生活时代的政治气候和时代精神有着不同的看法。显然,人们必须要考虑战时许多作家的国民性格和党派特点。许多战后的政治和政策都植根于战时的抵抗组织,植根于那些组织在各地的领导人,正是这同一群人如今穿梭在伦敦、巴黎、华盛顿、柏林还有莫斯科的权力走廊中。对他们中的有些人来说,权力比爱国主义更加重要。在有些情况下,重塑明天的世界成为他们行为背后的推动力量。但对其他人,对于像克里斯蒂娜·格兰维尔那样准备在战场上牺牲的男男女女来说,只有人的自由和尊严才是重要的。

对于和克里斯蒂娜一起工作的绝大多数人来说,她成了一个标志:一个见证了他们那逝去的闪光青春的标志;一个他们的生命处于勇敢无畏、理想化阶段的标志。那时,每日的笑声、努力、担忧和友谊的表面下掩盖的是被捕、折磨、在集中营里日渐憔悴的恐惧。在那黄金般的冒险岁月里,只有现在才是重要的。过去、将来都没有了实际意义。这些没有过去沉重包袱拖累的年轻男女的情感被剥夺一空。

在试图破解克里斯蒂娜的生活之谜时,另外一个必须要考虑的因素在于:事实上,自从克里斯蒂娜过世以后,20 年的时间已经过去了。克里斯蒂娜英年早逝,但那时认识克里斯蒂娜的人却一直步入了中年,甚至活得更久。克里斯蒂娜认识并和朋友们接触的时候,他们都还年轻,处于人生的黄金阶段。但由于受到一种普鲁斯特意义上的怀旧感和葡萄牙人称之为怀乡意识的因素的影响,他们对克里斯蒂娜的记忆却变得模糊并有修饰过的痕迹了。

克里斯蒂娜结交了在许多领域工作的朋友,但这些朋友之间,正如她本人生活的各部分间一样,是互相隔离的。她从来没有犯错将他们搅和在一起。她也没有提到自己所从事的神秘活动。克里斯蒂娜是个不喜欢袒露内心的人。高兴时,她显得生机勃勃;郁闷时,她会立时变色;而且她很容易陷入郁闷无聊之中。然而,对许多人来说,遇到克里斯蒂娜却是一次难忘的经历。克里斯蒂娜的同行们(间谍)发现难以做到不带感情地去谈论她的勇气,奉献精神和完全忘我的投入。而且,这些人都是克里斯蒂娜的同事，而不是那些她曾经救过他们的性命或那些深爱着她的人。克里斯蒂娜坚强，富有魅力，这超越了时间流逝和默默无闻的局限。

和在战争期间以及战后认识成年克里斯蒂娜的男男女女交谈相对来说比较容易，但要想找到认识儿时以及少女时代克里斯蒂娜的同代人就要困难多了。非常开心的是，我在英国找到了一个很大的波兰人聚居区，其中许多人都有着大段的回忆和重要的亲戚关系。

通过联络官约瑟夫·巴尔托西克上将的善意帮助，我联系上了斯卡贝克家族的一名成员、现任家族首领的安德鲁·斯卡贝克博士。他起的作用很大，给我提供了许多重要线索。然后，我见了他弟弟约翰，约翰努力给我简要回忆了他那著名家族的历史，还给我看了他家族饰章的复制品和许多有趣的照片。

收获最大的一次采访是和克里斯蒂娜的表弟斯坦利·克里斯托弗会面。克里斯托弗人不错，花了好几个小时的时间来帮助我。这位上了年纪的谦恭绅士记忆力惊人，几乎可以记住一切。所以，他给我讲述的许多有关克里斯蒂娜的背景、父母、儿童时代还有青少年早期的事情，达到了人类记忆所能接近的真实极限。

斯坦利·克里斯托弗曾经在克里斯蒂娜的第一次婚礼上做客。他说道："那是在华沙举行的一场宗教婚礼，出席的人不多。克里斯蒂娜穿着白色长袍，看起来非常优雅。她个子很高，身材苗条，可以说有五英尺八英寸高，她丈夫就要矮多了。婚礼的午宴设在一家重要宾馆的一个安静的房间里，我想那是布里斯托尔大酒店。此后，这对年轻夫妇就去扎科帕内度蜜月了。"

然而，尽管克里斯蒂娜的许多熟人都很热情，经常鼓励我，给我写了许多详细的信件，抽出时间来和我仔细交谈，但我却不安地意识到：我仍站在一堵玻璃墙后面。通过玻璃墙，我只能模模糊糊地看到对我故事的进展和重要性来说至关重要的人物和风景。此外，无一例外，有个人的名字总是和克里斯蒂娜的名字一起被人提到，那就是克里斯蒂娜最亲密的朋友安德鲁·科尔斯基·肯尼迪。安德鲁是波兰人，后来成了英国军队的少校，他给了克里斯蒂娜心中永恒的家园。

有很长一段时间，我无法和安德鲁取得联系。我知道他住在国外，但却得不到他的地址。安德鲁的朋友们试图保护他不再受那些传播噱头之人的利用和背叛，于是他们设法阻止我接近安德鲁。几乎在绝望之时，我找到了正确的途径，最终写出了那封重要的信。

　　有一段时间，我没收到答复。我又写了一封信。这时，我联系上了克里斯蒂娜生活中的另外一个关键人物弗朗西斯·卡默茨。卡默茨也是一个传奇般的人物。他回信告诉我，在从南安普顿前往伦敦时，他会到我在苏塞克斯的家中稍事逗留。

　　我读过有关这个男子的许多报道，而见到站在客厅里的这位"名副其实的雪莱般的人物"是种奇特的经历。他镇定冷静，浑身散发着勃勃生机，让人感觉有点崇高。在他描述克里斯蒂娜是如何把他从迪涅监狱解救出来时，放在我胳膊肘旁边的电话响了。我颇不耐烦地接了电话，有个声音传了过来："我是安德鲁·肯尼迪。"我示意卡默茨接过话筒，几乎没有任何预先准备，他就开口说道："你好，安德鲁，这么久了才听到你声音很高兴。"两位朋友谈了一会儿，然后我接过了电话。这种情况肯定会让克里斯蒂娜感到很开心。她的传记作家把她生命当中最为重要、相距遥远的两个男人聚集到了一起，让他们在英国偏僻乡下的茅屋中相遇了。

　　安德鲁·肯尼迪说，他最终收到了我的第二封来信。第一封信显然不知送到哪里去了。他声称，希望自己在那个春末可以到伦敦，到达时他会联系我。他的声音热情友好，我感到一股希望正在涌动。或许借着他的帮助，我可以离破解克里斯蒂娜之谜更近一些。

　　几个月过去了，我继续进行调查。我和薇拉·阿特金斯共进午餐。我们好久没见面了，但我却发现她没有发生任何变化。她依然充满了青春的活力，皮肤依旧没有皱纹，如同山茶花瓣一样，她那双清澈的蓝眼睛后面隐藏了许许多多的秘密。像往常一样，她温文尔雅，小心谨慎，给我的帮助也很大。显然，她知道关于克里斯蒂娜的许多事情，但除了为执行任务见克里斯蒂娜的那几次外，她没有详细讲述克里斯蒂娜生活的其他方面。我推测，在她们见面为数不多的几个场合上，她觉得克里斯蒂娜"容易生气"，且戒备心很强。薇拉说道："克里斯蒂娜是个与众不同的女子。她非常勇敢，非常引人注意，但却极其孤独，我行我素。她对盟军忠贞不二，一心一意，没有什么能让她背叛自己的信仰。我想，安德鲁·肯尼迪是她永远的爱恋。"

"战后，她无法调整自己以适应那枯燥的日常工作。她生来就是为了行动和冒险的。不要因掩饰她的错误而贬低她。她不是一座圣徒塑像。克里斯蒂娜是个很有活力、健康漂亮的人，极度渴望爱情和笑声，她有着巨大的勇气。"

我遇到的下一个人是塔多乌什·霍尔科，他是一名波兰记者，曾经做过《波兰日报》的编辑。他和他漂亮的妻子希拉——以前在南非时，我就认识希拉——前来和我共进午餐。塔多伊西起的作用非常大，他给我提供了许多人的名字还有国外的联络人。他说道："我二十四岁时是个崭露头角的记者，1938年我被派往切申进行新闻报道。执行任务期间，我遇到了一个叫克里斯蒂娜·斯卡贝克的年轻女记者。她非常有魅力，我希望能再次见到她。我要了她的电话号码。很奇怪的是，就在几天之前我翻阅一些从前的日记时，居然发现了这个号码。出于许多原因，我没给她打电话，其中一个主要原因在于：我发现自己的好友兼同行拉齐明斯基疯狂地爱上了她。即使在那时，克里斯蒂娜也应该算是名'英国特工'。虽然克里斯蒂娜非常文静，但她身上还是有某种东西使其他女子黯然失色。"

与此同时，我访谈到的每一个人都认同，克里斯蒂娜是个很特别的人，她似乎拥有变色龙般的特质，能够一方面极完美地契合当时的政治或精神氛围，另一方面隐藏好自己的内心和私人动机。

只有当自己想要的时候，克里斯蒂娜才会展示她性格的多个层面。通过这么做，克里斯蒂娜成功地虚构了一个掩人耳目的有关本人的拼图形象。薇拉·阿特金斯曾经说过，克里斯蒂娜是个孤独的人。还有人说克里斯蒂娜喜欢社交，喜欢身边围满了人。她的一位朋友告诉我，如果克里斯蒂娜厌倦了，她很快会反感纯粹的社交聚会。她会一语不发，毫无特色，就像一个闪闪发光的贝壳，被人从大海中捞出了一样。离开了生存的环境后，贝壳很快就会干枯，褪去所有那些光辉灿烂的美丽。

沿着薇拉提供的线索，我联系上了尼娜·克劳肖女士，她在战后的开罗结识了克里斯蒂娜。我给克劳肖女士打了个电话,她确认了她既认识克里斯蒂娜也认识安德鲁这一事实。她还补充说道,她正要动身前往意大利,回来时会联系我,那时我们会见面。她说要送我一份克里斯蒂娜肖像的影印件,这是在克里斯蒂娜过世之后安德鲁送给她的。她真的很守信用,把肖像寄过来了,这是一幅精致的铅笔素描,她说这素描酷似其人。

几个礼拜之后,克劳肖女士回来了,时间是 1974 年夏末,她来到博沙姆和我度过了一夜。她的朋友们告诉我,克劳肖曾经是她那个时代的大美人之一。的确,她依然举止高雅,沙哑的音色钩人心魄。

克劳肖可真是帮了大忙。她本人在开罗为特种行动执委会工作时,认识了克里斯蒂娜和安德鲁,她丈夫盖伊·坦普林上校也是如此。正是盖伊·坦普林——曾负责和波兰旅联络,他是个非常著名的语言学家——把克里斯蒂娜介绍给了妻子。

尼娜如实谈了她对克里斯蒂娜的印象。"她总是看起来非常冷淡孤僻,我不是特别喜欢她。我知道她是个很特别的人,虽然盖伊没有详细提到她过去所做的任何功绩。正如许多男人一样,盖伊非常喜欢她。那些认识她的男人都有同样的感觉,我猜,那些军官们大概把她当成了圣女贞德。这是一种超越了性爱的感情,它植根于人们对克里斯蒂娜英勇品质的景仰中。

"克里斯蒂娜说话不多,我从来没觉得她长得漂亮。或许她看起来与众不同,但肯定比不上塔尔诺夫斯基家的两个儿媳妇索菲和乔奎特漂亮。她们也是波兰人,毫无疑问,她们是开罗社交界中的美女。

"坦白地说,我不知道克里斯蒂娜和安德鲁在开罗做什么。我在位于拉斯托姆大楼的特种行动执委会总部工作,但我在那里却从没见过他们。当然,这可能是出于安全方面的原因。我知道,克里斯蒂娜在这段时期很不开心,有挫折感。我不清楚她为什么被冷冻了这么长时间,或许这是发生在她身上的最糟糕的事情。

"如同那个时候开罗的许多女子一样,克里斯蒂娜有许多爱慕者,这可能听起来有点女人气,甚至有点恶意。那时候,周围的男性要比女性多得多,英国男人总是受到斯拉夫类型的女子吸引。他们认为斯拉夫女子具有一些神秘特点,这些特点是他们自己国家的那些金发碧眼、头发蓬松的女人或高头大马型的女人所不具备的。

"丈夫过世后,我离开了开罗,于是就和克里斯蒂娜还有安德鲁失去了联系。但战争结束后,他们经常会突然出现在我的生活中。他们从来没有告诉我他们在做些什么,来自何方,或要去何处。有一次,在给柏林一位重要的盟军将军当私人助理时,我突然接到了克里斯蒂娜打来的电话。没经过允许,她就来了柏林。她让我利用将军的协助帮她拿到那份必要的文件。当然,我照做了,邀请他们参加我上司举办的一个各国人士参加的露天聚会。他们开着一辆很大的豪华轿车来了,安德鲁说这是他自己'设法搞到的'。三天之后,他们又消失了。只有上帝才知道他们去了哪里,或者他们那时在做什么。"

实际上,克里斯蒂娜当时正试图和乔治·吉齐基离婚。克里斯蒂娜在耶路撒冷告诉乔治她想离婚时,他们大吵一架,乔治感到非常痛苦,他甚至拒绝和克里斯蒂娜说话。

接着,克里斯蒂娜发现:根据新的波兰法律,她可以在波兰领事馆离婚。她手头仍然保存着那张旧的波兰护照。克里斯蒂娜和安德鲁向伦敦的英国当局提出申请,接着向德国当局提出申请,要求同意克里斯蒂娜前往柏林,以安排离婚。英国人因把这女孩扔在了法国而异常高兴,他们拒绝了克里斯蒂娜提出前往德国的正常要求,因为克里斯蒂娜不是购买钢铁或废料的女商人,而只是想去处理私事。安德鲁和克里斯蒂娜试图公开行事,遭到拒绝后,他们决心自己掌握主动权,这就是他们在柏林现身的原因。克里斯蒂娜最终和乔治离婚了。

"战后克里斯蒂娜在伦敦时,我经常见到她,"尼娜·克劳肖告诉我,"她感到极其痛苦,因为英国人让她很失望。克里斯蒂娜只是无法静下心来从事普普通通的工作,后来我听说她做了客轮上的侍者。我们从来没有完全失去联系,但我们见面也从来没有一些自发的或者温暖的因素在内。我当然知道克里斯蒂娜所做的杰出功绩,她是个非常勇敢的女子。我敬重她的勇气,但从来没有真正理解过她。"

1974 年 7 月 20 日,我在瓦西谢乌克斯参加韦科尔战役三十周年纪念仪式。仪式是由韦科尔全国先驱者志愿兵协会组织的。知道我对克里斯蒂娜——当时被人叫做"保利娜夫人"——感兴趣后，这个组织出于善意发给了我一个特别新闻通行证和一个袖章。

重建后的瓦西谢乌克斯村庄距离我们在大平原上站立的地方有一段距离，大平原位于高耸的石头堡垒庇护下。公墓的墙壁后面有个半圆形的纪念碑支撑着。前面是一排排整洁的、一模一样的坟墓，每个坟墓上都有一个十字架。很多人都在场，我想，这集会才是问题的实质。这种国民热情的深切表达成了最终的赞美。

卑微的爱国者组成的真实法国，此时此地体现在了这些老年男女布满皱纹的脸上，他们赶来向那些他们逝去的回忆致敬。虽然在场有许多年轻一代的韦科尔人——他们的孩子，孙子还有亲戚，但这一代人却无法像他们的长辈一样，理解这场合的庄严肃穆。生活在相对和平的20世纪70年代，他们无法理解那么久以前，在他们所熟悉、挚爱的村庄上发生过的一切是多么重要。

他们对很多事情都一无所知。他们不了解敌人的飞机和滑翔机让天空变得暗淡无光；不了解炸弹掉落下来，伤者哭叫声连成一片；不了解死者的眼睛一动不动；不了解在那些恐惧的日子里，德军从乡下席卷而过，从一个熊熊着火的村庄赶往下一个，强奸妇女，严刑拷打，杀人如麻。但那些老年人，那些目睹了一切并幸存下来的人们对此却记忆深刻。

仪式开始了，首先是由来自法国各地的贵宾发言。宣读贵客名单时，各个家族幸存下来的人都来到墓地，站在那些烈士的坟墓旁边。

四周安静下来。突然，一个小女孩甜美的高音打破了沉寂，她高喊着那些牺牲的平民百姓的名字。与此同时，一个小男孩在吟咏着那些为法国阵亡的战士的名字。"为法兰西献身"响彻了整个平原。那天天气很冷，寒风拍打着旗子，把旗子撕扯成一条条彩色的带子。接着，传来了战鼓缓缓的隆隆声，紧跟着是《马赛曲》和《先驱者之歌》。我在人群中环视了一圈，看到了弗朗西斯·卡默茨（罗杰）那高大的影子。他穿着舒适的旧软呢夹克站在那里，宽宽的肩膀挡住了大山。卡默茨为人沉着可靠。他一动不动地站在那里，嘴里含着烟斗，陷入了回忆当中，而我身边的那些人满怀感激、充满敬意地看着他。我想起了克里斯蒂娜和弗朗西斯站在这里时,或许恰好就在这个地点。他们目不转睛地盯着天空,以便看到他们等待良久的飞机,飞机会把人员、武器还有弹药带到韦科尔地区处境危险、遭到围攻的那些马基游击队员和保卫者手里。

　　七月闷热的一天,我们挤进轿车,前往弗雷德里克先生和迪金女士位于土伦高地的家中做客。正值旅游高峰期,海滨公路几乎无法通行,到处都挤满了车子和步行的人。如同旅鼠一般,他们都争先恐后地纵身投入地中海海滨度假胜地那过于拥挤的海水中。

　　我儿子刚刚通过了驾照考试,开车护送我们时,他起初异常谨慎,接着变得狂热放任,把我们胜利地带到了迪金夫妇生活的那个古老山庄的陡峭山巅。

　　他们的房子,坐落在一堵堵高墙后面,具有古时法国普罗斯旺住宅的所有魅力和氛围。这对夫妇把这房子改造成了一个舒适的家园。在小心翼翼地保护房子原有特征的同时,他们将房子的绝大多数地方都布置成了一道无可比拟的景观。要不是有一条宽阔的高速公路,房间俯瞰着的风景自从中世纪以来没有发生过任何变化。

　　冰凉的饮料摆在了阳台上,阳台宛如一个由藤蔓和鲜花装饰的藤架。"普西"迪金已经料到了我要来访,但却没想到我的随从中会有男学生还有家里暂住的客人。前者被迪金先生(现在叫弗雷德里克先生)打发到了附近一家不错的小餐馆。与此同时,"普茜"头发丝毫未乱,就在厨房展现了一个小小的奇迹。很快,我们就在一桌即席准备的丰盛自助餐前就座了,开饭时先上了一些绝佳的馅饼,还有一瓶冰镇的葡萄酒。

　　午餐期间的谈话涉及到了抵抗组织的不同方面,在这方面弗雷德里克先生是专家。在这个安静凉爽的餐厅里,弗雷德里克带着学者和实干家的权威,让我了解了许多有趣的事实。

　　谈话期间,克里斯蒂娜和安德鲁的名字倏忽飘来又倏忽飘去。但直到我们单独在一起时——弗雷德里克先生已经善意地自愿陪同我的客人参观村庄——"普茜"才专心告诉我她记忆中的自己和克里斯蒂娜之间的友谊。

"离开克里特岛后,我们一群人前往希腊和亚历山大。那时,我正在为开罗的特种行动执委会效力,在老谢泼德酒店(这酒店后来烧毁了)的阳台上我首次遇到了克里斯蒂娜·格兰维尔。时间肯定是 1941 年末。我看到一个身材纤细的女孩从椅子上站起,朝我走来。她说道:'你双手很漂亮,好像兰花一样。我看你是一个人来的,为什么不过来和我们一起呢?'虽然克里斯蒂娜一般来说会害羞含蓄,但她也非常热心。她不漂亮,但却有着与众不同的优雅,这是一种不拘礼节的优雅。她双手双脚都非常精美,她很瘦,太瘦了,这有时使她有些担忧。她一点也不喜欢做家务。我从没见她缝缝补补过,但她却总是保持得干净利索,看起来精神饱满。我猜她不会做饭,但不是很确定。不管怎么说,她从来不想在家吃饭。克里斯蒂娜对物质不感兴趣,只有几样个人财产。我看到她曾佩带的唯一首饰是一个图章戒指,有根铁丝或钢丝镶嵌在她家族徽章里面。

"对于克里斯蒂娜的背景,我知之不多,但显然她很有教养,出身不错。她绝对守口如瓶,虚构一切。她不是在说谎,只是不得不掩盖自己的行踪。当然在一切可能的方面克里斯蒂娜都非常神秘。尽管那时人们不会向对方打听什么,但我却有这么一个印象,即克里斯蒂娜在欧洲各国的首都之间游历很多。她对巴黎非常熟悉,有一次好像提到她曾在香榭丽舍卖过车子,她还去过东非。

"克里斯蒂娜身边有许多爱慕者。我记得有一天她来看我,旁边有个英俊潇洒的阿富汗军官陪着。后来,克里斯蒂娜说道:'他会为我而献出生命。'"

安德鲁·肯尼迪真的遵守了诺言,在晚春时分到达了英国。我们在电话里简单交流了一下,第二天,他到了我家。安德鲁高大魁梧,面色红润,富有活力,浅绿色的眼睛很大,头发花白了。他看起来好像英格兰人、苏格兰人、波兰人,男人味很浓。安德鲁腿有点瘸,因为他只有一条好腿(在一次狩猎比赛中,另一条腿受伤了,无法医治),不过安德鲁的跛足不很明显,只是走起路来略微有点摇晃。安德鲁的英语虽然带有口音,但却非常流利地道。显然,他熟悉国际风土人情,浑身散发着一种国际知名人士的魅力,还有 18 世纪纨绔子弟的那种谦恭有礼和浮华作风。

从一开始,我就很了解克里斯蒂娜。安德鲁说道:"克里斯蒂娜神经非常容易紧张。有时候,特别是当我开车送她去某地,有小狗或小猫在我们车轮附近游荡时,她会变得近乎歇斯底里。我总是及时刹车,即使如此,我大腿总是被她拧得青一块紫一块的。她不会开车,对轻武器一点也不懂。她讨厌各种各样的巨大响声。对音乐她也不是特别迷恋,只是偶尔会听听肖邦的曲子。对于自己喜欢和不喜欢的东西,克里斯蒂娜爱憎分明。克里斯蒂娜不善容忍,没法耐着性子和蠢人相处。她头脑聪颖,遇到紧急情况总能保持镇定自若。"

我当然不是第一个试图撰写克里斯蒂娜·格兰维尔的作家。自从1952 年克里斯蒂娜过世之后,许多想写她的人频频拜访安德鲁以及安德鲁和克里斯蒂娜两人共同的朋友。有些人拿着介绍信,抱着极为崇高的动机前来,但发现似乎没有多少材料可以利用时,就变得非常失望。还有些人试图创作一个把间谍行动和许多性爱情节结合起来的,内容丰富、刺激人心的故事。这些猎奇者从克里斯蒂娜遭人谋杀后出现的大量耸人听闻的剪报上摘取信息,但却发现在创作传记的过程中受到了一个神秘小组有力的阻扰。这个小组是由克里斯蒂娜的许多朋友组成,领头人就是安德鲁。小组签订了一个协定,力图阻止不符合克里斯蒂娜形象的传记面世。

多年以来,安德鲁抵制了许多经济诱惑,拒绝和那些动机可疑的电影脚本创作者、作家和记者妥协。但现在,安德鲁意识到时间正在慢慢侵蚀他还有他同时代人的记忆,他急于想让这本书创作出来。

在关于克里斯蒂娜的大量文章中,几乎所有的事实都是不准确的。名字、日期和事件混杂在一起,有时候这些事实还经常被曲解了。最明显的一处错误出现在《间谍百科全书》一则关于克里斯蒂娜的信息中。把事实从诸多杂乱的虚构故事中挑选出来是件费力的工作,克里斯蒂娜本人又做了"掩盖她行踪的"详细工作。但奇怪的是,在这种情况下,事实远比虚构要奇特得多。

我下一次和安德鲁·肯尼迪会面是在伦敦。我想和他一起去看看克里斯蒂娜的坟墓。安德鲁请我去展示街的波兰俱乐部共进午餐，这俱乐部已经取代了阿尔伯特大门的"白鹰俱乐部"——那是克里斯蒂娜战后最喜欢去的地方。在阿尔及利亚结识克里斯蒂娜的一个朋友加入了我们。阿瓦尔·冈恩是特种行动执委会组织的成员，我认识他好多年了，他是个聪明的波多黎各人，还是名才华横溢的艺术家。

我们从五月明晃晃的阳光下，进入那凉爽、光线阴暗的俱乐部。大厅的书报摊销售波兰报纸、杂志和书籍，橱窗里摆满了色彩漂亮、粗制滥造的手工艺品，穿着衣服的玩偶，还有少量瓷器和玻璃。

我们来到了餐厅，餐厅正对着一个令人心旷神怡的花园。俱乐部的顾客似乎大多是波兰人。尽管一切都收拾得干干净净，但大体上还是有一种忧郁的气氛，一种流亡者的怀乡意识。

"波兰人移居到这里是件好事，"安德鲁一边看着菜单，一边说道，"英国人和波兰人通婚生下的小孩不错，他们既有英国人一贯的冷静沉着，又有波兰人爱好幻想的个性。"

由于我不识波兰字，我就环视四周看看别人在吃什么。一个个盛着美味可口饭菜的盘子堆得高高的，似乎比普通的英国食物颜色更加鲜艳。安德鲁给自己点了罗宋汤，接着又点了几道他喜欢的波兰美食，并一一做了详细介绍。阿瓦尔的妻子是波兰人，所以他对这些菜肴很在行。刚点完饭菜，安德鲁就起身去招呼散坐在房间里的朋友们。

我掏出笔记本，开始问阿瓦尔问题。"我是以一种和大多数人不同的视角看待克里斯蒂娜的，"他说道，"我想，这主要是因为我对克里斯蒂娜或她的背景了解不多。我喜欢克里斯蒂娜，是因为她充满活力，且非常有趣。她的幽默感令人惊讶，但奇怪的是，她似乎没有任何归属感。她完全是为了现在活着，在审视未来的时候带着某种恐惧。

"我一直有个想法，想组织一个抗敌小组。我觉得属于这个组织的人应该受到训练，不仅仅是把他们训练成破坏分子，而且还要从政治层面上对他们进行培训。战事部全权委托我挑选，并组织十二个小分队。小分队的所有成员都是军官，他们将会跳伞降落在法国南部，那里局势将会逐渐升温,以达到最后的高潮。当然,在所有这些人受训期间,我呆在阿尔及尔。克里斯蒂娜来了,她不属于我的组织,要自己跳伞在法国着陆。两个月来,我们有大量时间在一起。我每天都能见到她,我们成了朋友。事实上,正是克里斯蒂娜给我取了这个代号。

"我们正在乡下散步,这时我们来到了一丛很大的竹子前,克里斯蒂娜停下来慢慢欣赏。我试图想出一些代号,必须找到类似'查萨布利'和'罗杰'的名字。由于不是非常笃信宗教,想取个新颖的名字。克里斯蒂娜提议叫'班博斯',这当然非同一般。克里斯蒂娜住在品斯俱乐部,我们过去常去阿尔及尔,在军官俱乐部喝咖啡。克里斯蒂娜异常紧张,因为在最后一分钟之前她不知道何时会被送往法国。我猜她觉得自己没接到正确的命令。我试图让她平静下来,我们谈起了最终现身法国时我们会做些什么。我们把这称之为'扮演印第安人'。有一天,她露面时带了一只刚买的玩具熊。她问我乘飞机前往法国时敢不敢带上这名'乘客'。我从飞机上跳下时,玩具熊就和我在一起。但着陆后我发现它被压扁了。"

三点钟整,我们和阿瓦尔道别,离开了波兰俱乐部,我钻进安德鲁的保时捷。他开车就像骑兵军官骑马一样,熟练节制,而又聪明。我们沿着克伦威尔大道的方向呼啸前行,那里有家旅馆,克里斯蒂娜在英国时就把家安置至此。

我曾经去过莱克哈姆花园的谢尔伯恩旅馆。旅馆的主人是李·科扎克先生,他是波兰人,外出不在家,但我在接待处找到了一位谦恭有礼、值得敬重的波兰侍者,他带我到处看看。那家旅馆规模不大,更像一个寄宿处而不像是忙乱的旅店。旅馆里到处一尘不染。

侍者带我看了一间单人房,就是克里斯蒂娜住过的那种房间。它又长又窄,天花板很高,宽大的窗户上安着拖拉式窗帘。这是一个大房间被分成了两部分,因为一个巨大华丽的壁炉有一半仍然留在了这里。壁炉是过去辉煌的标志,以前这里曾是座庞大的私人府邸。

圣玛丽天主教公墓位于肯色尔—格林。即使在金色的天气里,这处英国墓地还是仿佛多雷①的素描一样充满不详之意。许多坟墓歪歪斜斜的，好像被地震扭成了碎块，或者好像坟墓的主人，由于无法等待最后的喇叭声，已经颇不耐烦地掀掉了厚厚的土层。石膏塑造的天使、摊开的书、骨灰盒、还有十字架都疯狂地翘了起来，野草疯狂地四处蔓延。

安德鲁开车来到了坟墓一侧。这里的一切都是深沉永恒的爱情纪念。克里斯蒂娜喜欢树木，所以坟墓就位于一棵巨大山楂树的树荫庇护之下。还有大理石和石膏构成的作为公墓装饰物的万神殿，在阳光下犹如森森白骨，和山楂树粉红色的花瓣相映成辉。

一块简单的墓石上刻着克里斯蒂娜的名字，出生日期和过世日期，还有一列荣获的奖章名称。墓石下面是一块锯齿状的钢条，也是斯卡贝克家族纹章和图例的一部分。克里斯蒂娜喜欢树木，所以如同桅杆一样，一根类似雕刻的图腾柱树立在这不牢靠的小船上。替代船帆的是一个盾形纹章，上面刻着波兰的白鹰图案，还有琴斯托霍瓦的黑色圣母像的复制品。

我们默默无语地站立着。我明白，安德鲁·肯尼迪灵魂的相当一部分都在坟墓里了。突然，他看起来疲惫不堪，虚弱了很多。我觉得克里斯蒂娜不会过于在乎她躺在其中的墓地。安德鲁肯定看透了我的心思，他耸了耸肩，开口说道："现在对她来说都一样，因为最终她获得自由了。"

---

① 多雷(1833—1883)，法国插图画家，擅长木版画，先后为基督教《圣经》及但丁、巴尔扎克、塞万提斯等人的作品作插图，笔法精细，富于想象力。——译者注

第一部

阳光下的克里斯蒂娜

第一章

波兰贵族的后裔

1899 年 12 月最后的几天,耶日·斯卡贝克伯爵迎娶了一位名声卓著的波兰裔犹太银行家的女儿。耶日·斯卡贝克伯爵来自波兰一个历史悠久的贵族家庭,他长得英俊潇洒,但由于生活挥霍无度,日子过得穷困潦倒。斯卡贝克之所以娶斯特凡妮·戈德费德为妻,是因为他需要新娘丰厚的嫁妆替他偿还债务,自己也可以借此继续过着他自以为适合贵族阶级的奢靡生活。美酒、女人、打猎在耶日·斯卡贝克的人生中扮演着极为重要的角色。伯爵觉得,为了确保爱马能过得舒适幸福,任何牺牲都无足轻重。婚后不久,他们就得到了距离首都华沙大约三十英里开外的一处名为姆洛杰尔森的庄园。

年轻的伯爵夫人虽然相貌平平,但却接受过良好教育,天资聪慧,且举止端庄。如果说伯爵的温文尔雅和阳刚之气暂时还让她上当受骗,那么,她对伯爵与自己结婚的原因是不存什么幻想的。尽管出身古老贵族世家的男子和犹太裔女子联姻的风气并不一直非常流行,但在耶日伯爵开始追求斯特凡妮之际,波兰贵族和被同化的犹太家族的通婚这一趋势却被人们看好。此外,银行家戈德费德家资颇丰,在华沙那些势利眼心目中,戈德费德一家仅次于那些腰缠万贯的被同化的犹太家族,比如纳坦森、伯森、克罗嫩伯格、还有罗特万德等家族。虽然戈德费德家族永远无法和罗思柴尔德家族①相提并

---

① 罗思柴尔德家族,欧洲著名银行世家,发展成 19 世纪欧洲银行史上有影响的银行集团,创始人迈耶·阿姆谢尔·罗思柴尔德(1743—1812),德籍犹太人,与其长子在法兰克福经营银行,其余四子分别在维也纳、伦敦、那不勒斯和巴黎开设分行。——译者注

论,他们还是和一些财大气粗的商人——银行家、实业家结成了联盟,这其中就有柏林的韦特海默家族,巴黎的安德烈·西特伦家族。

戈德费德家族气氛融洽,他们经常在女族长罗扎·戈德费德家中会面。斯特凡妮上面有两位兄长,约瑟夫和布罗尼斯瓦夫,两人都有一位美貌迷人的妻子。斯特凡妮新婚燕尔之时,她哥哥布罗尼斯瓦夫及其妻子——安德烈·西特伦的妹妹——在华沙一座府邸里过着奢华的生活。有一段时间,布罗尼斯瓦夫还曾是驻日本的名誉领事。

斯特凡妮·戈德费德一丝不苟地执行着自己作为庄园女主人和为斯卡贝克家族传宗接代的角色,但她的兴趣主要在于精神追求。斯特凡妮喜欢听音乐,欣赏诗歌,读法国文学。如同她那个阶层的绝大多数波兰女子一样,她能说一口流利的法语。

即便耶日伯爵厌倦了他那满腹诗书的妻子,他还是非常敬重她的内在品质,在公开场合对她总是殷勤有加。婚后不久,斯特凡妮就对丈夫失望了,因为伯爵在外风流韵事不断,这让她非常痛苦。①

戈德费德家人心里非常清楚,斯特凡妮夫妇之间关系并不很好。"我母亲的姐姐芭芭拉嫁给了奥古斯塔斯·戈德费德,他是约瑟夫及斯特凡妮的堂兄。1923 年,母亲带我前去拜访芭芭拉姨妈,我们在那里遇到了斯特凡妮·斯卡贝克及其丈夫耶日伯爵。伯爵风度翩翩,肤色浅黑,看起来好像意大利人,留着一撮性感诱人的小胡子。他显然不喜欢这种家庭聚会,一找到适当借口就迅速离开了。他刚一告辞,伯爵夫人就开始哭诉自己悲惨的命运。她说,伯爵不把她放在心上,总是不断追求其他女子。"②

对异性来说,耶日伯爵特别富有吸引力。他外甥女安东尼娜(安托尔卡)对此记忆犹新。"斯卡贝克英气逼人,浑身上下透着一种高贵的美。虽然他喜欢我们孩子,不时来看望我们,和我们(我有三个哥哥)开玩笑,但他绝不是居家男人。他在朋友圈子中非常受欢迎,身边总是围满了女

---

① 选自兹齐斯劳·鲍的信件。
② 选自兹齐斯劳·鲍的信件。

性。为搏别人一乐或自己开心一笑,他花起钱来毫不吝啬。"①

金钱本身对伯爵来说意义不大,它不过是达到目的的一种手段。但伯爵不愿费神去亲自处理钱财,为此原因,他雇用了一个小随从。随从的任务包括管理钱袋,钱袋里总是装满了金币。

耶日伯爵为自己的血统倍感自豪。即使自己的直系祖先已将家产挥霍殆尽,斯卡贝克家族还是很早就被载入了波兰史册。根据古时候纹章学著作的记载,生活在 11 世纪的一位伟大非凡、坚毅刚卓的贵族斯卡比迈尔斯就是该家族的创始人。斯卡比迈尔斯是个伯爵,他参加了博莱斯瓦夫国王发动的对基辅的最后一次远征。据说,斯卡比迈尔斯本人又是杀死了大名鼎鼎的克拉科龙的能工巧匠什库巴的后代。什库巴在羊皮内装满了磷,手段非常高明,甚至连那狡猾的怪兽也上当了,它一口吞下诱饵,在极度痛苦中死了。什库巴的子孙开始称呼自己是斯卡贝克,还起了个绰号"山里人"兹戈里。

根据另一个传说,作为全权代表,简·兹戈里·斯卡贝克被博莱斯瓦夫·克齐沃斯蒂王子派去朝见德皇亨利二世。当时,德皇正欲兴师侵犯波兰。这位自命不凡的君主企图凭借自己的财富和权势打动来访的波兰使臣,于是便向使臣炫耀堆满了金子和宝石的国库,感叹道:"看看我这些珠宝,你们怎能指望和我抗衡呢?"作为答复,斯卡贝克脱下手上的戒指,扔到国库里,朗声说道:"让金子去见金子,我们波兰人喜欢坚铁。"德皇不解其意,但还是出于礼貌回答道"哈布丹克"(谢谢)。于是,"哈布丹克"就成了斯卡贝克家族徽章的名字,徽章的象征物是嵌在盾形纹章上的一片薄钢。

15 世纪时,斯卡贝克家族人员众多,颇有权势,家境殷实。在与条顿骑士的多次战事中,他们都组建并指挥着自己的军团冲锋陷阵。1410 年,在抗击波兰和立陶宛最为强大危险的敌人的格伦瓦尔德战役(发生在坦嫩贝格)中,该家族对于夺取最终决定性的胜利立下了汗马功劳。这场胜

---

① 出自克里斯蒂娜的大表姐安东尼娜·爱德华兹夫人的信件。爱德华兹夫人的父亲约瑟夫·戈德费德是斯特凡妮的哥哥。爱德华兹夫人目前住在美国。

利具有极为重要的精神意义，因为这场胜利，条顿骑士在波罗的海诸国的霸权被遏止，而德国在欧洲这一地区的优势也暂时受到抑制。

看来好像斯卡贝克家族在约翰·阿尔贝特国王于摩尔达维亚发动的历次战争中损失惨重，直到 17 世纪，该家族的一些成员才被授予长官和城堡主人的要职。在波兰历史上的立陶宛共和国时期，这些职位表明该家族地位显赫，经济实力雄厚。

此时，该家族已是人丁稀少。到了波兰惨遭瓜分之时，只有两个截然不同的家族分支幸存了下来。其中的一支定居在当时隶属奥匈帝国的加利西亚地区；另外一支——也就是耶日伯爵所在的分支——则生活在俄国管辖的波兰王国境内。1778 年，该家族在加利西亚被授予世袭伯爵头衔。1835 年，这一头衔在俄国和奥匈帝国得到批准生效。

19 世纪初，斯卡贝克家族产生了一位杰出的经济学家兼文学家，此人就是弗雷德里克·斯卡贝克伯爵，也就是现任族长的高曾祖父。

弗雷德里克伯爵是肖邦的教父。肖邦的父亲尼古拉斯·肖邦曾做过伯爵的私人教师，他起初是在伯爵家中，位于热拉佐瓦—沃拉寓所那又长又矮的辅楼或客房中授课，后来又在伯爵的华沙宅邸中育人。肖邦的妻子贾斯廷娜·克日扎诺夫斯卡是斯卡贝克家族的远房亲戚，她帮助伯爵夫人卢德维卡·斯卡贝克料理家务，照顾伯爵的五个孩子。这座庄园主要由伯爵夫人管理，因为放荡不羁、挥金如土的伯爵更喜欢在国外生活。

陪同母亲拜访其密友——切尔涅耶沃的拉克齐恩斯卡夫人时，小弗雷德里克·弗洛里安·斯卡贝克首次遇到了自己的老师，当时他年方十岁。拉克齐恩斯卡夫人膝下有两个女儿，其中一个已经出落得异常妩媚，深受弗雷德里克·弗洛里安喜爱。这女孩日后在历史上变得非常出名，她就是拿破仑的儿子亚历山大·瓦莱夫斯基的生母玛丽亚·瓦卢斯卡。

斯卡贝克伯爵及其家人和教子弗雷德里克·肖邦之间一直保持着非常友好的关系。1817 年，在管辖教区内拥有印刷所的一位当地牧师的斡旋下，作曲家的作品首次得以出版问世，这是一支波洛涅兹舞曲，上面写着“八岁的弗雷德里克·肖邦谨以此献给维多利亚·斯卡贝克伯爵夫人”。

进入公众视野的下一个斯卡贝克家族的人物是斯坦尼斯拉斯伯爵，

他来自家族的加利西亚分支。一开始，由于在维也纳迷恋赌博，生活奢靡，他几乎把所有的资产挥霍殆尽。此刻，斯坦尼斯拉斯伯爵面临着破产的困境，亲戚也拒绝再借钱给他。于是，他开始自力更生，居然发现自己有经商和从政的伟大才能。仅仅几年之内，他就赎回了继承的财产，并使自己的财富增加了两倍。斯坦尼斯拉斯伯爵成功的秘诀在于，他接受了先进的农耕方法，把不动产加以产业化。此外，他在赌桌上的运气也特别好。

接下来，令朋友感到迷惑不解和那些企图继承遗产的亲戚懊恼不已的是，斯坦尼斯拉斯伯爵做了一个伟大的托尔斯泰般的表态，主动要求把自己的财富和地产分给那些家境贫寒、无依无靠的人。但条件是作为捐赠人，他应成为这项慈善基金的终生管理人。

在一战之前，经济学家弗雷德里克的孙子亚历山大·斯卡贝克是帝国议会驻维也纳的代表。1918 年后，亚历山大又成了国家民主党的一位领导人，此外他还是波兰议会的成员之一。

耶日、斯特凡妮·斯卡贝克夫妇头胎生的是个男孩，取名为安德鲁。对妻子为其产下继承人，伯爵非常高兴。但从一开始，显然儿子就和母亲非常亲近，他完全效仿母亲的样子行事。1915 年，伯爵又添一女克里斯蒂娜·克雷斯蒂娜，她看来似乎继承了父亲俊美的外表。直到此时，伯爵才深感宽慰。

从一开始，父女关系就极为融洽，伯爵称女儿为自己的"小甜甜""小星星"。在克里斯蒂娜几乎还没学会走路之前，父亲就把女儿放在小马驹上。虽然妻子担心要是女儿和丈夫在马厩里花的时间过多，她可能会学得举止粗鲁，语言恶俗，但伯爵对此毫不理会，只要一有可能他就把女儿带在身边，教她跨着骑马，而不是像一般女子那样双腿放在同侧骑马。

虽然身材娇小，体弱多病，克里斯蒂娜没有受到太多恣惠就成了个假小子。她毫无畏惧之心，不管伯爵什么时候骑马出去巡视农庄、土地还有森林，克里斯蒂娜总要跟在父亲身后。克里斯蒂娜五岁时，耶日伯爵卖掉了姆洛杰尔森，购置了另一处庄园，这就是位于省城彼得库夫大约四十英里之外的切布尼察。

当诸如拉齐维尔、卢博米尔斯基还有恰尔托雷斯基这样的波兰大家族在乡下建造华宅美屋时，骑士贵族或中上阶层则在领主宅邸周围耕种土地，过着适合他们的简朴生活。

波兰的乡间住宅类似布局杂乱的法国乡间别墅，它集民房和农庄的特点于一身。房子只有一层，又长又矮，通常位于林荫大道尽头，周围绿荫密布，这些高大树木主要用作挡风墙。房子的正面装饰着一道门廊。

住宅内有厨房，厨房内设有面包房、女盥洗室、蒸馏室和食品库。除了厨房之外，大多数的波兰乡间住宅都有一两个附属建筑物，这是留出来供客人、家庭教师和仆人住的。这些附属建筑都是按照农舍风格装饰的，墙壁漆成了白色，天花板上有横梁，窗户很小，窗台很深。

宅第的主体部分一般装饰着许多种类不同的精美古玩，还有许多新家具。这家具是一代又一代新娘的嫁妆，其款式受到了当时流行风气的影响。墙壁上装饰着祖先的肖像，还有其他纪念物，以此作为对过去战事的回忆。犹如琥珀里面的苍蝇一样，古老波兰贵族的灵魂在这里保存下来。

房间的角落处立着用花砖装饰的高大漂亮的壁炉，壁炉用松木、杜松以及其他香木加热。大多数乡间别墅里都弥漫着松脂的香味，混合着玫瑰花瓣、薰衣草还有迷迭香的气息。这是 18 世纪法国流亡者带来的习俗。这些流亡者是为了躲避国内恐怖统治，寻求避难来到波兰，他们同时还带来了许多才能，以及在厨房和沙龙都被采用的奇思怪想。

克里斯蒂娜的童年早期生活幸福稳定。耶日伯爵总是乐于拜访自己的两位兄长马丁和查尔斯，他们都像他一样勇敢好动，挥霍无度。耶日伯爵只有一个妹妹，这就是"漂亮任性的海伦娜姑妈"，但她很少来看望自己聪慧的嫂子。

戈德费德家人喜欢聚会，克里斯蒂娜经常被带去探望祖母罗扎·戈德费德，届时祖母呆在庄园里接受众人来访。克里斯蒂娜童年时候最为有趣的记忆之一与其中一位伯伯的庄园有关。这位伯伯的妻子养了一群达克斯猎狗，她从不忍心与之分离。结果，整座房子内到处都是跑来跑去的小动物。这位伯伯酷爱修剪灌木，房前的大草坪被布置成障碍赛赛场的样子,每道障碍物都被细心设计成了紫杉树形状。令克里斯蒂娜感到开心的是,只要伯伯一吹口哨,许多猎狗就从房内蹦跳着奔出来,在草坪上参加疯狂的障碍赛。

和大多数小孩子一样,克里斯蒂娜喜欢去"女性专房"玩耍。这是块特殊领地,里面有女管家、太太们的丫头、还有从最近的市镇赶来进行缝缝补补的女裁缝。这是别墅的神经中枢,当地的流言蜚语从中源源不断传出。里面的每一角落都摆满了令她沉醉的熟悉家什:被翻旧的廉价爱情小说,一盘盘香气宜人的花瓣,还有瓶装的果酱。当然,这些都不可以随便乱碰,但克里斯蒂娜明白,管家要是心情不错,最终就有可能允许她从抽屉中挑个好吃的东西。这些抽屉中储存着加糖的李子,俗艳的图画,还有糖块。这些糖块中加了几滴乙醚,用来治疗突然发生的晕厥。别墅的女主人总是随身携带着用作苏醒剂的嗅盐,以备急用。

但真正吸引克里斯蒂娜的却是乡村风光。在昏暗的天空下,策马奔驰在无边无际的阴郁大平原上,克里斯蒂娜把自己和波兰划上了等号。在历史上,祖国屡屡遭受外敌侵略,所以克里斯蒂娜幼小的心灵也带有波兰人富于幻想和忧郁的特质。对此,沃德津斯基说道:"除了有点忧郁悲愁色彩之外,波兰人性格中还带点诗意。"克里斯蒂娜身上有着波兰人的倦怠漠然,从母亲那里继承来的善良活泼的犹太血统又使她性格变得丰富多变。结果,从儿时起,她就显示出了这两个种族的特质和性格缺陷,这在她长大成人后表现得一览无遗。

克里斯蒂娜反抗任何形式的约束。一旦决定做某件事情之后,不管是母亲的谆谆告诫,保姆的扬言进行惩罚,还是父亲的奉迎哄诱,都无法阻止她一往无前地追求自己的目标。克里斯蒂娜心地善良,对受压迫者满怀同情之心,但对朋友却反复无常。克里斯蒂娜的很多朋友都对她崇拜有加,甚至模仿她的出格行为。这令她朋友的母亲们非常恼火,因为她们觉得,作为小姑娘,克里斯蒂娜·斯卡贝克得到的自由实在太多了。

克里斯蒂娜的这些恶作剧使父亲很开心,却惹得母亲很生气。她从不告诉任何人自己的打算,经常突破仆人的看护,自己悄悄溜走,去田地和农庄里找朋友。大多数仆人都非常喜欢这个勇敢的小女孩。

克里斯蒂娜和大自然素来关系亲近。从婴儿时候起，绿树鲜花就让她心醉神迷。对她来说，自然界中这些活生生的装饰物远比那些人造饰品要有意思得多。她喜欢盯着花儿发出啧啧感叹，而不是动手采花。

按照传统的波兰风俗庆祝的圣诞节总是令人难忘。圣诞节专用的桌子上铺着干草，上面盖着布料。一捆捆未经脱粒的庄稼矗立在房间角落。一颗星星，还有一个摇篮从天花板上垂落下来。随着夜色降临，最小的孩子会趴在窗边，凝视着第一颗星星升起。星星出现在结霜的寒空中时，庆祝仪式就会开始。盘子里盛着两块祭祀用的圣饼，父母会共同把圣饼掰开，接着该轮到孩子们这么做了。"愿我们在新的一年里再次把圣饼掰开"，人们口中会念着这样的仪式用语。然后，他们纷纷离开，前往厨房，给仆人们分发礼物。夜里，全家人都要参加午夜弥撒。

如果恰逢"丰收年"，戈德费德家的财富就能保证耶日·斯卡贝克伯爵夫妇及其子女过着奢侈的生活。在第一次世界大战和通货膨胀令其家产缩水之前，克里斯蒂娜的父母带着随从到处游历，走亲访友，在欧洲各大首都之间旅行。

斯特凡妮伯爵夫人从吕-奥贝尔的保尔·普瓦雷那里购买外套、裙子，从马里奥·福图尼那里挑选打褶的晨衣——马里奥·福图尼在威尼斯开了家属于自己的时装店。她用的香水来自格尔莱恩，花露水来自卢宾，有些珠宝首饰是罗马的巴尔加里为其精心制作的。耶日伯爵则喜欢使用进口的月桂香水生发油，珍珠肥皂，班廷出产的马靴，还有来自全国各地的送给女人的小礼品。

在孩提时代，克里斯蒂娜觉得住在宽敞的房子里，门内门外都站满了仆人，这样的生活方式是理所当然的。她喜欢为了参加每年或每两年举行的狩猎比赛，父亲启程时身边那种喧闹嘈杂。狩猎比赛会在大地主的庄园举行，这些特别的场合或和狩猎季节或和狂欢节有关。届时，这些权贵庄园周边的市镇都会举办舞会。狩猎比赛始于清晨，终于午餐。午餐会在邻近的农庄进行，主菜包括熟香肠和卷心菜混合在一起的大杂烩。参加的人一边吞咽着简陋的农家饭菜，一边无限量地畅饮着伏特加酒。

正是从父亲那里，克里斯蒂娜继承了深深的种族自豪感和对祖国的强烈爱恋。伯爵绝不是知识分子,他阅读的都是一些轻松读物,其涉猎范围也非常有限。但他了解一点波兰历史,并把这些知识教给了女儿。波兰历史犹如童话一般充满奇异色彩,事实和传奇紧密交织在一起。装饰精美的波兰史《时日书》讲述了恶龙的传说,白鹰的故事,描述了象征性的护堤和神奇的意象,还谈到了一个尚未完全开化的立陶宛王子和一位基督徒公主结合的逸事,这次婚姻创立了一个伟大的王朝。

坐落在喀尔巴阡山脉和波罗的海环抱之中,波兰一直处在贪婪无比、掠夺成性的邻国之间。在十个世纪的进程中,波兰一直受到多种因素影响,这包括自中世纪以来欧洲所经历的重大移民运动、民族冲突还有十分重要的经济变化。

这个国家曾多次遭受敌人攻击、占领,甚至一度从欧洲版图上消失。但不管怎么说,它还是幸存了下来,总将自己的身份保留得完好无损。因为波兰人具有强烈的爱国情结,特别是在受到外来压迫者的威胁或统治时,这种情结表现得最为明显。波兰历史就记载了在外来统治下,人民发动的一次又一次爱国起义。不管代价如何,波兰人总会誓死捍卫祖国。波兰是个幸存者的国度,在数个世纪的风风雨雨中,没有什么世俗权力可以摧毁人们对祖国的热爱和自豪。

在父亲的教诲下,克里斯蒂娜成了一名技艺娴熟的女骑手。那时在她生活中,马厩成了她的精神家园。再也没有什么比坐在马具室里,倾听马童、马夫闲聊更让她开心的了。克里斯蒂娜骨子里有一种对宝马良驹本能的喜爱,这是基因上的返祖现象。她那些辞世良久的斯卡贝克家族的祖光就是在马鞍上度日,也是在马鞍上咽下最后一口气的。

有人仍然记得克里斯蒂娜参加的第一场比赛。那时她只有十岁出头,宛如羽毛一样轻盈。她体重太轻了,以致最后获胜的赛马的主人博宾斯基上校①心里暗自纳闷,这小姑娘在终点究竟该如何勒住赛马。看到克

①　克里斯蒂娜后来在开罗遇到了博宾斯基上校,他在那里指挥着喀尔巴阡轻骑兵部队作战。

里斯蒂娜在比赛中遥遥领先,博宾斯基上校突然灵机一动,他命人把克里斯蒂娜骑的那匹赛马的伙伴带到赛场上。当克里斯蒂娜策马飞奔到终点时,赛马看到了自己的伙伴。正如博宾斯基上校所预料的那样,赛马立刻就止住了步伐。

正是在马厩里,克里斯蒂娜首次遇到了小安德鲁·科尔斯基。安德鲁的父亲从自己的庄园瓦布涅把儿子带来和十岁大的克里斯蒂娜玩耍,而他则和斯卡贝克伯爵商谈农事。①

安德鲁对这次见面的记忆非常模糊。他只记得有过这么一回事,记得自己喜欢盯着斯卡贝克家里的马群看。因为和克里斯蒂娜一样,他也爱马如命。从三岁起,他就一直骑着自己的小马驹玩耍。这次普普通通的会面对安德鲁或克里斯蒂娜都无关紧要,但却引起了命运女神的极大兴趣。她忙着在这两个孩子之间穿针引线,直到终于有一天,两人的命运变得息息相关,个人的命运和祖国的命运紧密结合在一起。

如同斯卡贝克家族一样,科尔斯基家族属于波兰的地主阶层,他们和许多著名的波兰家族都有联络。克里斯蒂娜的家人喜欢从政,做些慈善活动,但科尔斯基家族却更侧重于精神追求。他们信仰坚定,激情似火,为了实现信仰敢于反对任何压迫,这使那些压迫者深感头疼。

科尔斯基家族最早居住在立陶宛。1863 年 1 月起义爆发时,安德鲁的爷爷毅然全身心地投入到血淋淋的战斗中去。和许多朋友一样,他被流放到了西伯利亚。在那里,他避逅了也处于流放之中的普措伊勒基家族。小伙子爱上了索菲·普措伊勒基,这对年轻的情侣就迈入了婚姻的殿堂。

当他们最终获准返回波兰时,却发现科尔斯基的家产被充公了,不过索菲家的却幸免于难,所以小科尔斯基就租借了一块土地,精心照理,经营得非常成功。

科尔斯基的妻子希望自己的子女能学习波兰语,能读书写字。既然那时根本无法得到波兰语课本,她就尝试着自己撰写教科书。科尔斯基

---

① 瓦布涅庄园归塔尔诺夫斯基家族所有,后来成了斯泽普泰基家族的财产。

妻子的努力取得了巨大成功,她勇敢地从编写课本,转而创作小说,最后成了一位著名的爱情小说家。

科尔斯基夫妇生育了几个孩子。其中两个男孩身体强壮,长相俊美,但小儿子斯坦尼斯拉斯却身材矮小。因为幼时患了小儿麻痹症,他终生遭受跛足的折磨。虽然身体残疾,这却没有妨碍他在学术界成就一番辉煌的事业。他获得了农学和化学双博士学位,还一度成了克拉科夫大学的校长。他非同一般的成就在于:他成了骑士贵族的一名成员。

安德鲁的父亲斯坦尼斯拉斯·科尔斯基有过两次婚史。他选择了一位比他年轻十五岁的姑娘做他的第二位新娘。新娘的家人在波兰中部、靠近桑多梅日的地方拥有一座美丽的庄园。和科尔斯基一样,新娘的父亲是位十分有趣的人物。他英俊潇洒,知识渊博,骑术高超,举手投足有种贵族的味道。但他妻子却不容易相处,因为她着迷于培养长女伟大的音乐才能。她希望大女儿能成就一番事业,所以她带着女儿从一个钢琴教授那里奔波到另一个教授那里,结果就忽视了照料其他孩子。

长女玛丽亚有两个弟弟,其中幼弟最受她喜爱。但这位小弟却在一战中不幸阵亡了,这巨大的伤痛令她终生难忘。

这位音乐天才最终厌倦了事业有成的设想。令她母亲极为恼火的是,她放弃了钢琴学业,嫁给了一位富有的地主。和丈夫一起,她心满意足地过上了平凡人的生活。

安德鲁生于1912年,时年其母年方二十。除了克里斯蒂娜以外,玛丽亚·科尔斯卡是他生命中最重要的人物。在安德鲁的记忆里,母亲年轻快乐,充满活力。她经常打网球,骑马的姿势就像一名职业骑手。她皮肤光洁,气色不错。尽管头发白了,但她的脸庞依旧充满了青春活力,身材苗条,所以经常被人误当作是安德鲁的姐姐。

安德鲁讲述了与母亲的勇气和耐性相关的许多故事。其中有个故事凸现了母亲对自己伴侣的深情厚爱。一战爆发时,社会上流行一种武断的间谍躁狂症。有个哥萨克军团到达了瓦布涅,控告安德鲁的父亲向逼近的奥匈帝国军队通风报信。既然当时波兰分裂成了三部分,所以人民的立场各各不同:有人亲奥匈帝国,有人亲德国,还有人亲俄国。

斯坦尼斯拉斯·科尔斯基是波兰人。但如果说他有什么立场，那还是亲近俄国。如此一来，那位哥萨克军官的言辞就显得更加荒唐可笑。那军官把科尔斯基及其妻子绑在楼上，坚持要彻底搜查瓦布涅的阁楼，阁楼里堆满了一代代留下来的布满灰尘的杂物，其中包括一些堆积在角落里的古灯笼。哥萨克军官洋洋得意地说道："看吧，铁证如山，这就是你向敌军发送信号的工具。"话音一落，军官就逮捕了科尔斯基，匆匆把他带走了。

　　那时候安德鲁大约两岁。大多数男仆都被征兵入伍了，但家里还剩下一些女仆人。玛丽亚·科尔斯基把男婴交给仆人照料，把一架双轮马车套到两匹马上，动身前去寻找丈夫。

　　她沿着俄国军队撤退的方向飞速追赶。在第一个落脚处，她听说那天早晨丈夫被枪杀了，但她拒不相信，继续紧追不舍。三天之后，她终于发现丈夫斯坦尼斯拉斯安然无恙。但由于精神折磨过大，在接下来的几个月中，她的头发就变白了。时年，她只有二十三岁。此后，玛丽亚·科尔斯基就以"银发夫人"而声名远扬，她总是驾驶着一架由两匹白马拉的马车来刻意突出自己与众不同的白发。

　　安德鲁上面有两个同父异母的哥哥，妹妹比他年幼五岁。安德鲁的家庭幸福融洽，兄弟姐妹的家庭热情好客。科尔斯基夫妇订阅了一批经过精心选择的非同寻常的杂志，包括许多法语、英语、德语的科学杂志，还有一些当时波兰知识阶层阅读的报纸和期刊。虽然玛丽亚·科尔斯基笃信宗教，每天都去领受圣餐，但她从来不会试图把自己的宗教信仰和习惯强加在子女身上。不过，她会亲自指导孩子的早期教育，向他们灌输自己崇高的原则和道德观念。

　　母子有着共同的爱好，那就是酷爱马匹，喜欢骑马。斯坦尼斯拉斯·科尔斯基拥有一个很大的马场，他为军队饲养了很多战马。从三岁起，大人就教安德鲁如何骑马。十三岁时，安德鲁就帮助邻居训练赛马。然而，到了十六岁时，安德鲁长得又高又重，没法轻而易举地骑上赛马了。这简直就是一场悲剧。安德鲁说道："于我而言，骑马就如同别人的散步。"

第二章

随心所欲的处事风格

克里斯蒂娜·斯卡贝克在幸福快乐中迅速度过了自己的童年,没有再去想过正在扎莫希奇一天天长大的男孩安德鲁。她无忧无虑,我行我素,这令母亲忧心忡忡。母亲发现,很难让丈夫认识到他们的女儿正在慢慢长大,女儿需要管束,需要她那个阶层的女孩子做伴,而不是和马厩里的伙计,还有乡下孩子搅和在一起。

耶日伯爵无法容忍和自己的"小星星"分别,但在家人朋友的支持下,最后还是斯特凡妮获得了胜利。克里斯蒂娜被送往位于波兰西部著名的萨克-雷克尔修道院。这所学校的母院设在巴黎,因为培训贵族乡绅家的女子而在全世界享有盛名。

被从家中送走,克里斯蒂娜十分不快,她因此完全忽视所有的规章制度,继续随心所欲地处事。她的行为令善良的修女十分头疼,因为她们无法驯服这个野性十足的孩子。克里斯蒂娜总是不断搞出一些新的恶作剧,有些恶作剧非常危险。比如,有位修士做弥撒时,克里斯蒂娜点火烧着了他的法衣。

此时,克里斯蒂娜身后已有了一批对她啧啧称赞的朋友,她们鼓励她挑战权威。最后,修道院院长觉得,克里斯蒂娜的叛逆精神或许会带坏整群孩子。于是向克里斯蒂娜的父母建议,希望他们去寻找另一家更适合年轻的伯爵小姐热情洋溢个性的机构。

克里斯蒂娜实现了自己的目的,她指望此后能够永远呆在家里,有父亲作为主要伙伴,再度过上那舒适惬意、自由自在的生活。但她却非常难过而窘迫地发现,她不但要被送往另一家更加严格的亚齐沃维奇修道院,而且，由于家族财产遭受严重打击，父母还被迫卖了庄园，从乡下搬走了。

耶日伯爵从来就不是一个非常现实的农场主。如同许多地主，特别是前俄占地区的波兰地主一样，他所处的尴尬的经济困境不是由于银行存款折本了，因为很少有人有存款。而是农业普遍资本不足，劳动密集，难以盈利。在一战中，房屋和牲畜都遭到了严重破坏。此外，在这一区域，农业的"阿喀琉斯之踵"仍然是个无法解决的难题，这主要是由1864年农奴解放引起的。

在其他情况下，斯特凡妮·斯卡贝克的戈德费德家族的亲戚会马上投入大量资金。但这次由于通货膨胀四处蔓延，世界遇到了普遍性的经济危机，他们本身也遭受了致命的经济打击，并从此一蹶不振。

克里斯蒂娜对父母所处的困境知之甚少。但被迫离开乡下家园这一事实却成了痛苦难忘的回忆，因为这么多年以来，家园一直为她遮风挡雨，给她提供庇护。这一次幼嫩的根苗被猛力拔出，从此一颗灵魂开始了漫长的流浪生涯。

斯卡贝克伯爵夫妇搬到了华沙，克里斯蒂娜尽力调整自己来适应新学校的生活。根据从萨克-雷克尔修道院发来的报告，这里的修女可能会对她产生不良印象，克里斯蒂娜想纠正这一点。

不久以后，克里斯蒂娜就成了班内最优秀的学生。她学习拉辛、莫里哀的法语，学着用优雅华丽的笔迹写字，这是接受过良好教育、经过修道院培训的学生的标志。即使严格的纪律使她苦恼不堪，她还是把这种感情深埋心间。最终，她对这一过程变得轻车熟路。克里斯蒂娜活泼快乐，生气勃勃，心地善良，而且很有人缘，没有招致同学妒忌。

关于克里斯蒂娜成为波兰头号美女这事已经记载颇多。但事实上，这不过是另一个因她产生的传说罢了。真正的说法是，克里斯蒂娜的确曾被选为头号美女，但这不过是在某次慈善活动中朋友们如此推举而已。不过，克里斯蒂娜的照片的确出现在了报纸上。可能是这次抛头露面引起了波兰守旧阶层的疑心，让他们觉得这位年轻的伯爵小姐"爬得有点太快了"。起初，克里斯蒂娜把这归咎于戈德费德家族失去了财产，因为她很快就意识到，是戈德费德家的财富给她的童年时代提供了庇护，让她的童年生活丰富多彩。只有到了后来,克里斯蒂娜才知道,因为她有一半犹太血统,所以人们可能对她产生某种敌意。意识到这点给她带来了令人作呕的打击。

在那之前,克里斯蒂娜从未想过要去思考或反省犹太人在波兰的处境问题。波兰是她的祖国,这就是一切。她总是接受这一事实,即戈德费德家族已经被"同化了",因此,她和父亲、父亲的朋友及亲戚的家族一样历史悠久,能被人接受。

早在公元1100年,波兰就有犹太人生活、繁衍。为了躲避在莱茵省打家劫舍的十字军,德国犹太人在波兰找到了避难所。他们在那里慢慢发展壮大,又有从德国逃来的其他犹太人汇入其中。新来的人受到贵族的欢迎,1264年,"童男"国王博莱斯瓦夫五世授予犹太人自由宪章,准许他们实行自治。根据个人意愿,他们可以选择在城市或乡下生活。卡西米尔大帝创建了大学,鼓励人们从事贸易,输入越来越多的犹太人。立陶宛大公维托尔德也向犹太人定居敞开了祖国的大门。

1400年,犹太人在欧洲西部遭遇的不幸再次降临在欧洲东部的犹太人身上。有人对犹太人祭祀杀牲提出控诉,再加上僧侣的煽风点火,这很快就演变成一场波及全国的歇斯底里症。尽管为了恢复对犹太人的信任,人们做出了种种努力,但就在1500年左右,波兰还是爆发了对犹太人的第一次大屠杀。

1648年,波兰东部惨遭野蛮的哥萨克游牧民族蹂躏。哥萨克人信奉希腊东正教,他们生活在波兰和土耳其接壤的地带。哥萨克人的野蛮行径没有限度,多达10万犹太人在这次大屠杀中丧生。17世纪后叶,这种行为再度重演。这次哥萨克人的叛乱更加恐怖,随之发生的还有两次瑞典的入侵和一次同土耳其的战争。[①]

18世纪并没让波兰从流血中缓过神来。它先是遭到了俄国侵略,继而发生了内战。接着,普鲁士、俄国和奥匈帝国三次分割了这个奄奄一息的国家,直到最终波兰寸土全无。接连三次瓜分波兰给了凯瑟琳大帝她

---

① 马克斯·I·戴蒙特,《犹太人,上帝和历史》,伦敦:W. H. 艾伦,1964年。

不想要的一件礼物:9 万犹太人。由于她本人不能亲自除掉这些犹太人,就冷淡地同意他们沿着俄国西部边境定居,这就是史称"定居管区"的地方。

18 世纪,法国人谋杀了国王和王后,屠杀了许多贵族,拿破仑·波拿巴掌握了政权。此后,19 世纪的欧洲以及犹太人的命运就在法国定形了。正是拿破仑召集了一千八百多年当中的第一届大犹太法庭。自从罗马人焚毁寺庙以来,这样的法庭会议从来没有召开过。大犹太法庭向全世界犹太人宣称,摩西律法从本质上来说只在宗教方面有用,不适用于世俗事务;犹太人需效忠于政府,而拉比的权限不能扩展到民事和司法领域。这就意味着,犹太人不再具有独立社团的地位,而是不管在什么国家定居,他们就是那个国度的一分子。

从表面看来,所有的问题都由此消解了,但实际上反犹主义从未真正根除;只是被金子盖住罢了,金子堆得越高,犹太人"被同化"的程度就越高。一旦钱袋空了,包括克里斯蒂娜及其家人在内的犹太人就会首当其冲,受到纳粹分子的迫害。

在克里斯蒂娜被选为头号美女,赢得小小的胜利之后不久,她就去拜访她住在勒武的亲戚。她小堂弟约翰·斯卡贝克仍然记得,她当时坐在床上,一头长发如云般乌黑蓬松。"我母亲非常喜欢她。但我父亲由于深受其母影响,对她的名声却持保留态度。"

克里斯蒂娜更喜欢和男孩子做伴,而不是和女孩呆在一起,这或许是因为她更喜欢户外活动,而不是前去参加茶会,听女人们聊天。她骑术高超,擅长滑冰。最重要的是,她走起路来不知疲倦,这一爱好在她将来从事的活动中起了很大作用。

到她准备首次进入波兰社交界时,家里的经济状况显然已很不稳定。发现"爱情交易"居然令人如此失望之后,父亲动不动就对结发妻子发脾气,对女儿则充满了感情。肺结核日益损害了他的身体健康,疾病的症状之一表现在他对女儿的感情身上。由于不能给"小星星"添置嫁妆,耶日伯爵心中闷闷不乐。要是戈德费德家的财产没有散尽的话,他本该给自己的心肝宝贝置办陪嫁品的。

耶日伯爵的身体日益衰弱,这就是为什么他对妻子和克里斯蒂娜会这么焦虑不安。克里斯蒂娜不忍心看到昔日英俊潇洒、温文儒雅的父亲如今身体一天天垮下去。为了取悦父亲,她开始接受众人邀请,试图让父亲相信,他的宝贝女儿在华沙最好的沙龙里很受欢迎。尽管克里斯蒂娜一直就不喜欢纯粹的社交场合,但她毕竟正值豆蔻年华,小伙子们显然觉得她极富魅力,对她赞赏有加,克里斯蒂娜还是觉得极为受用。

　　1930年,父亲魂归西天,克里斯蒂娜几乎要被打垮了。耶日伯爵最终还是向折磨了他数年的疾病缴械投降,克里斯蒂娜尝到了人生中第一次巨大悲痛的滋味。与此同时,戈德费德帝国几乎完全土崩瓦解了,家族剩下的钱财不多,寡居的斯特凡妮伯爵夫人难以维持日常生活。

　　克里斯蒂娜不想成为母亲的负担,于是她外出寻找工作。很快,她就在菲亚特汽车公司找到了一个岗位,办公地点就在一家生意兴隆的修车厂上面的办公室里。每天八小时,克里斯蒂娜都要伏案工作,而汽车废件散发出来的难闻气味充斥着小小的办公室。不久之后,克里斯蒂娜就大病一场。第一位医生了解克里斯蒂娜父亲的病史,看到克里斯蒂娜肺部有阴影存在时,诊断她患了肺结核。但第二次会诊时许多X光照却表明情况并非如此,这不过是汽车废件的气味引起的。克里斯蒂娜这才如释重负,接受了雇主的保险公司提供的补偿。此时她还不明白,这些存留在她肺部危险的阴影日后竟然会救了她一命。

　　医生建议克里斯蒂娜放弃这份需要久坐的工作,转而多过户外生活。这比较适合克里斯蒂娜,于是她开始花大量时间到海塔特拉山和许多山区度假胜地散步、滑雪。当然,她的远足并非总是那么单纯,因为她喜欢绞尽脑汁对付那些边境哨兵和海关关员。为了"寻求刺激",她向波兰境内外走私香烟,这样她就积累了一些经验。日后在突破纳粹警察的检查,把人们转移到安全地带时,这些经验就显得极其宝贵了。

　　在滑雪探险时,克里斯蒂娜几乎总是将大本营安扎在山区度假胜地扎科帕内。那时候,这个村落的自然美尚未遭到破坏,它成了学生及波兰青年人聚会时喜欢选择的场所。克里斯蒂娜非常喜欢这个村庄,街道两旁坐落着古老的古拉尔人茅屋。克里斯蒂娜总是能和当地山区居民进行充分的沟通。在和这些心地单纯的居民相处时，克里斯蒂娜的心情总能到达最佳状态，因为他们彼此都非常信任。

年轻的伯爵小姐在古拉尔人中间人气很旺。古拉尔人住在山区，他们仍然保留着传统的服装。男子的服饰通常包括一件短夹克，加压羊毛制成的裤子，裤子的裤缝还装饰着黑色镶边；他们的夹克通常是红色的，上面绣着艳丽的花纹；他们头上一般戴着宽边低顶的圆毡帽。女子一般穿着白色的宽松上衣，长长的印花裙子，裙子里面套着镶有多种多样褶边的衬裙。

他们的茅屋非常简陋，只有两个房间，一个是黑色的，另一个是白色的。前者的名字来自房间角落里的一个壁炉，从里面冒出来的烟熏黑了整个房间。属于女主人的床铺占据了房间的显要位置，床上悬挂着一个摇篮，女主人不用挪动身子就可以晃动躺在摇篮中的婴儿。

农具放在面朝白色房间的大厅里。因为山里人世代相传着热情好客的风俗，这白色房间总是留给客人用的，全家人则挤在黑色房间里。这样，客人就可以享受那宽大舒适的床铺，还有许多套在刺绣精美的枕套里面的鹅绒枕头。

户外生活让克里斯蒂娜很快就恢复了健康。克里斯蒂娜的一位同时代人，记得她正值十八九岁时候的样子，说道："她优雅极了，非常活泼。她的一切，那白色的牙齿、皮肤、还有平滑的头发都熠熠闪光。她朋友众多，还享有调情高手的盛名。发现自己感兴趣的小伙子时，她就全副身心地使其拜倒在自己的石榴裙下。但对那些占有欲过强或者过于粘人的，她则很快就会失去兴趣。接着，她就抽身而退，悄然撤到一个没有男人的领地，一个别人无法企及的地方。"

克里斯蒂娜·斯卡贝克和查尔斯·格特利希订婚的消息受到了双方父母的热烈欢迎，两人的结合被认为是天配良缘。查尔斯温文儒雅，气宇轩昂。虽然他祖上来自德国，但他们很早就在波兰扎根，所以他们认为自己毫无疑问是波兰人。格特利希家族特别富有。

18岁时，克里斯蒂娜仍然非常单纯浪漫，她以为蜜月结束以后，查尔斯会把全部心思花在娇妻身上。不过查尔斯首先是个商人，他很爱克里斯蒂娜,但他主要关心的是自己的事业。而且,这对年轻伴侣根本就不和谐,这点很快就变得一清二楚。没有经历任何痛苦,这次婚姻就悄然划上了句号,克里斯蒂娜再度获得了自由。

必定就在此时,克里斯蒂娜第一次去了有着波兰"卢尔德"之称的琴斯托霍瓦,此后又去了多次。琴斯托霍瓦是朝圣的名地,有着引以为豪的历史记忆①。这里最大的财富就是藏在清光修道院中的一幅神奇的黑色圣母像,清光修道院位于亚斯那古拉,是圣保罗教会修士的住所。

尽管克里斯蒂娜并不笃信宗教,但这画像对她来说还是十分重要。虽然她并不很在意个人财产,这画像的临摹品却始终伴其左右。如今,这画像被钉在刻有波兰雄鹰图案的木板上,飘扬在她坟茔的上空。

画像的真品有着一段悠久多变的历史,围绕着画像产生了许许多多传说。这令人称奇的圣母像绘制于公元3世纪的西班牙,1430年,画像被一伙专事劫掠修道院财富的骑士盗走。其中有位骑士携带着这宝贵的圣母像骑马而去,就在此时,骑士头顶上方一道巨雷炸裂。顿时,天空电光闪闪,雷声隆隆。察觉到主人受到了诅咒,骑士的坐骑也止步不前。骑士把画像猛然扔到地上,用刀剑野蛮地抽打画像。顷刻之间,干旱的大地出现了一道裂痕,露出了一泓汩汩作响的泉水。直到今天,这泉水还给数百万朝圣者提供圣水。此外,人们依然能够看到圣画上的累累伤痕,这痕迹就是骑士的刀剑留下的。

不久以后,克里斯蒂娜就和一位年轻迷人、十分中意的单身汉谈起了恋爱。这场爱情犹如狂风暴雨一般猛烈。但不幸的是,这小伙子一贫如洗,他那俗不可耐、专横傲慢的母亲对儿子的将来却有着自己的如意算盘。虽然这位母亲喜欢克里斯蒂娜,觉得克里斯蒂娜特别适合做儿子的

---

① 1665年,瑞典人入侵波兰共和国。担心瑞典势力会崛起,俄国就与波兰签署了停战协定,共同抵抗瑞典。从一开始,新战争就对波兰不利。华沙落入了瑞典人手中,接着克拉科夫投降了。在西里西亚放逐中,约翰·卡西米尔就签署了投降劝告。瑞典人围攻琴斯托霍瓦的波林修道院进一步激起了人民的仇恨情绪。从军事角度来看,这次围攻完全失败了,它所引发的普遍的愤慨最终给入侵者带来了不幸的结局。

女友,但她还是毫不犹豫地终止了这场恋爱。她邀请克里斯蒂娜前去喝茶,在享用银制器皿盛着的茶水时候,她就清楚地表明了自己的立场。这位母亲径直告诉克里斯蒂娜,如果克里斯蒂娜能继承一笔财产,她将会是自己儿媳的理想人选。但现在一文不名,还离过婚,克里斯蒂娜就不要抱有嫁给她儿子的任何幻想了。

这次打击非常沉重,克里斯蒂娜花了很长时间才从中恢复过来。她不得不再次审视自己的生活。在成长过程当中,没有人为她创造条件,培养她自食其力。在菲亚特汽车公司遭受苦役的体验证实了克里斯蒂娜最大的梦魇,那就是心中对朝九晚五生活的恐怖。克里斯蒂娜继承了斯卡贝克家族对经商不屑一顾的态度,却很少承袭戈德费德家族敏锐的经济头脑。她从内心里不喜任何形式的束缚,除了自己的选择之外,她极为厌恶去服从任何纪律,这结合起来导致了她最终的毁灭。因为,正如克里斯蒂娜最后发现的那样,这世界并不欠任何人一碗饭,即使英勇无畏、功勋卓著的斯卡贝克的族人也是如此。

克里斯蒂娜一边考虑将来的道路该怎么走,一边继续去扎科帕内旅游,提高自己的滑雪技术。有一天,在从一个非常危险的滑雪坡上飞驰而下时,她失去了控制,无法止住脚步。如果不是一个大个子男人突然出现在面前,伸出手臂搂住她,阻止了她迅速下滑,她的处境可能就会极其危险。和这个高大魁梧的陌生人的邂逅对克里斯蒂娜的人生产生了永久的影响。克里斯蒂娜的救命恩人叫乔治·吉齐基,他性格古怪,简直就是一个天才。正如有人评价的那样:"他看起来好像一只雄鹰,长着一双阴冷的灰眼睛,眼神毫无笑意。"乔治异常俊朗,感情用事,喜怒无常,经常突然之间就会大发脾气。他觉得和他人、即使是和自己深爱的人交流也非常困难。

乔治来自乌克兰一富裕家庭。十四岁时,乔治和父亲大吵一架,接着就离家出走了。在船只就要起航时,他登上了开往美洲的轮船,在那里先后做过牛仔和淘金者。写书、作画对乔治来说是小菜一碟,但他最终成了一名作家,周游世界以便为自己的著述和文章寻找题材。在法属西非稍事逗留之后,他在一本名为《白与黑》的书中以浓缩的形式记载了此次旅游给自己留下的印象。乔治对非洲非常了解,希望有朝一日能再次前往那里。

乔治狂热地爱上了克里斯蒂娜,这种感情在他一生当中从未改变过。1938 年 11 月 2 日,在华沙一家福音改革派教堂里,乔治·吉齐基和克里斯蒂娜举行了婚礼。不久以后,克里斯蒂娜发现自己嫁给了一个性格复杂的人物。但由于当时既受丈夫吸引又被其控制,克里斯蒂娜还是设法把他在自己内心激起的那种恐惧理想化,不过这恐惧最终还是把两人活活拆散了。乔治·吉齐基从来就不是她身边一只迷路的小狗。在自己生活的轨道以内,克里斯蒂娜发现只有为数不多的人她不能改变、驯服或征服,而丈夫就是其中之一。丈夫就是生活的中心,每当情绪不好时,他心中的怨怒就会像乌云一样笼罩在他身边的那些人身上。

然而,吉齐基夫妇却是有趣独特的一对。在他们的婚姻早期阶段,那些遇到他们的人都绝难忘记这对情侣给人留下的印象:克里斯蒂娜容光焕发,有种娇弱之美,而丈夫却体格强壮,英俊迷人,难以揣摩,两者交相辉映。他们结交了许多朋友,在一个个圈子中游刃有余。对克里斯蒂娜来说,乔治的益处在于,他拓宽了她的文学艺术视野,把她介绍给了一些作家、画家和诗人团体,所有这些人都对她很感兴趣,并激活了她的思想。

吉齐基夫妇和驻华沙的外交使团关系也非常友好。因为正是在这时,克里斯蒂娜遇到了很多外交官,有些外交官在她将来的人生中会再次出现,并在她所从事的某些活动中帮了不少忙。

或许正是克里斯蒂娜和这些外交官的会面促使她涉足新闻界。日后,在克里斯蒂娜成为特工时,这提供了一个幌子。然而毫无疑问的是,早在 1938 年,塔德乌什·霍尔科在切申遇到克里斯蒂娜时,就有传言说克里斯蒂娜正在为英国效劳。

乔治是个永无安宁之日的男子。吉齐基夫妇在欧洲广泛游历,他们在法国生活了很长一段时间。只要乔治想静静地创作了,他们就会隐退到山区度假胜地。乔治在那里进行写作,克里斯蒂娜则提高自己的滑雪技术,加深对法语和法国人民的了解。

与此同时,命运女神一直密切注视着克里斯蒂娜将来的另一个自我的命运。这绝不是一件容易的任务,因为安德鲁·科尔斯基似乎一意孤行地摔断了脖子,尽可能快地从视野中消失了。

科尔斯基家的庄园距离普里佩特沼泽大约六十英里。从那里可以清楚地看见长长的平原,从俄国来的任何入侵者都不得不穿越这个平原。因此显然,在整个历史上,阻挡入侵者去路的任何庄园都不能不遭到破坏。在一战之前,科尔斯基家的庄园意外地被烧成了平地。在重建庄园期间,斯坦尼斯拉斯·科尔斯基及其家人搬迁到了瓦布涅,安德鲁就出生在那里。

后来,科尔斯基在华沙有了一个要职①。他觉得原先的庄园太远了,来往不便,于是就在靠近省城扎莫希奇附近的地方添置了另一处房产。安德鲁说道:"在我生活的波兰的那部分地区,城镇都破旧不堪,建设毫无章法,但扎莫希奇却与众不同,非常漂亮。"

从建筑学的角度来讲,扎莫希奇特别有意思。该城镇创建于1580年,创始人正是本地的大法官兼司令官扎莫伊斯基,他文化修养深厚,在许多方面都颇有造诣。深受意大利建筑风格吸引,他计划按照意大利的方式建设自己的城镇。他从帕多瓦引进了许多建筑师和艺人,这次积极进取的结果就是产生了一批宝贵的门廊、凉廊和开敞式楼梯。房子的阁楼和山墙则继承了波兰中世纪建筑的风格,装饰豪华,基本图案采用了当时在意大利和文艺复兴艺术中颇为流行的风格。

安德鲁被送往当地公立学校接受教育,但由于自称"懒惰得不可救药",他进步不大。不管出于什么原因,安德鲁的父亲决定亲自教儿子数学课。"因为他脾气急躁,缺乏耐心,在两年左右的时间里,我如同在地狱中一般受尽了折磨。"

然而,安德鲁最终还是勉强通过了必要的考试。18岁时,他被家人送去接受军事训练。安德鲁所在的地方是个条件艰苦的军校,专门训练炮手。这小地方"舒适温馨",在气温低达零下三十度的环境下,学员可以拥

---

① 科尔斯基被任命为在庄园拥有白酒酿造厂的所有地主的代表。

有两床薄薄的毯子。

安德鲁后来回忆说道："经过这次肉体苦行的锻炼之后,我去了克拉科夫大学研读农学。父母安排我去和一位祖母一起生活,这位祖母非常专横。自她丈夫过世以后,她就按照当时的传统穿着曳地的长袍,带着闪闪发亮的黑面纱。几乎对于一切事情,祖母都有自己的看法,起初和她一起生活真是受罪。她好奇心重,总有没完没了的问题。最后,我厌倦了,就搬出去住。她让我回来,我照做了,但提出了条件:那就是她应签订一项十四点协定。祖母最后接受了。祖母很有幽默感,从此以后,我们相处得非常愉快。对我来说,祖母是个不错的小金库,但我也必须卖力工作加以报答。她喜欢聊天,听听当地社会上的各种传闻。我就尽可能地多搜集一些有趣的小故事,并把这当成了自己的工作。"

安德鲁样样都行,就是读书不行。幸好他的父母十分开明。他总是不断陷入这样那样的麻烦之中。他堪称一流的运动员:骑马、打网球,参加大学的滑雪队。他参加摩托比赛一事始终瞒着他母亲。骑马尚能作为一种冒险运动被认可,彪摩托车就全然不在考虑之列了。

24岁时,安德鲁卷入了一场成为全世界头条新闻的事故之中。这事故当然是独一无二的,他依然清楚记得在扎科帕内滑雪时所发生事情的每个细节。

"我不爱赌博,但喜欢喝酒,爱喝伏特加酒,不过我从没喝醉过。在一个很特别的场合,我和朋友一起,乘坐一列名为'跳舞—滑雪特快'的专车去扎科帕内旅行。车上有我们一大群人,在四个小时的旅程中,有个女孩和我打赌,说我无法连续一个月不喝酒。我有些朋友也跟着起哄,向我提出挑战。赌注很大,我正缺钱,于是我接受了。我立刻就不再喝酒,如日后情况所证实的那样,戒酒也不过如此。

"在扎科帕内,我遇到的第一个人是我同父异母的哥哥、那阔绰的乔治。他比我年长十岁,从外婆——赞莫伊基斯卡伯爵夫人那里继承了一大笔钱财。乔治运气非常好,他在牛津大学接受教育,可以肆意挥霍,花起钱来大手大脚。

"和往常一样,乔治生活优裕。自然,他请了一位滑雪教练,还拥有其他一切能让假期舒适快乐的方便设施。他声称，黎明时分他和队伍要穿过群山到达切申一边，他问我是否愿意和他们一起。我欣然接受了，安排好集合地点后，我就去和正在镇里寻欢作乐的朋友们会合。舞会持续了整整一夜，我跳舞了，但一点酒也没喝。

"学生一般住在简陋的茅屋里，屋内有必需的床铺和开水，你可以用开水来调制成你想要的各种饮料。但个人用品要自己带。

"五点钟时，我背起帆布包，动身去和乔治会合。那时候还没有上山缆索，我们兴致勃勃地迈进了清纯的山区空气中。我感到有点内疚，因为没有答应带一位朋友一起来，他一再恳求我带他来玩。我觉得他滑雪经验不足，就如实对他说了。他很不高兴，但我想没带他一起来反而救了他一命。但就是这个人后来却打断了我一条腿。

"我们的队伍包括乔治，乔治的滑雪教练瓦拉德克·切赫，教练的妻子，本届波兰女子滑雪比赛的冠军，还有其他两个男子和我。我们的计划是登上捷克边界的山顶，在那里我们会沿着一道真正令人头晕眼花的斜坡滑下。这座山形状有点像水壶。乔治和教练走在前面，接着是教练漂亮的妻子，我还有其他两个男人紧随其后。

"天气寒冷，阳光普照，还刮着风。那名年轻女子觉得鼻子需要抹点粉。于是，她打开了小粉盒，粉扑怎么看都像是一只桔子，沿着山坡滚落下去。一名队员以为这就是桔子，就跟随着滑了下去。他捡起粉扑，向上冲着我们大喊：'原来这根本就不是桔子。'有很长一段时间，我觉得很不自在。因为在乡下出生长大，我对危险有种本能的预感。突然，向导叫道，'别动！'"他为什么这样阻止我们呢?'我问他妻子。'他担心要发生雪崩。'我刚要张口说，他本该一个小时之前就应想到的，这时我注意到乔治和向导都退到了位于两座山中间的一个小山脊上。他们站在那里，就在这时，我听到了如同一百尊大炮齐鸣的响声，我们脚下一道裂缝在慢慢变宽，整个大地都在动荡起伏。

"雪崩的速度立刻开始加快。我的同伴都很有经验，我虽然擅长滑雪，但对大山的知识却了解不多。不过我是队伍里面唯一一个去掉了滑雪板的人。人们总是告诉我，如果发生了雪崩，可以利用滑雪板来保护自己。

　　"接着我发现自己坐了下来。我能看到那个女孩低垂着头,尖声喊叫。然后,我就被几吨重的潮湿粗粒雪盖住了,雪堆很重。我仍然紧紧地握着滑雪杖,我开始拿着雪杖疯狂地挣扎着。最后,感到快要被闷死时,我终于看到了一线光亮。接着,由于雪崩滑落到了一处类似沟壑的地方,我突然像软木塞一样被抛到了空中。这是波兰有史记载以来的最大一场雪崩,雪崩时速为80英里,感觉就像在水流湍急的河中一样。一块巨大的岩石朝我飞来,砸碎了我的滑雪杖,我几乎被吓懵了。我记得我们正朝一悬崖峭壁滑去,这时随着巨大的雷鸣声,好像就从位于某个陡峭山峰上的蹦床上一样,一个雪卷狠狠地向我砸来。从那时起我就发誓,我决不会建议任何人从四层楼上跳下自杀。那感觉太恐怖了,就像在梦中坠落一样。雪块和石头呼啸着从我身边飞过,我也从雪块石头中穿过。虽然这一切只发生在几秒之间,但却如同过了一生一般。我张开双臂,就像展开翅膀一样,发现自己腋窝之下都是积雪。在此之前,我一直很幸运,因为从我身边飞过、插入雪中的任何石头都有可能把我砸成两半。

　　"但我好运持续的时间并不长。雪崩的其他部分雷鸣般地响着滑下悬崖,我再次被四米深的雪盖住了。这种感觉令人异常不安,因为经过偌大的响声之后,我发现自己陷入了完全的寂静和黑暗之中。周围的空气很少,非常宝贵。

　　"幸运的是,我的小帆布背包掉到了我头顶上方,这起到了一种罩篷的作用,使我免受雪块和石头的伤害,同时也给我提供了一点空气。周围的寂静让人心慌意乱,我感到自己好像就要发疯了。我试着活动双手,但肌肉却没有反应,这一点也不惊奇,因为一平方米的雪块就有将近一吨重。我不知道自己在"这混凝土构成的坟墓"中意识保持清醒的时间有多久。我不记得了。但我只是知道,我开始呼吸困难,接着我惊慌起来,我叫着叫着,最后晕了过去。

　　"与此同时,有个滑雪者坐在下面小木屋外面,他通过望远镜看到发生了雪崩。他立刻就发出警报,所以甚至在乔治和滑雪教练(他们躲在一道岩石嶙峋的山脊上,躲过了雪崩)赶来营救我们之前,其他人就动身来搭救我们了。

"滑雪教练因为担心妻子的命运都要发疯了,但为了避开悬崖,他不得不迂回绕路赶来。最后到达堆积起来的一堆堆厚厚的雪块——在有些地方,雪堆有十层楼那么高——时,他几乎立刻发现有支滑雪橇突出在雪堆外面。他开始疯狂地挖掘,最后把妻子挖了出来,但她却已经死了。

"哎呀!不像我一样,这可怜的尤物没有被完全抛过山崖,而是猛飞下来,一路和岩石撞在一起。她死了,但却因此救了我和同伴们一命。片刻之后,包括来自下面小木屋的所有客人和滑雪教练开始在发现尸体的地方寻找我们。

"在雪崩里寻找尸体简直就是大海捞针。有必要刨挖两条平行的沟道,然后使用长长的钢杆尽可能细心地搜查。发现尸体的可能性几乎为零,而钢杆将雪中的伤员打死的可能性却相当大。特别是在雪堆非常结实,两个人不得不在雪中上下撬动钢棒时,情况更是如此。

经过一个小时左右劳累至极的工作后,搜寻救援组突然发现了我们另一个伙伴,他仍然有一丝气息。天变得非常寒冷,夜幕就要降临了。救援组觉得可以放弃了,第二天再重新开始。他们断定不会有其他人存活下来了。

"幸运的是,我哥哥乔治还有我的好朋友安德鲁·塔诺斯基拒绝放弃搜寻。安德鲁冲回到小木屋,取了我的帆布包来,包里塞满了没有用过的物品。他把白兰地、伏特加还有食物分给众人,鼓励大家说道:'伙伴们,加油呀!科尔斯基这家伙身体很壮,我知道他仍然活着。现在我们不能放弃,一定要找到他。'

"酒精让人们身体暖合起来,救援组又再次充满了斗志,认真干起活来。接着奇迹发生了。有个著名的山区向导克齐普托斯基把钢棒深深插入雪中,大声喊道:'我碰到东西了。''是块石头。'另一个向导回应着说。但第一个向导更用力地往雪中插钢棒,钢棒划破了我外胫的皮肤。救援组变得非常兴奋,每个人都像鼹鼠一样在卖力挖掘。突然,我的腿出现在众人视野中。这时刻真让人惶恐不安,因为没人知道我头部怎么了。

"随着安德鲁的几声喊叫,我从冰冷的坟墓中被挖了出来。在里面,我呆了大概有三个半小时。刺骨的空气让我打了一个寒颤,这如同刀子一般扎在了我肺里。我暂时恢复了意识,但接着又昏了过去。

"救援人员给我脱了衣服,用雪猛力揉搓我的身体,因为我完全失去了知觉。后来人们告诉我,虽然我看似毫无意识,但却开始大声咒骂别人偷了我鞋子,而且骂人的用语很多。我被抬下了高山,最终恢复意识后发现一群姑娘正在给我按摩,因为所有的男人都返回山里去查探他们能否找到我们队伍中的最后一名成员。直到两天以后,人们才在距离我被雪掩埋的位置几码远的地方找到了他。此次雪崩夺走了两人的性命。

"我奇迹般死里逃生的经历被及时报告给了当地媒体,世界各地的报纸都进行了刊登。我站在阳光下、露齿而笑的照片出现在所有的报纸上,我的经历一连九天都成了人们啧啧称赞的奇迹。直到那时,我才得出一个结论:我天生就有大难不死的福气。"

有一次,安德鲁·科尔斯基回到了扎科帕内。他正在当地一家商店里选购运动衫,这时克里斯蒂娜和乔治·吉齐基走了进来。他们正准备航行去东非,乔治想把滑雪橇卖了。两个男人闲聊了一会儿,克里斯蒂娜则在一边旁观,没有参加两人的协商。安德鲁买下了滑雪橇。这就是克里斯蒂娜和安德鲁的第二次见面。虽然安德鲁脑海中飞速闪过一个念头,觉得这年轻女子魅力不同凡响,但正如第一次邂逅一样,这次相遇对两人都没有什么影响。

第三章

战争让她选择了间谍生涯

乔治·吉齐基在欧洲从来没感到完全满足过。正如拥挤的都市中狭小的平房束缚了他庞大的体格一样,这块大陆古老的低墙限制了他的思维。乔治想重新回到非洲那更加广阔的视野当中。当机会来临——乔治能代表国家作为驻亚的斯亚贝巴的领事时,他马上就接受了。但乔治为人并不坦诚,除了对这个国家及其居民真正感兴趣之外,他还有其他私人计划要执行,这可以从他发送回国的给政府的秘密报告中看出来。

一想到女儿就要离开,且归期遥遥不定,克里斯蒂娜的母亲就很不开心。但克里斯蒂娜本人一想到即将开辟一片新天地,就兴奋不已。乔治对那个他们即将抵达、充满了异域色彩国度的描述激起了她的想象。经过最后一番匆匆忙忙的购物和家人举办的饯行宴会后,吉齐基夫妇开始了他们那漫长的旅行。由于时间非常充足,乔治决定先带克里斯蒂娜去肯尼亚,年轻时他曾去那里探过险。当时空中旅行仍处于襁褓时期,赶赴东非的唯一方法是乘坐轮船。

蒙巴萨有着悠久的历史,是个世界性的港口,是东非一张激动人心的名片。一千年来,象牙一直是这里主要的出口物,这里仍然保留了《一千零一夜》故事中的东方色彩。这里香气馥郁,穿梭于街道、露天剧场和集市的不同种族的人们更为这里增添了奇异的风味。街上混杂着斯瓦希里人和非洲人。斯瓦希里人穿着白色康祖长袍和灰色短上衣,戴着白色绣花的塔布代帽大摇大摆地走着。非洲人则裹着图案明亮的厚棉布衣服,厚棉布缠在纤细的腰上,其中有一半垂落在腿上。长着鹰勾鼻子、穿着蓝色绣花衣服的阿拉伯人一对对坦然自若地闲逛着,他们的手指优美、精致,是年轻的阿拉伯男子特有的。就像巴克斯特①的伴舞队一样,吉里亚马部落的异教徒女子晃动着奶油色细棉布制成的华丽多层裙,从眼前闪过。非洲的穆斯林女子从头到脚都包裹着黑衣,只露出两只眼睛,从市场匆忙赶回家中。而印度女子,穿着轻薄透明的纱丽如蝴蝶一般欢快,她们步伐轻盈地从身边掠过,精美的手腕上戴着各式各样的镯子,叮咚作响。

根据风向的变化,到12月底或者1月初时,欧洲来的游客将会欣赏到令人难忘的一幕。因为正是在那时,在开始刮东北信风之前,就像传统的飞鸟迁徙一样,最早的一批移民船只也会开来。沿着海岸会驶来很大的独桅帆船,港口内将挤满远洋轮船的张帆杆,港内喧声四起,色彩斑斓。

好奇心重的游客可以过把瘾,划船从老海关靠岸台的地方前往尾部高耸的船只,参观这些独桅帆船。船长会盛情款待来访的所有客人,让客人坐在精美的地毯上。他们从那鸟嘴状的铜咖啡壶中,倒出一杯又一杯、永流不尽的苦咖啡,以供客人品尝。

对于像克里斯蒂娜这样喜欢晒太阳的人来说,蒙巴萨提供了诸多便利。蒙巴萨有一处处安静的沙滩,沙滩边缘长着柽柳,这些沙滩都有着欢快的名字,诸如尼亚利,特威加,马林迪等。那时候,只有沿着留有车辙的小路——这小路不知怎么地就逐渐消失在灌木丛和峡谷中——经过一番危险的旅行之后,人们才可以抵达马林迪。交通工具主要局限于私人轿车和一队队用绳子和咒语维系在一起的摇摇晃晃的公共汽车。司机都是一些浑身散发着异味、性格开朗的印度人。他们全都飞快地驾驶着汽车,载着一车喋喋不休、咯咯说笑的非洲人,印度人,婴儿,山羊,家禽,包裹,篮子,还有叮咚作响的汽油罐子——在这个国家,人们大量使用汽油罐——从一站驶往另一站。

所有的交通工具都不得不通过渡轮来穿过小溪或河流。这种经历如同做梦一般,再加上天气炎热,身体流汗、半裸着身子的船员发出圆润洪亮的语调——这种凄凉的语调不时被摆渡人用海螺壳吹出来的怪异声音

---

① 巴克斯特(1866—1924),俄国画家,舞台美术家,在舞台设计中采用古代希腊、罗马和东方的风格。——译者注

打断,这就更像在梦境中了。

在这里,在一块似乎比欧洲的天空更加明亮的蓝天下,动植物联合起来形成了一道充满异国情调的织锦。织锦中间编织进了欢快的小鸟:头顶冠状物的戴胜鸟,长喙的蜜鸟,还有太阳鸟。小鸟停留在电线杆上,或在路边错综交织的野生玫瑰丛中飞翔。

克里斯蒂娜想在蒙巴萨海滩逗留一会儿,但乔治却急于赶往内罗毕。于是,他们沿着肯尼亚——乌干达铁路踏上了那炎热漫长的旅程。肯尼亚——乌干达铁路建于世纪之交,起于蒙巴萨,终于维多利亚湖。有生以来第一次,克里斯蒂娜透过结满尘垢的车窗看到了一道变化极大的风景:在海边还是植被茂盛,及至到了大星星闪烁的夜空下,见到的则是泛着月光的惨白图景。随着一声汽笛,火车停下来加水,克里斯蒂娜掀起窗帘,看到了一间孤零零、皱巴巴的铁皮屋子,这铁皮屋子就是乡间的火车站。夜里,伴随着动物的一声长嚎,非洲大陆的寂静也会被打破。

克里斯蒂娜1939年看到的内罗毕是个新旧事物交集的大杂烩。最早的定居者扎根于此的时候,没有过于注意城市规划的原则。他们修了商号做买卖,建了办事处做生意,盖了平房来居住,还种了又高又大的桉树作为装饰。随着岁月流逝,现代化的石头楼房取代了原先那些破旧的办事处。

内罗毕城内没有静止僵化的气息,即使在那些从内地前来观光的游客当中,它也激起了一种令人兴奋、洋洋自得的感觉。作家卡伦·布利克森作为其中一个游客,说道:"内罗毕仍然是座都市。在这里你可以买到各种东西,听到各种传闻,在旅馆吃午餐用晚膳,在俱乐部跳舞。这里生机勃勃,它像流水一样运动不息,像年轻事物一样年年都在发生变化。你外出参加狩猎远征期间,新的政府大楼——一座富丽堂皇的冷色府邸,一个美丽的舞厅和一座漂亮的花园——就盖好了;一座座大酒店拔地而起,市民举办了令人难忘的农业展览会和精美的花展。我们这块殖民地中那些只有一半智力的家伙们吵闹起来极为夸张,这让城市充满了活力。"[1]

---

① 卡伦·布利克森,《非洲之外》(伦敦:乔纳森-凯普出版社),首次出版于1937年。

吉齐基夫妇住进了索尔兹伯里旅店。正如殖民地的许多人一样,店主努恩太太日子过得并不轻松。她丈夫是修建夺人性命无数的肯尼亚——乌干达铁路工程的负责人。丈夫突然就离开了人世,除了两个小孩子以外,没给她留下什么。她开了一家面向铁路工人的招待所,生意很好,努恩太太后来又盖了索尔兹伯里旅店。索尔兹伯里旅店是个典范,它完全由伦敦的梅普尔斯提供装饰,还带有自己的游泳池。

看来克里斯蒂娜更喜欢呆在旅馆或公寓内而不是住在家里。她不喜欢家居生活,因为家庭琐事令她厌倦烦恼。她生性挑剔,但对于创造一个适合自己个性的装饰环境,却并不特别热衷。

既然乔治早就对这个国家非常熟悉,他肯定就意识到了这一点:即使这里貌似英国的模范殖民地,但在风平浪静的表面之下,紧张的局势却在慢慢升温。正如在南非一样,在这里,英国统治的旧势力限定了两个社区:一个欧洲人社区,还有一个是印度人和非洲人混居的社区;只有极少数能一眼认出,被称之为"黑鬼"的流浪汉除外。欧洲人的社区主要由如下人组成:作为先驱者的农场主及其家人——他们是善良勤劳的英国中产阶级;行事风格有典型公务员派头的政府官员;还有少量的商铺老板;没被同化的外国人以及假释犯。处于顶层的则是一群有趣、堕落的冒险家,他们中许多人都鼎鼎有名。他们给这个国家带来了淫荡的伦理道德,还有马球运动和印有纹章的银币。这个国家幅员辽阔,足以能够包容和滤去他们那些经常招人不快的习惯和活动。

就是这群"只有一半智力的家伙们"提供了绯闻和闲聊的话题,这让那些内心充满嫉妒的中产阶级主妇们永远感到既惊又乐。抢妻夺夫是那些不务正业之流经常做的冒险。由于不再能够在伦敦繁忙的社交季节寻欢作乐,他们就纵酒放荡,嫉妒猜疑甚至进行谋杀。但正是这一小部分人才真正地爱着非洲。和许多更加带有乡下人思维的定居者不同,他们不相信自己是离乡背井的流浪者的神话。当他们利用休假满怀兴奋地返回那"小小的古老英格兰"时,结果却发现,实际上那广阔的非洲农场才是他们的"家园"。

非洲大地充满了传奇色彩,是个英雄辈出的地方。丹麦作家卡伦·

布利克森就是这样一个角色。在克里斯蒂娜到来九年之前，女作家就离开了位于恩贡群山脚下的咖啡地，返回了故土。和此前此后的任何其他作家相比，她更能捕捉到东非高地人的生活本质。如果说有人能使克里斯蒂娜安心在内罗毕生活，那肯定就是这位伟大女士的功劳。她的农庄一直是许多外国人和流亡者的聚会之处，他们都喜欢美食、好酒和文雅的谈吐。对于那些在她农庄劳作、在附近居住的非洲人，卡伦·布利克森都有着深厚的感情，并能理解他们。但一般来说，欧洲来的定居者对待非洲人就像封建地主对待自己的农奴一样。他们没有想到的是，他们已经接管了这块广袤的土地，但这里的居民还有多种多样的问题。或者他们没有想到，从最后的分析来看，他们会被局势的发展压倒，并被迫放弃他们认为从法律上来说属于自己的这块土地，回到一个筋疲力尽、过度拥挤的欧洲——欧洲没有给他们还有他们半封建的生活方式提供空间。

复仇女神在遥远的未来静静守候着，南非、东非的欧洲居民还继续过着那无拘无束的殖民地生活。正是这种自由自在和无时间性吸引了克里斯蒂娜。由于克里斯蒂娜和乔治没有卷入有时令人伤悲的危险——农业社区正面临的困境之中，克里斯蒂娜就能审视、聆听和汲取非洲必须给予那些沉默隐秘的人群的东西。

这时，克里斯蒂娜已经明白，嫁给乔治是个错误的决定。虽然乔治有时也非常开朗幽默，但他却给克里斯蒂娜一种幽闭恐怖的感觉。乔治犹如一团乌云隐隐笼罩在克里斯蒂娜头上，她开始怀疑自己是否要从他身边逃走。而乔治却清楚表示，他对婚姻心满意足，克里斯蒂娜最终会随他一起定居下来。

然而，乔治夫妇却没有太多时间来适应任何节奏的生活，因为从欧洲传来的消息越来越让人沮丧。虽然直到1939年9月1日战争才降临波兰，但希特勒很早就开始摩拳擦掌、跃跃欲试。1938年3月，德国吞并了奥地利，一年之后捷克斯洛伐克又落入魔掌。自从1939年3月危机开始以来，波兰人就意识到了和德国发生军事冲突的危险。"直到1939年3月，波兰的安危几乎完全依靠和法国于1921年签订的传统联盟。现在，波兰试图巩固这一联合，它采取的手段就是进行谈判以等待最后批准同英国结盟。最重要的是,5月19日,波兰缔结了一项新的法英军事协定。这项协定要求法国在军事动员15天以内就要投入大量人马对德军发动攻势。华沙政府还同伦敦和巴黎方面谈判,要求对方立即提供经济、技术和装备支援,但却没有得到任何有约束力的保证。因为西方各国自身军事力量不足,而且地理位置不利,所以他们想避免对自己'需要提供直接援助'做出任何清晰的定义。"①

英法两国政府正在讨论是否同意提供大笔钱财以作防卫之用,但英法驻华沙的大使却建议应慎重节制。他们担心波兰采取的任何行动都会激起希特勒的怨恨,他们甚至要求波兰媒体都要步调一致。与此同时,德国人大声叫嚷着要占领但泽地区,要求修建一条穿过波莫瑞进入东普鲁士的高速公路。德国人绞尽脑汁捏造了各种传闻,说波兰人虐待德国少数民族。希特勒变得越来越危险,但西方民主国家却仍然顽固地抱有幻想。虽然波兰在军事上绝对没有做好准备来抵抗德国发动大规模进攻,但还是存在一些措施来巩固国防。从1938年起,在霍兰上校领导下,英国总参谋部派遣GS/R的部门前去调查欧洲局势。

据F. W. D.迪金说,"在1939年德国袭击波兰以前的几个月里,人们做了一些幅度不大但却英勇的努力,在波兰建立了通信系统。在此情况下,捷克斯洛伐克和法国悲观地认为,如果主要战争发生,德国将会侵占这些国家。早在1939年6月,人们就开始讨论是否要毁坏与法国相关部门的通信设施,在法国还建立了一些规模很小的武器装备堆集处。出于同样目的,陆军部的同一部门制定了被称作'波兰1号军事任务'的计划"。

1939年8月30日,半信半疑的波兰人接到了希特勒的最后通牒。上午11:30,一道简明电讯宣布,波兰人侵犯了德国边界,占领了格莱维茨的广播站,杀死了那里所有的德国人。后来证明,此事就是由来自附近监狱、精心预谋的德国犯人干的,他们穿上波兰军服制造了这个阴谋。完成任务之后,他们立刻就被枪杀灭口了。

---

① 汉斯·鲁斯,《现代波兰史》,伦敦:艾尔-斯波蒂斯伍德出版社,1966年。

9月1日,德国进犯波兰。不久之后,已经答应确保波兰领土完整的联合王国对德宣战。波兰军队开始了英勇的防卫战。

尽管乔治和克里斯蒂娜明白,战争的浪潮不会马上波及东非,他们还是同时做出了返回欧洲的决定。乔治不确定自己回去后要做些什么,但克里斯蒂娜心中却已经有了打算。这计划并没有因为要依赖于太多的外部因素而被连根拔起,然后枯萎。克里斯蒂娜意志非常坚定,打算利用她的许多熟人,掌握的多门语言,还有那闪光的智慧来为国效劳。对于这个决定,没有什么值得夸耀的。因为她本来就是波兰人,斯卡贝克家族的一员,一名爱国者。

毫无疑问,克里斯蒂娜总能实现自己的目标。一旦下定决心,她就会全神贯注地投入其中,为此她对所有的障碍都视而不见。此外,克里斯蒂娜有时似乎具有令人难以抗拒的力量。如果说她采取的手段有时不合正统,但无疑她总能达到预期的目标。

很难分析是什么动机促使克里斯蒂娜选择英国作为她开始特工生涯的跳板和后台。她本人具有欧洲背景,接受了欧洲文化,能说一口完美流利的法语,对高卢人道德逻辑的鉴赏能力很强。然而,起初的时候,关于不列颠和不列颠人却有某种可靠的东西,这给她那狂野的心灵提供了安定感。虽然克里斯蒂娜勇敢无畏,爱国心强,就像所有的波兰人一样对自己的祖国满怀深情,但她还是羡慕不列颠人的沉着镇定,准备同这个民族——不列颠人对待体育运动异常认真,但对于诸如荣誉、死亡这样的重大事情却无动于衷,甚至有点轻率——并肩战斗。

克里斯蒂娜逐渐爱上英国这事相当重要,这从她后来对这个国家行为准则的梦想破灭中可以看出。在战争年代,英国表现得宽宏大度,及至和平岁月,却轻易掉头反对自己最伟大的仆人。排斥温斯顿·丘吉尔,以及后来不露声色地排斥克里斯蒂娜本人,这对克里斯蒂娜来说,是一次沉重打击,她终生未能从中恢复过来。

在克里斯蒂娜和乔治抵达伦敦时,一个由拉奇凯维奇总统领导的波兰政府在法国成立了,拉奇凯维奇总统是仍然留在罗马尼亚的前任总统指定的接班人。拉迪斯拉斯·克尔斯基将军被任命为总司令,并马上着手重建波兰军队。从波兰传来的消息犹如往赤裸裸的伤口上撒盐,克里斯蒂娜心中只有一个念头:回到家中,把母亲转移到安全地带。乔治就像一头脾气暴躁的大熊,因为他试图参军,但由于年纪太大而被拒绝了。没有什么能使乔治气馁,他决定去支援芬兰。即使对乔治最为吹毛求疵的批评家也不得不承认,乔治是个特别勇敢的男人。

吉齐基夫妇在伦敦找到了一个临时住处,和他们一起生活的还有两个中年妇人。这两个妇人马上就被克里斯蒂娜迷住了,她们把克里斯蒂娜介绍给自己的朋友,其中很多人在政界颇有影响。克里斯蒂娜当时常通过一个人而认识另一个人,今天要想理清其中所有的线索是不可能的。这诸多熟人中包括一位以色利国创始人的儿子索科洛夫;一位波兰将军;才华横溢的《十九世纪及此后》杂志编辑弗雷迪·沃伊特。根据朱利安·埃默里的描述,弗雷迪·沃伊特是个自由主义者,也是一个现实主义者。许多个傍晚,他都会坐在梅杰卡餐馆里。正是和沃伊特在一起的时候,克里斯蒂娜遇到了一个叫做乔治·泰勒的商人。

克里斯蒂娜和乔治·泰勒马上就建立了十分融洽的关系,几乎可以肯定是后者把克里斯蒂娜带到了外交部的罗伯特·范西塔特先生那里。对克里斯蒂娜的来访,英国外交部提供了如下记录:"初次接见克里斯蒂娜的军官的叙述对这个聪明美丽、且热情似火的爱国人士非常有利。克里斯蒂娜呈交了一份经过深思熟虑的计划,提出要进入布达佩斯,她打算在那里制作传单来鼓舞波兰人民的抵抗斗志。克里斯蒂娜准备取道塔特拉山区的扎科帕内前往波兰。此外,她打算组织战俘越狱逃到联盟国家,还计划搜集情报。因为滑雪经验丰富,和扎科帕内的向导非常熟悉,克里斯蒂娜对他们愿意帮助自己充满了信心。方案得到了批准。"克里斯蒂娜"入伙了"。

在乔治·泰勒的催促下,弗雷迪·沃伊特给克里斯蒂娜找了一个假身份。克里斯蒂娜摇身一变成了一名为写作搜集资料的记者,并于1939年12月21日离开了英国。克里斯蒂娜抵达了布达佩斯,心中涌动着要一直走向波兰的渴望。她的任务纯真得让人动情,就是负责向波兰人解释,英国不应该为突然降临在波兰人身上的灾难受到谴责。不久,克里斯蒂娜就发现,到达波兰并不像她本来想象得那么简单。但凭借着一股特有的热情和精力,她开始和布达佩斯的波兰人进行接触,这些波兰人早就和流亡中的波兰政府存在联系。

德国人侵犯波兰之后,立刻就有数以千计的波兰人悄悄涌入匈牙利。军官和战士都被扣留起来,并被隔离在集中营里。匈牙利人非常支持波兰人,因为他们从没忘记自己欠波兰人的那笔旧情:是波兰人把他们从土耳其人的枷锁中解放出来。几乎所有的匈牙利人,不论是最卑微的农民还是最伟大的地主,都准备对着灵魂发誓,他们要在自己的国土内保护波兰人。

不管是平民还是军人都有办法可以从波兰到达匈牙利,因为波兰仍然和包括意大利在内的所有国家都保持着外交关系,所以德国人对平民也毫无办法。匈牙利人对这些流亡者极为尊重,慷慨大度。他们为波兰人提供食物,衣服还有住处。即使旅馆也任由波兰人使用。

在这种环境下,在法国新组建的波兰流亡政府就很容易在匈牙利和罗马尼亚成立组织,这些组织绝不是地下的,而是正式的。同样,他们也有办法给难民提供金钱和汽油。波兰大使仍旧在全权实施着所有的官方职能,使馆的武官也是如此,这令德国人非常恼火,因为他们企图找到一个卖国贼来充当傀儡政府的头脑。德国人的如意算盘耗费了他们大量时间和金钱,最终却招来了一阵羞辱,一系列外交备忘录,还有一些刻薄的笑话。这一切都让德国人怒火更旺,他们更仇视波兰人了。

但克里斯蒂娜并不是难民。她丈夫是外交官,她是记者,她银行的账户也不存在什么问题。克里斯蒂娜很快就在一处私房里找到了一个装饰温馨的小套间,她不失时机地去和那些她以为能尽快帮助自己前往波兰的人士进行接触。

其中一位是波兰领事,克里斯蒂娜以前就认识他。领事一直为那些流亡者举办家庭招待会,下午晚些时分克里斯蒂娜常去那里,一是让自己沉浸在周围都是波兰同胞的氛围中,二是为了搜集信息。

通常她一进门,就会被朋友们围住。有一次——那一天会成为她一生中最重要的日子之一——她迈进了那烟雾缭绕的房间,发现人们的注意力都集中在一个中尉身上。中尉身材高大,头发金黄,皮肤红润,只有一条腿,正在滔滔不绝地讲着波兰的沦陷。因为人多拥挤,克里斯蒂娜只能站在门口聆听,安德鲁·科尔斯基则继续使用宏大乃至更加煽情的措辞讲着故事。

安德鲁说道:"就在我开始讲话十分钟之后,门开了,有个女孩走了进来。我停了下来,盯着她看。她身材纤细,肤色微黑,长着棕色的头发和眼睛,有股勃勃的生机似乎从她身上散发出来。别人介绍说这是克里斯蒂娜·吉齐基。片刻之后,我意识到我们之前曾经见过面。握手时,克里斯蒂娜说道:'你被困在那场著名的雪崩中时,我们在扎科帕内见过。你买下了我丈夫的滑雪橇。请你继续讲下去吧。能与和黑色大队一起战斗的人们交谈,这样的机会并不常有。'所以我接着讲了我们冒险的经历,我看到克里斯蒂娜眼里闪着泪光。"

"后来,我们又一起进行了交谈。当克里斯蒂娜提到她最近刚从伦敦赶来时,我就问为什么英国人在答应向我们提供帮助之后,却抛弃了我们。克里斯蒂娜笑了笑,说这个话题太大太复杂,不适合在公开场合谈论,第二天晚上我们为何不一起共进晚餐呢?'我请你。'她说道。"

听到这安德鲁很高兴,因为他不能请克里斯蒂娜吃饭。他所有的积蓄都用来为他的"事业"购买汽油了。战争爆发时,安德鲁·科尔斯基加入了波兰唯一的自动化部队。这被称为"黑色大队",因为每个成员都穿着黑色皮夹克。在一位优秀的指挥员毛采克——他后来在诺曼底登陆中作战——的指挥下,这支不怕自我牺牲、英勇顽强的大队与德军展开了斗争,他们被俘获,然后逃走,又重新组建,再次发起攻击,最后流亡到了匈牙利。

根据国际法,波兰军队的军官和战士马上就会被扣留,安德鲁·科尔斯基就是那些被扣留的人之一。但48小时后,曾因功绩卓越获得过弗塔蒂·迈利塔里勋章①的科尔斯基中尉就逃走了。他既没钱,也没衣服来换

---

① 波兰的勋章,类似于英国的维多利亚十字勋章。(维多利亚女王于1856年颁发的铜质勋章,授予有杰出功勋的英国军人。)

下那身制服,但这并没有妨碍他单身匹马地成立一个逃离组织。他成了波兰的一个"猩红海绿"①式的人物。他的主要任务就是帮助波兰战士逃离俘房收容所,把他们送往法国,使他们可以重新加入波兰军队。

在克里斯蒂娜到来之前的早些日子里,安德鲁一直很难找到合适的住处。他和助手兼表弟巴伦·亚当·科诺普卡住在一家旅馆里。表弟负责获取、准备、必要时还得伪造越狱者需要的重要文件。住在该家旅馆的还有匈牙利委员会,该组织负责给波兰难民提供住处。旅馆的名字叫做梅特波尔,这不是布达佩斯"盖勒特"(最小的旅店),而是一个相当不错的地方。

一天晚上,经过一番精疲力尽的旅行返回住处时,安德鲁发现有两个匈牙利警察等着对他进行审问。他马上就明白旅馆的守门人向警方告密了。在整个奥匈帝国境内,实行的都是同一套做法。通过让耳目散布于旅馆看门人,服务员,以及出租车司机之间,警方就可以知晓各种各样的闲谈。若是这样,旅馆看门人显然告诉警方说,安德鲁·科尔斯基经常在深夜时分没有丝毫醉意地回来,但却看起来疲惫不堪,而且衣服上沾满了污垢。

安德鲁被逮捕了,押到了警察局。警方对他严加审问,控告他私自从俘房收容所逃走。警方知道安德鲁是军官,但安德鲁却指出,如果他是军官,难以想象自己居然有条假腿。他一边说,一边把木头假腿摆到了桌子上。

安德鲁最终说服了警方,他被释放了。

安德鲁忧心忡忡地返回了梅特波尔旅馆。他和科诺普卡合住的房间是流亡者的避难所——挤在地板上睡觉的人从来没少于十个,但这房间却没有给他提供多少休息的机会。既然和警察发生了冲突,他现在开始担心所有同志的安全。安德鲁要表弟去寻找一座可以给他们提供更多隐秘空间的公寓。两天之内,科诺普卡就在僻静的街道上找到了一个房间。

---

① 帮助危及生命者潜逃出境的人,出自现代英国作家埃米斯卡·奥齐女伯爵的小说《猩红海绿》(1905),是小说中角色珀西·布莱克尼先生的别名。——译者注

房间位于二楼,非常宽敞,房东是位和蔼可亲的老音乐教师,膝下有两个异常漂亮的侄女。安德鲁满心欢喜,祝贺表弟找到了这么一个价格既便宜、地理位置又优越的房间。房间外面偌大的停车场尤其给他留下了深刻印象。那天夜里,他驾车去了南斯拉夫边境——这并不是他喜欢的一次旅行,因为车子须在深及车轴的厚泥浆中行驶。安德鲁黑色的轿车总是沾满了泥浆,泥浆后来变成有点灰白的蓝色,难以去除。

安德鲁心情放松地驱车返回了布达佩斯。他希望能在自己新近找到的安静公寓里好好地大睡一觉。时间是凌晨四点钟,他累坏了。

安德鲁径直向那条新街道走去。但令他感到惊讶的是,街道上灯火闪烁,音乐喧闹,人们来来往往。整条街道人声鼎沸。安德鲁定睛看了一些街道的名字——"快活街",才明白了是怎么一回事情。他所在街道的两边都是妓院,这就是白天街道那么安静的原因。他的邻居们都在夜生活中恢复了过来。

愤怒之中,安德鲁冲上楼,看到表弟亚当·科诺普卡睡得正香。安德鲁用力晃醒他,"你这个大笨蛋!"他大声叫道,"来窗户边,看看你让我们住到了什么地方。"科诺普卡低头看了看忙忙碌碌的"快活街",一边内疚地说道"我们明天就搬走",一边又爬到了床上。安德鲁依然呆在窗边,打量着自己那辆满是泥泞的轿车。车后还是一辆类似的车子,依旧是满身泥泞。该车前前后后都是一长列来自乡下的轿车,这些车子与安德鲁的轿车一样,车上沾满了泥浆。"我们不搬了,"安德鲁说道,"你无意中找到了适合我们需要的最佳地点。没人会想到要来红灯区找我们,这里的车子都沾满了淤泥。表弟,恭喜你发现了这么一个好办法。"

安德鲁帮助许多犯人越狱逃跑,其人数之众足以创造纪录。安德鲁之所以取得成功,在很大程度上是因为在德国人向他们施加压力之前的日子里,匈牙利人一直尽其所能来帮助波兰人。很久以来,匈牙利人就对波兰人深怀同情。

只要有可能,匈牙利官员就对安德鲁的活动视而不见,但安德鲁非常清楚,假如他和越狱的犯人一起被抓住,匈牙利官员就不得不把他投入监狱。安德鲁从事的工作绝不是什么挂名美差。冬天的严寒非常可怕,这是他记忆当中最糟糕的冬季之一。气温有时可低于零下二十度,雪大得非同寻常。安德鲁的轿车没有加热设备。他的车子是为数不多的在马路上行驶的轿车之一。驱车前行非常困难,因为车子经常陷在雪堆中,安德鲁不得不在车轮底下铺上几张毯子以便车子能再次开动。有时,他还不得不向村民求助,村民会牵来两匹马把车子拉出雪堆。

安德鲁在布达佩斯初次遇到克里斯蒂娜的那一天,他看起来不在最佳状态。他穿着自己唯一的一套衣服,这套衣服还是一个身材特别肥胖的男子送给他的。然而,克里斯蒂娜似乎没意识到这点,在她悄然离开之前,还提醒安德鲁不要忘了约定的晚餐。

第二天,安德鲁因为必须组织一次越狱,所以不能赴克里斯蒂娜的约会。安德鲁让亚当·科诺普卡给克里斯蒂娜打电话,表示道歉,并替他把克里斯蒂娜约出来。但克里斯蒂娜很有礼貌地拒绝了。第二天早晨,安德鲁成功地执行了越狱计划之后,在无聊中瞎想,自己能否混顿饭吃。于是,他抓起了电话。令他感到高兴的是,接电话的正是克里斯蒂娜。克里斯蒂娜再次邀请他吃晚饭。他们约好在兰茨胡特链索桥附近的多瑙河岸见面。

安德鲁说道:"天气很冷,还刮着风,我决定提前赶到,以免她等我。我停下车,看到克里斯蒂娜向我走来,她心情愉悦,一如既往。她步伐欢快,姿势优雅,双腿非常漂亮。那天晚上,她穿了一件粗毛呢外套,头发上系着一块方巾。"

安德鲁驱车带克里斯蒂娜去了一家她知道的小餐馆,两人用了一顿丰盛的晚餐。他们都明白这个时刻极为重要。安德鲁回忆道:"我们之间马上就迸发出了巨大的感情火花。"安德鲁发现克里斯蒂娜特别富有魅力。他喝了很多酒,但克里斯蒂娜却几乎滴酒未沾。偶尔,她会往玻璃杯里倒些水。安德鲁问克里斯蒂娜,为什么不和他一起喝酒?"为什么要喝呢?我可以做其他人在酒精的作用下才可以做的一切事情,但我不需要酒精。"

随着夜色来临,安德鲁开始大谈自己的人生观和政治观。看到克里斯蒂娜很感兴趣,安德鲁大受鼓舞,他就转而抨击英国政府:"我非常痛恨英国政府。"

轮到克里斯蒂娜有机会谈论自己从事的活动时,她只是模模糊糊地提到,某个组织派她来反击德军在波兰所做的宣传。那时候,波兰几乎每个城镇的墙上都张贴着一幅幅巨大的海报,上面画着一位母亲胳膊中抱着一个死去的婴儿,背景是个熊熊燃烧的城镇。海报的措辞非常简单,"英格兰,这就是你的杰作"。

克里斯蒂娜明确表示,她的任务就是恢复波兰对英国的信任。她替英法两国辩护,声称两国决不会眼睁睁地看着波兰亡国,他们会继续战斗到底。她说道:"法国不会失败的。"因为她依旧认为此时的法国是拿破仑时代的法国。

安德鲁说道:"喂,我们知道波兰人士气非常高涨,但他们需要帮助。他们需要武器,弹药,金钱,衣服还有食物。"克里斯蒂娜回答道:"我明白。这就是为什么我要去波兰,去看看他们到底需要什么。"

安德鲁盯着克里斯蒂娜:"可爱的女孩,你肯定在开玩笑吧。你一个姑娘家,在这种天气下居然想到波兰去?你一定要等到夏天再去,即使到了那时我还怀疑你是否会去呢。"

克里斯蒂娜回答说:"我等不到夏天,我已经决定了。一旦拿定主意,我决不会改变的。此外,我滑雪技术很棒。你能帮帮忙找个人,把我尽快带到波兰去吗?"安德鲁说自己尽力找找看,但感觉希望不是很大。克里斯蒂娜看起来很脆弱。

安德鲁和克里斯蒂娜坐在那里,谈起了各自的童年时代,各自的家庭还有人生中的要事。克里斯蒂娜心地善良,富有同情心。她想知道安德鲁是如何失去一条腿的。安德鲁就给他讲述了事故的前前后后。

1934 年,安德鲁刚刚从克拉科夫大学毕业。根据当时波兰的风俗,作为长子,他将继承家族的庄园,这就是位于波兰东南部的杜布。安德鲁坐在公寓里,正准备要邀请前来参加传统狩猎大会的客人名单。移交庄园之后,狩猎大会紧接着举行,并会持续三天。根据惯例,只有儿子的朋友能接受邀请,而父亲的朋友则只能拒绝。

安德鲁已经定好了自己要邀请的那十二个朋友,就在这时进来了一个小伙子,他就是安德鲁那次没答应带他去参加"危险的"雪崩聚会的那家伙。他想知道为什么自己没接到参加狩猎大会的邀请。安德鲁就告诉他,已经选好了十二支枪,但他在那里死磨硬泡,最后安德鲁只好让步了,答应他参加狩猎大会。这样,他就成了第十三位客人。

在第三天结束的时候,雪橇已经赶来迎接众人。站在距离安德鲁不到一码远处的第十三位客人枪支走了火,打中了安德鲁一只脚。

那时候交通不便,每天二十四小时只有一班火车。最近的城镇骑马也要走四个小时,安德鲁被送往那里。1935年时,还没有青霉素。安德鲁病得太严重了,就被转送到了勒武,那里有一位著名的外科医生是科尔斯基家族的朋友,他用尽生平绝技使安德鲁活了下来。六个月中,安德鲁一直处于生命危险的边缘。他腿部动了几次截肢手术,有段时间还患了败血症。

在获准出院之前,安德鲁有一整年的时间是在大学医院度过的。1937年,他去了英国,安上假肢以后才回了波兰。安德鲁仍然把自己能幸存下来归因于强大的母爱和母亲的祷告。

克里斯蒂娜被这个故事深深打动了。安德鲁开车送她回家,克里斯蒂娜住在比尤达地区的代雷科-乌卡,就位于尚未完全盖满建筑物的群山新区中那个古老城镇的后面。克里斯蒂娜指引着安德鲁穿过纵横交错的一条条蜿蜒曲折的小路,越往高处,小路弯曲的程度越厉害。到了代雷科-乌卡时,安德鲁停下车子,两人都一语不发地坐着,意识到相互爱慕使两人难舍难分。最后,克里斯蒂娜邀请安德鲁进去喝杯咖啡。

"我向她寓所走去。寓所有个面积很小的宅前花园,还有单独的入口。里面有个很小的门厅,我们把外套挂在那里,接着我走进了一个有着两扇大窗户的异常温馨的房间。墙壁简洁朴素,窗帘和床罩是印花棉布做的,这种布在欧洲的这一区域极为少见。

"公寓是个单人房,带有一间不错的浴室,角落处是个很小的厨房。有张大沙发,夜间沙发可以铺开当床用。虽然克里斯蒂娜的房间只有很少的图片和照明设备,但整个房间却异常温暖舒适。尤其是当时我和表弟亚当住的房间又狭小又难受,这更给我留下了深刻的印象。

"克里斯蒂娜煮咖啡时,我坐在那里看着她,惊讶于她那不同寻常的优雅。然后她给了我一杯咖啡,突然之间我们就抱在了一起。那天夜里我留了下来,但我们心里都清楚这绝不是什么一夜风流,而是一种重要而独特关系的开始。一切都是神奇的,很精彩也很有意思。小女仆端着克里斯蒂娜的早餐进来时,她看到克里斯蒂娜如同往常一样坐在床上,而我躲在衣柜里。这姑娘肯定被克里斯蒂娜胃口的剧增搞得一头雾水。我在克里斯蒂娜那里时,总是感到肚子很饿,托盘上的黄油和面包屑总是吃得一片不剩。

　　"我们决定尽可能不让其他人知道我们的关系。我在工作,克里斯蒂娜也忙于各种不同的活动。她和英国记者以及护照官员都保持着联系,我和她一起见了许多记者还有官员。我开车运送那些越狱犯人时,克里斯蒂娜总是担心我会被抓住。与此同时,她也没有忽视自己的任务,不断催促我找人送她去波兰。

　　"二月,我遇到了简·马鲁萨兹,他是来自扎科帕内的一个滑雪教练,有很长一段时间我都在那里滑雪。简和他弟弟施塔赫都是著名的滑雪教练,也是波兰奥运队的成员。简年纪略长一点,他身材高大,通情达理,长着浓密的黑发,一张轮廓分明的脸庞。他体格健壮,值得信任。简认识克里斯蒂娜。我告诉他克里斯蒂娜就在布达佩斯时,他非常高兴,表示自己要去看望她。我说道:'雅内克,她想去波兰,你能带她去吗?'

　　"简的反应和我的几乎一模一样。'你肯定是在开玩笑吧。难道你不知道山区现在的情况吗?有的地方积雪有四米多深,没有滑雪道也没有别的道路。翻过这些高山的唯一路径就是绕路前行,即使对于像我这样经验丰富的山地运动员来说,这次旅行几乎也是难以承受的。你想一个女孩子怎么能在这样的旅行中存活下来呢?克里斯蒂娜肯定疯了。'

　　"我回答说:'我也是这么想的。但你最好还是去和她谈谈吧。'

　　"我开车送他去了克里斯蒂娜的寓所。克里斯蒂娜很擅长说服别人,大约一个小时以后,简就说道:'好吧,我带你去。我是波兰大使馆武官的信使,绝对没有权力带任何人,但我会为你这么做的。'"

　　克里斯蒂娜马上开始为旅行做准备。由于下雪道路都中断了,所以安德鲁无法开车去送他们,唯一可能的办法就是乘火车到达斯洛伐克边境。简解释说,他在匈牙利境内的科希采有一处安全房,他通常是穿过高山进入斯洛伐克境内,然后搭乘火车前往波兰边境。他从那里翻越海塔特拉山进入扎科帕内。计划听起来很简单,但在恶劣的气候条件下要翻过海塔特拉山到达两千多米处的关口,然后再下山赶往扎科帕内,这段旅程令人望而生畏。气温有时达到零下三十度,积雪通常有四五米深。

安德鲁和雅内克都对克里斯蒂娜指出了存在的种种危险,但克里斯蒂娜却拒绝讨论这些,只是平静地说道:"如果雅内克要走,我和他一起去。"

克里斯蒂娜离开的那天——时值二月中旬——天气依然非常恶劣。安德鲁给克里斯蒂娜收拾行李,他往背包里装了许多小物品。根据经验,安德鲁知道这些小物品可能会至关重要。克里斯蒂娜似乎没有十分留意安德鲁为她所做的这些预防措施,也不明白安德鲁让她携带这些额外的连指手套、维他命、阿司匹林还有其药片有多么重要。安德鲁没有给她重述他从那些穿越高山而来的波兰难民那里听来的故事。有些人的伙伴在大雪中走失了,还有人被冻伤了,且伤势严重。每次看到这个身材单薄的弱小女子正欲进行自取灭亡的旅行时,安德鲁都决定要阻止她。但安德鲁明白:一旦克里斯蒂娜拿定了主意,没有任何办法让她打消念头。

那时候,德国人还没有像后来那样组织严密。既然他们觉得,在恶劣的气候条件下,没有人会脑子发疯,居然会尝试翻越塔特拉山,他们的安全措施就不足以防住经验丰富、意志坚定的旅人。

第二天,克里斯蒂娜和安德鲁从科希采(两人住在一所安全房里)出发,以便及早穿越斯洛伐克,赶乘开往波兰边境的早班火车。雅内克已经安排了别人给他买票,当这最晚的两名乘客在最后一刻猛地冲进火车时,斯洛伐克卫兵没有进行干涉。

这次旅行要穿越斯洛伐克,到达波兰境内,在此期间两人没有遇到一点障碍。就在火车进站之前,克里斯蒂娜和雅内克跳下火车,向位于斯洛伐克境内的另一处安全房走去。他们在这里静静等候时机,然后翻过高山进入波兰。

正是从那时,真正让人精疲力竭的旅行才正式开始。他们穿着滑雪屐开始爬山,每前进一步都很困难。雅内克在前面开辟道路,克里斯蒂娜紧随其后。在厚厚的积雪中往上攀爬速度缓慢而又危险。两人的身体火热,但手脚却冻僵了。

他们赶到"幽静之谷"奇恰—多利纳之后,下起了暴风雪。这可能会酿成灾难,因为雪花从各个方向吹来,行人难以挪动脚步。幸运的是,雅内克经验丰富,他找到了通往小木屋的一条道路。尽管赶到小木屋所在地时,甚至雅内克也几乎无法拖着身子进入屋内。克里斯蒂娜一路紧跟着雅内克,此时瘫倒在房间的角落里。片刻之后,雅内克就泡好了茶,克里斯蒂娜喝了两杯茶水,吃了一些安德鲁给她装在背包里的药物。喝完热乎乎的甜茶后,他们不知不觉就进入了半睡半醒之中。门外,寒风在咆哮。突然,克里斯蒂娜叫醒了雅内克,"我听到有人在喊救命。"雅内克听了听,只听到狂风的怒吼声。"你在做梦吧,"他说道,"睡吧。"但克里斯蒂娜却变得焦虑不安,她走到门边。"我听到有人在喊叫,我们一定要去救他们。"雅内克把头伸出小木屋。透过漫天飞舞的雪花,他能听到远处传来的哭喊声,但却无法知晓声音来自何方。雅内克牢牢地关上了房门,说道:"很抱歉,克里斯蒂娜,我们有重要的工作要做,不能出去。外面大雪肆虐,我们不能拿性命冒险。忘记这件事,睡觉吧。"但听着远处的喊救声越来越弱,克里斯蒂娜嘴里不断重复着:"我们一定去救他们。"为了让她呆在屋里,雅内克几乎动用了武力。

早晨风停了,雪堆得比以往更高了,克里斯蒂娜无法忘记夜里的呼喊声。动身半个小时之后,他们无意中发现了一个男子和一个小姑娘冻僵的尸体。他们搜了一下死者的背包以期能找到证明死者身份的东西,但什么也没发现。后来他们听说,在那天夜里的暴风雪中,有三十人在海塔特拉山上丧生。最终,他们到了雅内克父母家中。从克里斯蒂娜滑雪的那天起,雅内克的父母就记得她,他们像欢迎女英雄一样热情招待了克里斯蒂娜。雅内克累垮了,但经过二十四小时的休息之后,克里斯蒂娜又像先前那样活泼好动,急于离开这里。安德鲁注意到,克里斯蒂娜随身带着所有必要的假证件——这都是波兰的地下组织提供的——所以他就觉得,她在德军占领的波兰地带会像波兰人一样安然无恙。

抵达华沙后,克里斯蒂娜径直去了母亲那里。斯卡贝克伯爵夫人看起来丝毫没有意识到继续留在华沙,自己会面临着巨大危险。尽管克里斯蒂娜指出,身为犹太人,母亲将不可避免地马上处于监控之中,但伯爵夫人还是不想搬家。以为自己呆在华沙的消息泄露出去以后,母亲或许会让步,所以克里斯蒂娜住了两天,然后找到了一处安全房,从那里她可以和许多从事类似工作的朋友进行联系。

克里斯蒂娜很快就发现,饱受战争蹂躏的华沙已完全不是她年轻时候那个繁荣喧闹的都市了。此时德国人尚未全面推行铁血的压迫政策,他们一心忙着榨取波兰的各种资源,所以大多数波兰人的生活中没有燃料,食物,也没有皮制品。波兰人被迫穿着木屐来抵御霜冻和冰雪。波兰人已把仅有的几件"好衣服"用来换面粉和马铃薯了。缺乏换洗的衣服,他们的大衣很快就显示出了磨损的迹象。

这只是变本加厉的开端:纳粹德国政府的计划非常简单,那就是消灭绝大多数波兰人。的确,随着战争继续进行,德国人开始狂热地实现这一目标。然而从惨遭侵略的那刻起,这个国家作为一个整体就决心继续进行抗争。在被占领早期,波兰抵抗组织的领导人就站出来领导对敌斗争。"1940 年春天以前,一些组织,还有 1939 年开战后波兰正规部队的残余分子非常活跃。与这些游击活动相呼应的是,尽管德方的镇压政策——处以死刑——非常残酷,波兰还是建立了许多秘密的政治军事组织。所有这些组织都尽其所能来搜集,暗藏武器弹药。与此同时,处于地下环境中的政治活动慢慢发展,人们的斗争理念不断成熟,这导致了波兰抵抗组织中各种力量的重组和集聚。"①

不久,克里斯蒂娜就发现"本土部队"已组建并成功经营着华沙的一些小产业,地下出版社就是一个杰出的例子。就在波兰军队于 1940 年初被最终击败仅仅一个月之后,在华沙就有两份周报开始发行。德方马上

---

① H.西顿-沃森,"东欧的抵抗",选自《特别行动》(帕特里克·豪沃思编,劳特利莱奇-基根·保罗出版社,1955 年)。

接管了所有的出版社,规定大批量购买纸张属于非法行为,还扬言说,如果有人散发未经审查的刊物,一旦抓住要施行枪决。但人们丝毫不在乎这些恐吓行为,在接下来的十二个月中,人们又创建了十二种新期刊和一种日报。

《信息公报》是当时的第一份也是主要的周刊,在接下来五年的每个星期中,它都会在同一天准时出版,其发行量超过了50,000份。连同报纸一起印刷的还有一张通讯稿,上面转载了英国广播公司和路透社的新闻报道。

"本土部队"取得的创造性成果的其它方面集中体现在建立了重要的地下工业综合体:军需部门或称第四部门。这个部门承担着两项基本任务——满足破坏小分队现在的需要和为最后的全面起义储备物资。按照计划,这次起义要在战争的最后阶段爆发,是配合盟军在波兰的行动发动的。军需部门获得了许多物资,这些物资都是在 1939 年战争爆发前的最后几天由各个不同的小分队储存起来的。这个部门还有少量从英国空投得来的设备,还有从单个德国士兵或其它源头缴纳或收购的来的武器。但这并不够,为了克服所有的困难,"本土部队"着手制造最为紧缺的装备。

除了武器和炸药,军需部门还生产一系列的辅助材料,比如各个种类的医药供应品,地图以及伪造的文件。①

不久以后,克里斯蒂娜发现她的有些朋友参加了"火枪手"地下组织,该组织由维特科夫斯基统帅。他是一名与众不同的男子,克里斯蒂娜早在巴黎的时候就认识他。维特科夫斯基是个工程师,行为异常古怪。有天,他怀揣某项重大发明的方案来到了吉齐基夫妇门前。危机凸现之时,维特科夫斯基最能显示自己的才华,战争或革命总能给他带来生命气息。维特科夫斯基是个一流的组织家,他非常大胆,敢于冒一切风险,但却从来不做愚蠢的冒险。维特科夫斯基和克里斯蒂娜关系融洽,他许诺要在

---

① 亚当·赞莫伊斯基,《地下工厂:1939—1945 年间的博览》,选自《今天的历史》,1975 年 12 月。

一切可能的方面帮助她。克里斯蒂娜在华沙仍能自由活动，和他人保持联系，搜集信息。因为那时德国人忙着驱逐一些大人物，无暇去追捕参加地下活动的人们。

第一次旅行，克里斯蒂娜在波兰呆了五个星期。在杳无音信三个月后，安德鲁收到了一张贺卡。卡片具有那个时代的典型特征，上面写着"我很好，一切都正常。我们正想离开这里。一切都没问题。希望你很快能从我巴黎的堂兄们那里收到消息"。这表明，克里斯蒂娜很快就要回来了。

就像离开时那样，克里斯蒂娜又随忠实的雅内克翻过扎科帕内回来了。虽然已是三月，积雪正在迅速融化，但旅途并不轻松。德国人也已有时间把自己组织起来。他们最早采取的镇压活动就是把所有的雪橇和滑雪设备都没收，以防人们翻过高山逃跑。

在此期间，只发生过一段令人毛骨悚然的插曲。安德鲁说道："克里斯蒂娜没有卷入波兰战争。但有一次，在我带着战士穿过一片开阔地走向瞭望所时，一架梅塞施米特式战斗机发现了我们，开始追逐我，和我玩起了猫捉老鼠的游戏。飞机来回绕着圈，试图用机关枪朝我开火。我平躺在地上，但机关枪的响声却似乎特别近。克里斯蒂娜告诉我，他们刚刚爬到山顶，这时一架德国侦察机飞来了。他们确信，驾驶员发现了他们，他们赶快在一块大石头后面藏了起来，飞机在他们头顶上方盘旋着。没有积雪，只有一块草皮，或许是由于这原因，他们逃脱了敌机的注意。"

在三月中旬一个天气寒冷、令人苦恼的日子里，电话铃声响了，从话筒那边传来了克里斯蒂娜的声音："安德鲁，我回来了。赶快来，再快点。"——这是典型的克里斯蒂娜的用语。安德鲁跳进车子，几分钟之后，他就把克里斯蒂娜搂在了怀中。克里斯蒂娜看起来又劳累又消瘦，但却充满了生机，活力和热情。她迫不及待地告诉安德鲁自己在波兰看到的一切：人民发动的抗争，德国人强加在波兰身上的痛苦还有她自己对未来的打算。

有太多话要说。克里斯蒂娜花了一天又加上半个夜晚的时间才给安德鲁详细讲述了她所说过、做过的一切以及她遇到的那些人。当安德鲁终于可以插话时,他告诉克里斯蒂娜他一直在从事的活动。

最初,安德鲁的组织只有一个人和一辆车,每次只能运载五个越狱犯,但现在组织扩大了很多。安德鲁需要一辆卡车。他找到了一个大富翁,那人曾用八辆卡车的车队把他所有的家具和收藏的绘画运出了匈牙利。安德鲁说道:"我想借你一辆卡车。"富翁回答说:"我可能会失去这卡车。""是的,有可能,但我可能会丢了命。这种时刻,我们都在拿生命冒险。"富翁耸了耸肩,但却不愿与卡车分离。

几天之后,安德鲁去了波兰领事那里。领事的六个房间里都挤满了人,人数从未少于二百个,他们都试图获得护照、信息和签证。在门外,匈牙利警察则在好心地站岗放哨。安德鲁正站在那里,这时一位个子特别高大的男子朝他走来并说:"听说你需要一辆卡车?""是的。""我身边有辆卡车。车主是我,所有必要的文件都齐全。我和波兰士兵以及其他人一起,乘卡车从维利奇卡附近的一个地方逃了出来。要是你需要,这卡车就由你使用了。"安德鲁说:"伙计,这卡车是你唯一的财产。把卡车给了我,如果我们明天被抓住,你就会失去这辆车了。"大个子男人回答道:"中尉,你在和一个波兰人说话呢。"

这个捐赠人名叫米哈莱克,他是个真正的爱国人士,毫不胆怯,异常勇敢。

越来越多的助手加入了安德鲁的组织。随着组织的发展壮大,麻烦也随之而来。安德鲁被匈牙利人逮捕,关进了监狱。在狱中他有机会和一个颇有魅力的男子交谈,此人是名陆军少校。安德鲁很快就发现,他是二局的一位情报官。

少校问了安德鲁很多问题,但安德鲁否认了所有的指控。少校于是说道:"走着瞧吧,中尉,我知道你在干什么。如果我是处在你位置的匈牙利军官,我也会那么做的。但你要明白,我不得不执行我的职责,所以不要将我逼到尴尬地位,去严厉地处治你。这次你可以侥幸逃脱,但下次你一定会承担后果的。"安德鲁回答说:"少校,非常感谢。"

克里斯蒂娜回到布达佩斯工作。她正在完成报告的最后几笔,和越来越多的人接触,尤其是和在布达佩斯的波兰社会党人联系。保持信息畅通至关重要,克里斯蒂娜做到了,随着新的情报员不断到来,她取得了辉煌的成功。

克里斯蒂娜和安德鲁招募的这些人中,有些是名副其实的"英雄人物"。他们足智多谋,富有洞察力,做事专心致志,这使他们成为了他们那种类型的杰出特工。迈克尔·李就是这么一个人。

在战前波兰举行的一次鸡尾酒宴会上,迈克尔曾遇到过克里斯蒂娜。那时迈克尔的妻子认出了克里斯蒂娜,告诉他她们两人都曾被从一座修道院开除过。她们爬到了树上,这让中规中矩的修女们反感不已。这恶作剧本身并不是什么严重的事情,但这两位小姐没穿衬裤一事却的确成了十恶不赦的罪过。

迈克尔·李成了克里斯蒂娜和安德鲁的忠诚朋友,在两人离开布达佩斯后,他依然和他们的组织一起工作。日后三人见面时,迈克尔有些有趣的冒险故事要讲给他们听。德国占领南斯拉夫后,匈牙利和保加利亚虽然从理论上来说保持中立,但却提供了许多设施供德军使用,包括同意德军使用机场。这时有谣言传出,说德军正准备进攻土耳其,德国军队正在南斯拉夫集结。英国情报处急需了解有关此事的可靠情报,于是迈克尔·李被选出前往伊斯坦布尔旅行,随身带着有关的情报,包括一卷缩微胶片。

迈克尔·李首先动身前往南斯拉夫边境。因为带着假证件,他立刻就被逮捕了。卫兵给他戴上手铐,乘火车将其押往布达佩斯。

迈克尔·李不想没有反抗就放弃自由。他请求上厕所,在士兵的看护下,他沿着火车的过道一路前行。在过道末端,有个小小的开放式平台。迈克尔·李冲向平台,一头扎进河中,然后爬上提坝。他翻身滚进一块未收割的庄稼地中,试图站起来时,感到右膝盖处有股钻心的疼,显然他右膝盖骨受伤了。迈克尔·李在庄稼地里藏了整整一天,然后接连三个晚上,他在北极星的指引下一路北上。迈克尔·李唯一的食物就是被掰成四份的一个小面包卷。他每夜大约行15英里,最后到了一个小村庄,在那里的一个教堂中找到了避难所。当地的牧师仁慈和蔼,富有同情心。牧师把迈克尔·李带到房内,让他躺到床上,请了医生和铁匠把他的镣铐打开。迈克尔·李和牧师之间交流非常困难,因为牧师不会讲波兰语,而迈克尔不能说匈牙利语,所以两人就只能用拉丁语交谈。

一个月后,迈克尔才设法返回了布达佩斯,但他仍然将那珍贵的缩微胶卷保存得完好无缺。他几乎立刻就飞往伊斯坦布尔。

迈克尔首先以 A. H. 奥斯特罗格伯爵的名字取得了爱沙尼亚的护照,还有一封由戈培尔①署名的假信件,信件任命这个伯爵去组织波罗的海各国的流亡分子——在1940年夏天俄国人占领波罗的海诸国以后,他们就逃离了家园——进行抵抗解放运动,这一运动要由德国人积极进行协助。迈克尔利用自己的人际关系,和布达佩斯机场的德国司令官取得了联系。司令官酒量很大,在和这个"伯爵"会谈几次之后,他变得非常友好。在一次宴会期间,迈克尔给司令官看了看那封著名的戈培尔的信件,说他感觉和索非亚的流亡分子取得联系可能会有些难度。迈克尔拿的信件给司令官留下了深刻印象,因此司令就把他当作要人来对待,还主动给他提供飞机。耽搁了几天后,司令亲自护送迈克尔前往直飞索非亚的飞机。飞机上有驾驶员,副驾驶员,还有三名军官,其中有个家伙是纳粹秘密组织盖世太保的成员。有个军官拿出一瓶酒,于是欢闹声响成一片,他们纷纷为了希特勒,为了德国的胜利举杯庆祝。

飞机在贝尔格莱德着陆了,迈克尔仍然和驾驶员一起呆在机舱里。十分钟之后,一名纳粹党卫军的军官赶来,通过敞开的机舱门口喊道:"奥斯特罗格先生,请拿着行李出来"。迈克尔抗议说,他要去索非亚。军官继续说道:"我们收到了布达佩斯的电报"。

迈克尔,此时已准备好了登陆牌,确信自己是死路一条了,就在机舱里的众多行李中慢吞吞地走着。这时他听到了纳粹党卫军军官说完了他刚才被打断的话:"是的,我们收到了布达佩斯的电报,给你在更加舒适的飞机上预订了一个座位。"

抵达伊斯坦布尔后,迈克尔马上冲到了英国大使馆,他在那里受到了

---

① 戈培尔(1897—1945),纳粹德国战犯,1933年希特勒上台后任宣传部长与国民教育部长,一贯造谣,鼓吹侵略战争和种族主义,苏军攻占柏林后自杀。——译者注

身穿睡衣睡裤的 A.G.G. 沙特兰接见。结果表明,迈克尔带来的消息至关重要,于是他和沙特兰立刻动身前往安卡拉。

后来,迈克尔·李加入了特种行动执委会,跳伞降落在阿尔巴尼亚和意大利,1944 年荣获了十字军功勋章。

在克里斯蒂娜和安德鲁共同呆在布达佩斯的早期,他们开始相互了解。虽然他们深爱着对方,不愿分离,但还是约定不要让迅速升温的相互需要影响到工作。他们生活在极度的压力之下,虽说这压力在某些方面提高了他们共同生活的亲密程度,但这也是以他们的神经高度紧张为代价的。有时,烦躁不安会上升为吵吵嚷嚷,但吵架几乎是刚一开始就结束了。克里斯蒂娜和安德鲁的幽默感都很强,笑声和搞笑意识使他们免于不断反省,免于太认真地对待他们有时陷入的危难处境。

在战争期间,波兰士兵面临的最大的问题之一就是德国坦克。和德军相比,波兰人装备很差。在战争爆发前,每个军团都分到了一些密封的盒子,上面附着指示说,只有在接到战地司令的命令时,军团才可以打开盒子。而战地司令只有在得到波兰军队总司令的授命之后,才可以传达这道命令。但德军入侵波兰极为神速,致使一半的盒子从没打开。盒子里面的内容非常重要,因为里面装着波兰的一项发明:一把枪管特别长、弹药筒呈瓶状的步枪。这步枪的威力极大,能穿透德军坦克厚厚的外壳。所以,配备上这特别的步枪,瞄准射击就能阻止坦克前进的步伐。

当时,英国、法国还有波兰所有的军事教科书上一般都说明,坦克不能在夜晚操作,但德国人却偏偏在夜间发起进攻,没发现有什么可以阻止坦克,从而证明了这一理论是错误的。

安德鲁说道:"在布达佩斯时,有一天,我和朋友们在谈论那从未使用过的新式波兰高速率步枪。我们的朋友、波兰领事建议说,我应该去和法国武官谈谈这神奇的兵器。

"对我来说,正如对每个波兰人那样,法国是个战无不胜的国家,是自由的家园,文化的国度。我为这次拜访作了精心准备,心中满了对波兰战事的恐惧以及我手下士兵的勇气。我和法国武官谈了一会儿。我告诉他,老办法不起作用了,所以法国和英国必须做好准备,要在策略上做根

本改变。约摸半个小时以后，这位姿势完美无缺地歪坐在那里的上校捋着胡子说道：'中尉，你忘了，法国不是波兰！'

"我说了很多，但唯一让他呆滞的眼神一亮的是在我提到那著名步枪的时候。接着，他脸色发亮说道：'我想看看枪的样品。法国政府甚至会提供资金支持，以深入波兰拿到一支。'我回答说，我会尽最大努力去安排，去和我表弟路德维格·波皮耶联系一下。我知道，表弟及其骑兵团的战士被遣散时，他们把自己的制服、武器和一些装有抗击坦克的步枪盒子埋在他的庄园里。我们以为，既然是路德维格把枪埋在地下，他就该是取枪的人。法国上校对这次冒险非常关注，许诺要把所有的法国勋章都授予我们。

"在一位颇有商业经验的朋友的伴随下，路德维格出发了。他们此行的艰难危险令人无法想象。但最终成功地取回一支枪，并明智地将它拆解开。路德维格一返回布达佩斯，就火速赶过来告诉我，他把步枪藏在寓所内自己的床铺下面。他说道，旅伴坚持认为：路德维格不是枪主，旅伴本人打算以高价把步枪卖给法国人。

"盛怒之中，路德维格和那唯利是图的朋友大吵一架，这时克里斯蒂娜悄然溜了出去，去了路德维格的房间，把枪取了回来，然后藏在了自己的床铺下面。克里斯蒂娜有着令人惊异的直觉，这就是第一处明证，因为半个小时以后，匈牙利警方就突然袭击了路德维格的寓所。这枪支从没派上过用场，因为法国倒台了，我们也没有得到所许诺的勋章。"

不久以后，安德鲁将会看到克里斯蒂娜性格极其复杂的一面："从来没有一个女人像她这样乐于收留迷路的小狗。对于那些她以为具有自卑情结的人，克里斯蒂娜总是非常善良耐心，结果，一些非常讨厌的男人疯狂地爱上了她，觉得她需要他们的保护。其中有一个叫做拉齐明斯基的波兰记者，他一直仰慕克里斯蒂娜，从未停止要克里斯蒂娜嫁给他。最后，克里斯蒂娜告诉他，他绝对没什么希望，最多只能做她的朋友。伤心欲绝的拉齐明斯基冲到最近的大桥旁边，从那里直接跳下去，跌落在结冰的多瑙河上，摔断了锁骨。"

经过草草医治之后，拉齐明斯基又出现在克里斯蒂娜家中。那时，克里斯蒂娜家中到处都堆满了枪支火药。这可怜的男人一会儿哀求克里斯蒂娜嫁给他，一会儿又威胁说要是她再次拒绝他，他就会自杀。与此同时，安德鲁专注地倾听着。

经过这么一番漫长乏味的折磨之后，安德鲁起身离开，去睡觉以此避开拉齐明斯基的嗡嗡声。猛然之间，安德鲁被一声枪响惊醒了，那被拒绝的求爱者开枪打中了自己的大腿。克里斯蒂娜和安德鲁赶快给他包扎了一下，确信这不过是皮肉伤后，安德鲁就驾车把他送到了一位波兰医生那里。

就在安德鲁和克里斯蒂娜继续从事地下活动（包括搜集更多的枪支火药）时，局势开始变得更加紧张。除了工作日程安排得满满当当之外，这对情侣的生活也非常充实。他们或者从事地下工作，或者拜访朋友，或者去克里斯蒂娜最喜欢的咖啡馆坐坐。克里斯蒂娜在咖啡馆里招待过很多客人，其中就有许多英国记者，有些记者和她一样也效命于同一个组织。

克里斯蒂娜具有真正欧洲人的特点，她喜欢呆在咖啡馆里。和私人住宅内的社交集会不同，只要自己愿意，她可以在咖啡馆里自由地起身离去。克里斯蒂娜最喜欢的另一种放松方式就是去电影院：在沉闷的黑暗中，她那劳累不安的神经能稍微放松一下。

英国使馆是建于 18 世纪的一个大房子，位于布达和多瑙河上面的一个院子里，克里斯蒂娜和安德鲁在那里总是受到热烈欢迎。英国领事欧文·奥马利爵士，领事夫人、著名的旅行家小说家安·布里奇，还有他们年轻的女儿都非常喜欢这对与众不同的情侣，总是给予他们热情友好的款待。欧文爵士很清楚他们在从事什么活动，他对克里斯蒂娜推崇备至，认为"她是我所认识的最勇敢无畏的人，唯一一位对危险有留恋的女性。除了不能吞吃炸药以外，她可以随意处理炸药。我深深地爱着她——上帝保佑，愿她灵魂得以安息"。[1]

奥马利一家非常有趣，欧文爵士的职业外交官身份枯燥乏味，但却头

---

① 欧文·奥马利爵士，《幽灵旅队》，伦敦：约翰-默里出版社，1954 年。

脑敏锐。他的服装总是让随从产生一种自卑感,因为他几乎总是穿着"一套灰褐色的斜纹软呢西装,衣服总是皱巴巴的,非常破旧,让人难以相信"。年方十八的凯特是个不可救药的浪漫主义者,自打第一次见面起,英俊勇敢、只有一只腿的安德鲁就成了她心中"理想美"的化身。如同父亲一样,凯特也极为崇拜克里斯蒂娜不凡的性格,但正是安德鲁的在场才使她兴奋激动,心跳加速。正如热烈地爱上了克里斯蒂娜一样,安德鲁也无法完全抗拒一个聪颖且异常美丽的少女的谄媚。凯特对波兰的事业非常热心,总是准备给安德鲁和克里斯蒂娜提供帮助。由于凯特对这两个新朋友过于迷恋,欧文爵士不得不劝她不要和对方这么频繁接触。但父亲的告诫收效甚微,凯特·奥马利继续每天给克里斯蒂娜打电话,尽可能经常地和克里斯蒂娜还有安德鲁见面。

在此前后,欧文爵士和克里斯蒂娜开始拟定一项计划,以便为英国战俘寻找一条从波兰集中营逃脱的固定路线。总计划为:克里斯蒂娜和安德鲁应该继续和波兰地下协会——他们已经存在联系——保持联络,来帮助战俘先逃到雅典,再前往英国。欧文爵士把这些计划汇报给伦敦外交部,并申请巨额资金来实施。伦敦回电说,此项开支有如无底洞。这是爵士生平第一次也是最后一次收到这种电报,实在令他十分震惊。

一天,安德鲁和克里斯蒂娜的英国联系人带来消息说,法国地下组织的一位非常重要的人物即将到达布达佩斯,这位要人名叫洛尔姆。由于他在斯洛伐克有一流的线人,对帮助捷克飞行员逃脱将会起到价值无量的作用。

听到一个法国人居然在斯洛伐克拥有这么重要的线人,安德鲁很是惊讶。但有人告诉安德鲁说,洛尔姆曾在斯洛伐克住过多年,在布达佩斯非常出名时,他内心的担忧就减少了。安德鲁和克里斯蒂娜将负责看管洛尔姆,以确保这法国人决不要去公开场合,或在外抛头露面。

安德鲁已经习惯了伦敦方面发出这样的要求,但他还是渴望多了解一些有关洛尔姆先生的背景信息。不过,安德鲁并没得到很大满足,他只是被简单地告知,新来的人地位很重要。洛尔姆先生到了,他相当肥胖,风度翩翩,鼻子略微朝上,一双满含笑意的蓝眼睛藏在一幅巨大的墨镜后面,光秃秃的头上紧紧戴着一顶松松垮垮的宽大帽子。他看起来酷似当时间谍的模样。洛尔姆到了克里斯蒂娜的公寓,迷住了所有的人。洛尔姆讲的法语没有丝毫乡音,他能操一口完美无瑕的德语,但不管是长相还是举止他都不像法国人。

一段时间过后,克里斯蒂娜开始逗弄这位新来的人,称他为"假面人费尔",他似乎觉得这称呼很好玩。详细谈论了捷克斯洛伐克的局势之后,他们开始聊起了各自的家庭还有家庭关系。到了那天晚上时,洛尔姆,克里斯蒂娜还有安德鲁就开始直呼其名了。洛尔姆先生名叫埃迪。

一两天过后,安德鲁说道:"嗨,埃迪,还戴什么假面呢?我们明白你必须在他人面前装出一副样子,但我们是你的保护天使,必须要照顾你,应该知道你是什么人吧。"

埃迪说道:"这样做是太傻了。我拿着法国护照旅行,假名字叫洛尔姆,但实际上我觉得你们知道我是谁"。

"假面人费尔"就是埃迪·洛布科维茨王子,其家族在捷克斯洛伐克和奥地利边境拥有多座规模庞大的庄园。在美国短暂逗留期间,埃迪娶了一位女继承人为妻。埃迪喜欢社交,幽默风趣,人很随和。但一旦祖国卷入战争,埃迪就抛弃了住在美国的安全,急匆匆跨越大西洋,来与纳粹分子作战。对于洛布科维茨家族的成员来说,手持假护照抵达布达佩斯,这需要相当的沉着和勇气。

克里斯蒂娜和安德鲁刚一知晓他们"囚犯"的真实身份,就大声感叹:居然有人想出这等疯狂的办法,把埃迪直接送到虎狼之穴,他们真是傻透了。埃迪在国际上非常出名,在布达佩斯有很多朋友。很难想象,他在这个城市会不被别人认出来。

安德鲁和克里斯蒂娜想尽方法让他高兴,但他对整天无所事事越来越不耐烦。捷克斯洛伐克那边什么消息也没有,克里斯蒂娜已准备自己到波兰去,再从那儿与埃迪的联系人接头。

有一天,安德鲁和克里斯蒂娜坐在多瑙河畔的哈格里饭店倾心交谈。哈格里饭店名气很大,可以适应不同类型的顾客,顾客可以坐着晒太阳,同时一边喝咖啡,一边议论战争和政治。这地方令人心情愉悦,充满了刺激和危险,吸引了许多德国人还有他们的伙伴。

令安德鲁和克里斯蒂娜感到惊恐的是,"假面人费尔"闲逛着走了进来。紧紧戴在头上的帽子盖住了脸庞,巨大的眼镜遮住了眼睛,手中拿着一份报纸当作扇子。安德鲁心中大怒,开口说道:"埃迪,你这个笨蛋。你不但在拿自己的生命冒险,而且也会把我们拖下水的。"埃迪很尴尬,他把报纸挡在面前,用香烟烧出一个小洞,通过小洞来欣赏所有的美女。安德鲁和克里斯蒂娜看到这滑稽的一幕,无可奈何地笑了。

但很快,埃迪就完全不受管束了,坚持要和安德鲁、克里斯蒂娜一起到弗洛里希饭店用午餐。弗洛里希饭店几乎和格博科斯酒店一样出名,它推出的令人称道的法式蛋糕是布达佩斯的一大奇迹。弗洛里希饭店规模不大,楼下是个椭圆形的房间,上面是个类似走廊的地方。对于那些喜欢在最佳地点被他人看到的人来说,这地方可是个别致的集合地。

安德鲁曾经告诫埃迪不要到饭店来。"看吧,"他说道,"我敢肯定,有许多人,包括警察在内,都知道你在布达佩斯,都知道你的假名字是洛尔姆先生。但只要你保持安静,匈牙利人是不会采取行动的。他们试图保持中立,凭借你的家庭关系,他们不想拿你开刀。但他们承受着德国人给他们施加的压力,只要你在公开场合被人认出来,就有大麻烦了。"

安德鲁和克里斯蒂娜正在弗洛里希饭店的一楼坐着,这时安德鲁耳语道:"假面人费尔"。就在埃迪笨拙地挤进门时,布达佩斯的一个名人、一个叫做帕利·帕尔菲伯爵的高大魁梧的男子正要出去。他看到了埃迪,一边张大了怀抱,一边用德语大声叫嚷着:"埃迪·洛布科维茨,天呀,埃迪,你在布达佩斯做什么?""快闭嘴,赶快闭嘴,"埃迪一边踢打朋友的肚子,一边恳求道。"到底怎么了?"受惊的帕尔菲一边垂下了手,一边气喘吁吁地说。走廊里的看客都屏住了呼吸,但没人上前拍拍埃迪的肩膀。如释重负地叹了一口气后,他们冲下楼梯,把埃迪挤出饭店。①

有太多工作要做,根本就没有多少时间来发泄个人牢骚。英国人要

----

① 同一天埃迪就被逮捕了,但通过颇有影响的家族关系,他被驱逐到了南斯拉夫。

求安德鲁和克里斯蒂娜派人监视多瑙河上的航运状况。安德鲁手下的六个人日夜值班,来来往往的每条小船都要接受检查和登记。最后,要对所有这些杂七杂八的零碎信息进行整合,以形成一张清晰的图表。

安德鲁发现自己从事的偷运工作越来越难做,因为他又一次要自己开车了。他已经把那辆宝贵的迈克莱克送给了波兰军队,该部队现在正在中东作战。

安德鲁说道:"大约就在这时,我们遇到了一个似乎急于结识我们的波兰人。他特别热情,好像对我们所做的一切很感兴趣,不断要求给我们帮忙。一段时间之后,我开始有点担心他。他的问题是他太聪明,也太'敏感'。他声称自己翻越了喀尔巴阡山脉来到布达佩斯,这一点合乎情理,因为成百人都是沿着这个路线过来的。他表示自己打算加入波兰部队,但由于患了严重的冻疮,他希望在冻疮治愈之前,我们可以让他在偷运组织中工作。或者,如果更好的话,我们可以派他去帮助克里斯蒂娜——他听说克里斯蒂娜很快会去波兰。我说道:'纯粹是胡说八道。像克里斯蒂娜这样身体虚弱的女子怎么可能去波兰呢?她不会滑雪,是不可能尝试这样的旅行的。'我一点也不喜欢这个人。

"在波兰的德国少数民族人口很多,他们完全被纳粹分子统治了,纳粹利用他们,让他们悄悄潜入驻扎在法国、中东的波兰军队,以及像我们这样的地下组织。找出这些叛徒难度很大,因为他们能说一口流利的波兰语,上过波兰的学校,甚至在波兰的大学读过书。既然我没证据证明此人的企图,我也无计可施。但我告诉手下人跟踪监视他,向我汇报他的举动。如果他们感觉满意,我想是会让他参加我们组织的。

"我接到的汇报一点也不让人放心。有人看到这个志愿者和德国大使馆的人呆在一起,那时我就明白这是个坏蛋,不能让他混进我们的组织。我们给他提供了许多虚假信息,告诉他我们并不是真的热衷于我们所从事的工作,特别是在我们知道法国不可能获胜的时候。但他很聪明,继续坚持要和我们一起工作。我觉得该采取行动了。于是,我去了相识的'盗贼'①那里，告诉他们我担心队伍里混进了叛徒。他们的反应果然和我料想的一模一样。

"怎么不带他来拜访我们呢？气温大约有零下二十度，明天晚上很合适。

"把这位好奇心重的朋友带到这地方时，我绝对没有丝毫犹豫。我告诉他，我们要去见一些非常重要的地下联络人，他自然急于和他们见面。我们受到了热烈欢迎。然后，我们开始痛快畅饮，那天所喝的酒是我一生中看到的数量最多的一次。至少，我带来的客人一直在喝酒。我只喝了水，主人们也是如此。盗贼们没完没了地把梅子白兰地倒进我朋友的酒杯里。我们为匈牙利的兴旺干杯，为匈牙利总统的健康、为匈牙利国旗、为我们能想到的每个人都干杯庆祝。那人偶尔试图推辞，但效果不大，最后他喝得瘫倒在那里。

"'现在'，我朋友们说道，'我们必须把这家伙带到河边散散步。'他们把他拖到最近的长凳子那里，砰的一声把昏迷不醒的他摔在了那里。'现在，我们稍微喝点吧，'他们说道，'我们不会唤醒你朋友的，他需要休息，我们就让他睡吧。'第二天早晨，有人发现那告密的家伙僵硬地躺在长凳子上，没了气息。"

克里斯蒂娜的哥哥（阿米亚·科拉乔瓦）参加了波兰军的抵抗运动。由于无法让母亲相信她处在危险之中，克里斯蒂娜情绪非常低落。春天到来时，克里斯蒂娜开始谋划再次前往波兰。偷运分子搜集并传送给克里斯蒂娜的信息远远不能让人松口气。他们怀疑苏联会遭到德国袭击，但由于对法战争进行得如火如荼，人们所有的注意力都集中到那个舞台上。实际上，局势如同一场灾难，因为法国宛如潮水中的沙塔很快就要陷落了。显然，吹嘘过头的马其诺防线如同薄纸一般毫无用处。

---

① 安德鲁和路德维格·波皮耶偶然在多瑙河岸边发现了一个盗贼旅店，险些被施以私刑处死。后来，却发现所谓的盗贼不是德国人，而是专门帮助别人逃跑的波兰人。他们把安德鲁和波皮耶带到自己的老巢，许诺如果出现紧急情况，他们会拔刀相助。

在把人员偷运出去时,安德鲁遇到了麻烦,因为德国人开始向匈牙利人施加压力。显然,安德鲁及其助手会遇到严重的麻烦,这只是时间早晚的问题。克里斯蒂娜那倒霉的追求者拉齐明斯基明白自己很快就要被迫离开布达佩斯,就要求安德鲁带他一起执行一项危险的任务。尽管克里斯蒂娜不愿和这小家伙纠缠在一起,但安德鲁的确带他执行了一项艰巨的任务。

五月里,克里斯蒂娜颇费周折地回到伦敦,对前一段的工作做评议,同时为"如何利用她结识的联络人"制定进一步的计划。但克里斯蒂娜没能拿到意大利入境签证。不久之后,意大利也参战了。

1940年6月初,克里斯蒂娜第二次去波兰。这时,街上已很少有堡垒。寻人的最简单方法是去火车站,那里疲惫不堪、饥肠辘辘的难民都企图爬上火车。所有的情报员都有不同的办法。有些可能会步行两三站路,这就意味着要艰难地长途跋涉,而且在空荡荡的乡下总有被人发现的危险。另一些人和斯洛伐克人有联系,提前付一笔很大的钱让他们代购车票。克里斯蒂娜那技艺娴熟的伙伴总是携带着一个很大的手提箱,箱子款式优雅别致,闪着光泽。除了一套干净整洁的用具——包括一身西服,鞋子还有一顶洪堡软毡帽,所有物品质量都是最佳的——之外,箱子里面空荡荡的。

情报员采取的办法就是穿着厚厚的滑雪裤、皮茄克、毛袜子还有滑雪的靴子,戴着帽子,浑身脏兮兮,汗流浃背地到达旅途的尽头。在林中空地(他会暂时得到安全,因为那时候斯洛伐克人不动用狗来协助工作了),他会脱去旅行时穿的脏衣服,换上城里绅士的行头。接着,看起来毫无差错似的,他手里拿着手提箱,匆忙朝车站走去。克里斯蒂娜也加以效仿,在林中脱下裤子和皮茄克,换上城里人穿的漂亮衣裙。

克里斯蒂娜的波兰证件安全可靠,她同伴则全副武装。他带着一把手枪还有手榴弹,不会向任何人投降的。在波兰边境处,训练有素、极其危险的盖世太保拿着枪械,正坐等猎物到来。到了斯洛伐克境内的最后一站,在周围亲近波兰的斯洛伐克人的默许配合下,克里斯蒂娜和情报员离开了火车,重新换上他们那肮脏的登山服。接着,整个晚上克里斯蒂娜及其情报员都在步行，以便在拂晓之前赶到波兰边境。夜晚漫长漆黑，没有月亮也没有星星。突然之间，鼻孔就嗅到了晨风的气息，克里斯蒂娜明白，她回到家了，回到了德军占领的波兰。

克里斯蒂娜在波兰呆了很长时间，以便搜集许多军事经济信息。返回布达佩斯时，克里斯蒂娜把这些情报送到了伦敦，伦敦对这些情报很感兴趣。此时克里斯蒂娜拼命想法让母亲离开波兰，前往安全地带，但斯特凡妮·斯卡贝克非常固执，她不明白为什么克里斯蒂娜要这么小题大做。尽管斯特凡妮心里非常清楚她周围犹太朋友身上发生的一切，但她还是拒绝放弃华沙的家园，或者辞去在地下学校教小孩子法语的工作。

克里斯蒂娜大表弟的母亲在去看望斯卡贝克伯爵夫人时，看到外甥女克里斯蒂娜在劝说母亲要意识到处境危险，她让儿子斯坦利·克里斯托弗发誓要保密。克里斯蒂娜回到布达佩斯之后不久，黎明时分的敲门声唤醒了斯特凡妮·斯卡贝克伯爵夫人。两名带着万十字图案臂章的男子把她拖出去，塞进了在外等候的车内。此后就没有她的消息了。克里斯蒂娜惯于把最为重要的事情深埋心底，所以她很少提到母亲。

第四章

危险是生活中的主要刺激

克里斯蒂娜决定沿着另一条路线返回布达佩斯,她没有翻越海塔特拉山,而是经由喀尔巴阡山脉回来的。在坐上开往边境小镇新松奇的火车之前,旅途虽然非常累人,但一路上还算风平浪静。车厢内挤得满满当当的,克里斯蒂娜静静地坐在那里,假装在打瞌睡,却密切关注着同伴们的反应。借着从信号塔射来的一线光亮,克里斯蒂娜注意到有个男青年穿着脏兮兮的胶布雨衣,表面看来睡得非常香甜。然而,直觉告诉克里斯蒂娜,正如她本人一样,这男子也在假睡,他从事的也是和她一样的工作。

克里斯蒂娜径直向安全房走去,她要在那里躲起来,等待下一段旅程。在那里呆了一会儿之后,她那穿着肮脏胶布雨衣的旅伴就露面了。果然不出克里斯蒂娜所料。"简·格罗茨基"的确是名特工,他正在返回布达佩斯的途中。格罗茨基的真名叫做瓦迪斯瓦夫·莱多霍夫斯基伯爵,其背景和克里斯蒂娜相似。他非常聪明,在大学的表现特别优异,是位技艺娴熟的工程师。这名年轻女子立刻激起了他浓厚的兴趣,当时克里斯蒂娜化名安杰耶夫斯卡,是他返回布达佩斯途中的旅伴。

下午晚些时候,简和克里斯蒂娜乘火车做了另外一段旅行,到达了小镇外的山脚下,他们要从那里寻找某位向导,带领他们翻越大山。简明白游戏的每一步骤,他告诉克里斯蒂娜不论自己做什么,她都要紧跟着他,克里斯蒂娜毫无疑问地这么做了。他们没有遇到任何麻烦就进入了斯洛伐克境内,又在火车抵达斯洛伐克边境之前弃车而去。但不幸的是,钻进树林时他们被人发现了,于是追赶叫喊声四起,还有很多枪声。幸运的是,追赶者并没有追上他们。此后他们就到了匈牙利边境,再没遇到别的麻烦。

这个不知疲倦、英勇无畏的"安杰耶夫斯卡"给简留下了特别深刻的印象,他发现克里斯蒂娜是个非常理想的旅伴,她什么也不打听。反过来,克里斯蒂娜也因对方毫不掩饰的敬慕而倍感兴奋。黎明时分,他们来到了另一道山谷,到了另外一个安全房,在那里一直休息到下午晚些时候,才动身前往科希采。

他们步行了很久,然后简才意识到他们仍然有很长的一段路要走。简疲惫不堪,克里斯蒂娜也是如此。他们决定夜晚就在树林中度过,第二天天一露出鱼肚白就再次动身。夜晚很冷,简尽一切所能让克里斯蒂娜感觉舒服。想起过去几天里的辛劳和刺激,两个年轻人就紧张不已,内心异常兴奋。终其余生,简都记得他在林中和克里斯蒂娜共同度过的那个夜晚。

对克里斯蒂娜来说,和瓦迪斯瓦夫·莱多霍夫斯基的相遇是她人生的一道分水岭。从此以后,她的情感就被分成了几个密不透风的区域,她在其中分别放置进了自己作为一名爱国者的感情,作为特工的职责,还有她对家人和安德鲁的爱恋。在自控力良好的大脑中,这后三者将会成为唯一的恒量。大脑的每一区间都能随意封闭,把一切烦心的事物挡在外面,当然手头正在进行的事情除外。

克里斯蒂娜享受生活的每一方面,而危险是她的主要刺激。侠义的传说、先祖为了波兰战死疆场的故事滋育了她,挑战、危险还有斗智斗勇就在克里斯蒂娜的潜意识中深深扎下了根。危险让她情感变得深厚,能力得到锻炼,结果许多"一夜风流"取得了短暂的重要性。随着危机退去,这男女之情也就随之消失了。克里斯蒂娜能把自己的肉体需要和精神需求分割开来,但正是通过肉体接触,她才找到了从迫在眉睫的危险当中得以释放的途径。

克里斯蒂娜和简抵达布达佩斯时,两人如同刚从某场大灾难中死里逃生一样,不忍分离。最后,克里斯蒂娜把简带回了自己的公寓。第二天清晨,安德鲁给克里斯蒂娜打电话。听到电话那边的声音时,克里斯蒂娜突然意识到,安德鲁对她来说有多重要。这时,简被眼前这个独特的尤物完全迷住了，她和他之前见过的任何女人都是那么不同。虽然克里斯蒂娜把自己和安德鲁——安德鲁碰巧是简的朋友——的关系告诉了简，但他还是觉得，由于他们最近关系亲密，而且克里斯蒂娜把他带回了公寓，克里斯蒂娜肯定打消了对他们关系的全部疑虑，并做出了对他有利的选择。

他们约好那天晚上在哈格里饭店见面。整整一天时间，简在工作时，脑海里全是克里斯蒂娜的情影，他迫不及待地想再次和她在一起。简在约定时间匆忙冲到饭店，但克里斯蒂娜却没有出现。以为可能出事了，简马上赶往克里斯蒂娜家中。看到所有灯光亮着，克里斯蒂娜在家，他才如释重负。简站在下面的人行道上，伸长了脖子，却看到安德鲁·科尔斯基站在窗前，在关百叶窗。

克里斯蒂娜告诉安德鲁她和简之间发生的一切。安德鲁非常痛苦，但他太爱克里斯蒂娜了，于是便接受了她那毫无说服力的解释——克里斯蒂娜说，她本以为安德鲁已经离开了布达佩斯，加入了波兰军队。安德鲁对简一事的处理手法极为高明，他说道："我们和瓦迪斯瓦夫见过很多次面。他想和我谈谈他和克里斯蒂娜之间的纠葛，但我不想听任何解释。我只是说道：'现在战火连绵，我们都不知道战争结束时我们是否还活着，所以让我们忘记一切吧。'对此，简令人惊奇地回答说：'好的，但如果你知道克里斯蒂娜何时或是否打算回波兰，请告诉我，因为我想和她一起去。'"

"我看了看他，说道'我会告诉你的，这不是因为我相信你不会和克里斯蒂娜做爱，但我的确相信你会保护她，而且是尽力来帮她'。"

情况虽然颇不寻常，但在这特殊时期，却并没妨碍安德鲁、克里斯蒂娜和莱多霍夫斯基频频见面。克里斯蒂娜喜欢让爱慕者围绕在身边，虽然莱多霍夫斯基对目前关系的发展不甚满意，他还是发现自己难以和克里斯蒂娜分开。而且，克里斯蒂娜正在开始准备第三次前往波兰冒险，安德鲁已经同意莱多霍夫斯基陪同前往。

在涉及克里斯蒂娜的工作时，安德鲁决不让嫉妒模糊自己的判断，或者减少自己的责任感。克里斯蒂娜能安全抵达波兰才至关重要，安德鲁毫不怀疑莱多霍夫斯基是护送克里斯蒂娜的合适人选。克里斯蒂娜迫不及待地想要离开。由于波兰武官没能及时准备好简的证件，克里斯蒂娜决定独自出发。但她在科希采被阻拦了下来，身心疲惫且心情沮丧地回到了自己的公寓。那天安德鲁回家很晚，以为克里斯蒂娜已经离开了，所以他情绪低落，心里非常难过。看到克里斯蒂娜的鞋子和背包，明白克里斯蒂娜仍在那里时，安德鲁激动得快要疯了。

　　一个礼拜之后，简做好了陪伴克里斯蒂娜的准备，他们决定再次出发。正如以往一样，安德鲁在给克里斯蒂娜准备背包。打开背包时，安德鲁发现有个很大的信封，里面装着领事馆的一个波兰人给克里斯蒂娜的很多照片。安德鲁面带愠色地看着这些照片，照片上西科斯基将军摆着各种姿势，在巴黎给波兰人颁发勋章，和丘吉尔握手，还有不少其他类似活动。安德鲁非常恼火地说："给你照片的人肯定疯了。要是带着这些照片被抓住，你能做何解释？难道你厌倦了外面的生活，要回家用丘吉尔和西科斯基的照片装饰房子吗？"

　　克里斯蒂娜答应把照片留下。但安德鲁转身时，她却悄悄把照片塞回到了背包里。这样做很蠢，但克里斯蒂娜觉得：如果她能拿出这些照片，复印一下进行大范围分发，这会极大鼓舞她那些波兰朋友的士气。

　　克里斯蒂娜和简从科希采动身，穿越边境来到斯洛伐克。由于无法乘火车或坐汽车，他们就穿越森林，来到了某个地方，这里有辆摇摇晃晃的破旧出租车，那车把他们一路送到波兰边境。出租车经常穿越斯洛伐克达到边境，但对乘客和司机来说，都很冒险，所以司机坚持收美元，因为在他们看来这好像是当时唯一稳定的货币。

　　不明智的是，克里斯蒂娜和简走向了斯洛伐克边境的一个车站，他们在那里被逮捕了，因为斯洛伐克人马上就知道他们是情报员。虽然他们的谎话编得无懈可击，说他们在异国生活很不开心，想回去和家人团聚，但边境警卫没经搜查就把他们带往附近的一个边境哨所。

　　在过桥时，克里斯蒂娜突然开始走路一瘸一拐。"我走不动了，"克里斯蒂娜喊道，"让我稍微停停包扎一下脚吧。"边境警卫同意了，克里斯蒂娜背朝简坐下。趁警卫没注意的时候，简迅速从克里斯蒂娜的背包里把那装着照片的信封拿了出来。

简把信封藏在风衣里面，克里斯蒂娜包扎好脚后，他们马上又上路了。接下来，他做了一个非常勇敢的举动：躺到地上，奋力把信封扔到了河里。警卫马上变得惊慌失措，他们奔来跑去，试图用长杆子把信封捞出水面。但没有成功，信封随水漂流，最终从人们视线中消失了。警卫非常生气，他们问简里面装着什么。简回答说，不过是些家庭照，照片不小心从手中滑落了。

克里斯蒂娜企图凭借自己的魅力来迷惑警卫，但他们拒绝和她交谈，还搜查了她的背包。他们在背包里发现了价值一千美元的不同国家的货币，这可是一大笔钱。克里斯蒂娜能猜测他们脑子里在想些什么，于是说道："要是你们告发我们，这些钱你们也必须要上交。而且，你们会惹大麻烦，因为你们没能迅速阻止我朋友扔掉信封。信封里也许装着、也许没装着有问题的文件。为什么不放我们走呢？你们可以把钱收起来，再没有比这更明智的了。"经过一番慎重考虑之后，这些边境警卫同意了。让这些囚犯刚走出一段距离后，他们就朝着天空鸣枪。这段小插曲中唯一令人不快之处是他们没收了克里斯蒂娜和简的部分证件。

克里斯蒂娜和简返回布达佩斯，把发生的一切告诉安德鲁时，他显得非常担忧，万一这些边境警卫把带有简和克里斯蒂娜照片的文件交给了盖世太保怎么办。直到今天，简依然认为情况的确就是如此，但安德鲁却不太确定。但确定无疑的是，在这特殊情况下，克里斯蒂娜和简担当情报员是没什么前途了。简取道叙利亚和巴勒斯坦被送回波兰军队。虽然看到简就要离开，安德鲁非常难过，但值得欣慰的是，克里斯蒂娜不能离开布达佩斯了。当克里斯蒂娜提出她想再次试着潜入波兰时，安德鲁坚决不答应。对他们来说，这可不是什么好年月。法国陷落的消息从根本上震撼了他们，因为他们无法相信法军的士气如此可悲可叹和法国人拒绝继续进行战争。

自从丘吉尔首次发布系列战争演讲的那刻起，一股热情和希望就激励着克里斯蒂娜、安鲁德还有他们的助手。那时他们就明白，英国会将斗争进行到底。奥马利一家——欧文爵士、奥马利夫人，还有他们的女儿凯特——极大鼓舞了他们的士气,使他们确信英国和英联邦的力量最终会打败希特勒。而且很有可能的是,美国也将会介入,从而使天平朝着有利于同盟国的方向倾斜。

然而,局势依旧非常紧张,德国人变得甚至更加飞扬跋扈。一群群德军穿着便衣,扮作游客,乘坐大型游览车来到布达佩斯,匈牙利完全被德国人控制了。对于这种形势,匈牙利人本身也无法控制。这不仅令那些在此避难的人恼怒不已,也常常让匈牙利人自己感到头痛。

监视着多瑙河岸的安德鲁的人马也同样情绪低落。看到物资被运往敌军那里他们就肝火上升,安德鲁和克里斯蒂娜决定在满载罗马尼亚石油、开往奥地利的驳船下面安装一些水下爆破弹。他们驾车来到多瑙河边一处安德鲁经常游泳的地方。

计划就是:安德鲁和一个朋友游到驳船底下,把他们目前唯一的两颗水下爆破弹拴到船底。12个小时后,炸弹会定时爆炸,所以他们预计,驳船会在奥地利港口发生爆炸。

克里斯蒂娜和开车的那位朋友坐着等候,两位装弹者悄悄潜入了绝对称不上蓝色的多瑙河水中。安德鲁把假腿留在了车上,告诫克里斯蒂娜要警觉地看守着他们工作完成后到浮出水面的地方。不幸的是,他们被河水冲到比预计远得多的地方。等到克里斯蒂娜发现他们时,安德鲁哆哆嗦嗦地坐在刺骨的寒风里,浑身都冻紫了。后来,他们非常高兴地听说,一艘驳船在奥地利港口爆炸了。结果,此后沿多瑙河而下的所有驳船都安上了探照灯。

在敦克尔克撤退以及随之传来的坏消息后,克里斯蒂娜和安德鲁接到命令,要他们集中全部精力来寻找飞行员。波兰的飞行员最为优先考虑,但试着寻找其他国籍的飞行员也是必要的。他们网罗了各种各样的人,包括从纳粹那里设法逃脱的一个奥地利飞行员。现在,安德鲁的团队主要由那些无法参军或者身份过于重要不能派到外地的人员组成。局势变得越来越艰难。

安德鲁再次被捕,被投进了布达佩斯附近的监狱里。和先前一样,他被匈牙利人释放了,但这一次,匈牙利人明确警告他要小心行事。安德鲁对匈牙利人关心他的利益和生存深表感激，但他不得不执行自己接到的命令。英国需要越来越多的飞行员，安德鲁决定尽其所能来帮助英国满足这一需求。他驱车载着飞行员从捷克前线或被德军占领的波兰边境出发，负责他们安然无恙地穿过南斯拉夫边境。这工作让人筋疲力尽。安德鲁经常在下午四点钟离开布达佩斯，驱车前往边境。同一天晚上，他将一路驾车回到南斯拉夫边境。

安德鲁说道："这是极糟糕的旅行。把车停在南斯拉夫边境，在我们偷运组织的协助下，帮助那些逃亡者越境。在很多情况下，我不得不和那些逃亡者步行很长一段路，然后才能和偷运组织成员取得联系。我的假腿状况很糟糕，因为波兰战争爆发以后，就没接受过任何治疗。看到我在清早就要起床，看到我尽力去克服最初那几步路要承受的疼痛时，可怜的克里斯蒂娜比我还要难受。

"我工作最难的一步是把人从匈牙利—苏联边境接走，因为两国代表都时刻保持着高度警惕。匈牙利人厌恶俄国人。各国士兵在这三块边境区警觉地监视巡逻，根本就没机会乘车越境，因为过境需要特别通行证。这边境是进入喀尔巴阡山脉的关口，喀尔巴阡山脉是欧洲风景最为漂亮的山区，那里有低缓的山坡，茂密的森林。逃亡者乘火车到达时，总会被抓住。我花了很多时间，绞尽脑汁想找到一条不用经过太多冒险就可以抵达这边境的方法。

"突然，一个非常意外的帮助不期而至。我接到了好友谢尔上校——他妹妹嫁给了一个波兰人——打来的电话，他邀我和他共进晚餐，我高高兴兴地去了。晚餐很棒，谢尔说道：'要是英国在接下来的几个月中能幸存下来，德军没有立即对它发动攻击，德国人就会麻烦了。但我担心，在接下来的几个礼拜里英国就会被德军占领了。'他又给我倒了一杯酒，继续说道：'我知道你在做些什么，想让你帮个忙。我确信，你明白德军对你和克里斯蒂娜非常了解，要是你被抓住，没有人能帮你。话是这么说，但我必须告诉你，我自己也遇到了一个难题。'

"'战争爆发时，我妹妹身在波兰。她立刻就离开了，但她的孩子却被疏散到了她以为会很安全的波兰南部。其实，波兰南部已被苏联人占领

了。我们已经尝试了所有的外交渠道想把孩子接回来，但都没有成功。你觉得能帮上忙吗？'

"我回答道：'我想能帮上忙，因为我可以请求我那些负责偷运的朋友帮助。但即使如此，我也无法亲自去，因为我必须开车去，而我没有特别通行证。'

"'这难题我能解决，'谢尔说道，'我会开车和你去，安排你从战事部办一张特别通行证，搞一辆车子。'

"我非常高兴，因为这是一次机会，至少我可以回去，看看一切进展如何，看看我如何能帮上忙。这时我彻底累坏了，主要是因为自从波兰战争爆发以来的二十二天里，我从没真正睡足过。在此期间，我每天不得不只睡两个小时左右。走路时，我会睡着，有次我一条腿站着就打起瞌睡来了。等到了匈牙利时，我正饱受持久的神经衰弱之苦。聚会时，我总是不断进入梦乡。更糟糕的是，开车沿着长长的匈牙利道路行驶时，我也会睡着。那时，没有苯丙胺或者兴奋剂可以服用。我能做的就是，不管谁坐在我身边，总告诫他不要让我睡着，否则我们都会翻到沟道里。

"和谢尔一起出发时，我就告诉他不要让我睡着了。他不相信，以为我在开玩笑。但驾车行驶了不远之后，有那么一眨眼的瞬间我开始打瞌睡。谢尔冲我大喊一声，我才猛地醒了过来。我把一个骑自行车的人撞到了，差点把他轧死。我绝对记不得这件事情了。其实，那男子安然无恙。但从那刻起，谢尔就一直和我说话。他给我讲述了他的人生，第一次世界大战的故事还有他能记得的一切，他还不时地晃晃我。

"拥有战事部的通行证就像'芝麻开门'一样棒极了，我们一路畅通无阻。我想这就是穆卡切沃地区。我请求谢尔让我一个人前往，因为我清楚和匈牙利官员一起，我是无法和喀尔巴阡山脉的偷运团伙取得联系的。我非常乐观，手头有地址和密码。我驱车驶入喀尔巴阡山脉，起初是沿着公路走，接下来又行驶在弯弯曲曲的小路上。

"我对这地方很熟悉，因为我父母在这里一直拥有一片森林。山区的居民是鲁塞尼亚人，他们亲近波兰人。在车里睡了一觉之后，第二天早晨五点钟，我动身朝着一个看守人的茅屋走去。在那里，我将得知如何和联络人接上头。我拄着棍子开始爬山,两个小时以后,我累得快要呕吐了。腿有一股钻心的疼,还流出了脓液。最后,我看到了那间茅屋,摇摇晃晃地来到门前。

"暗号是'我可以喝杯加蜜的牛奶吗?'看守人精明机敏,腰杆笔直,肩上扛着一杆枪。他一边寒暄着,一边走了出来说道:'上帝保佑你。'我回答道:'上帝也保佑你。我走了很长很长一段路,要是你能给我一杯加蜜的牛奶喝,我会很高兴。'

"我可以给你拿杯奶来,但没有蜂蜜。

"我把暗号又重复了两遍,但他看起来毫无表情,起身离开,给我拿了一杯牛奶来。他心情愉悦,但显然对我不感兴趣。他静静地坐在那里抽烟。

"最后我问道:'我来这里不是疗养,是来执行一项特殊的任务。你能帮帮我吗?'他吸了一口烟,吐出一圈烟雾,然后回答说:'是吗?'

"我朋友有两个孩子留在了俄国占领波兰地带的勒武,我知道你可能帮忙把他们带出来。钱不是问题。

"看守人没有转过头来。他默默无语地坐在那里,过了片刻,然后说道:'过去我们做这些事,但现在不干了。危险太大了。'

"'但在布达佩斯时,有人告诉我,你可能会知道谁能帮上忙的。'

"'山上住着个女人,她或许能帮你。'

"'有多远?'

"'不远,从这里可以看到。'

"我眯起眼睛,看到遥远的天际线上有个小斑点。于是,我的心沉了下来。对山里人来说:'不远'意味着要连续不断地走两个小时。我试图解释,我有条假腿,不方便行走,但他似乎根本就不在意。他说道:'我让我小侄子给你做向导,他会带你去见那女人的。'

"我们开始攀爬时,太阳已经高高地挂在空中。我流了很多汗,双腿如同着了火一般。最后,我们来到一个肮脏的小木屋那里。一个老太太走了出来,小男孩说道:'她是基里洛瓦嬷嬷。'这干瘪驼背的老妪说道:'请坐吧。看得出来你很累,要喝杯牛奶吗?'我点了点头,她给了我一杯又凉又鲜美的酸牛奶。按照老套路，我说了接头的暗号，但和那看守人一样，她说自己不再做这些事了。我强压住心头的怒火，反复讲着那几个问题，但她依然不为所动。风险太大了，她不再为任何人'安排'这些事了。我问道，她是否知道有谁可以帮忙。她回答说，有个男子或许会帮上忙，他就住在隔壁。

　　"一个半小时以后，我找到了一个农夫。我把问题告诉了他，又得到了一杯酸牛奶，和与从前两者那里获得的同样的答案。他不再'安排'这些事情了，风险太大了。

　　"我累得步伐都不稳了，我摇摇晃晃地下山，朝看守人的茅屋走去。中午早就过去了，我几乎走了一整天，只喝了三杯酸牛奶保持精力。达到小木屋时，我情况糟透了。但完全出乎我意料的是，看守人伸手向我走来。他说道：'现在，你可以喝杯加蜂蜜的牛奶了！'我不知道是要揍他一拳还是向他表示感谢。我说道：'你这家伙，看在上帝的面上，怎么能让我遭受这么多磨难呢？'

　　"他说道：'我们是不会鼓励间谍的。我们以前碰到过警察派来的人，所以我们不会冒险的。你上山下山时，我们都通过望远镜监视着。现在，我们知道你没问题，所以我们会尽一切所能去帮你。'令人称奇的是他那小阁楼里居然挤满了刚刚越境的波兰逃亡分子，其中就有我一个朋友。

　　"回到上校那里时，与其说我活着还不如说死了。看到我他很高兴，因为他明白我外出这么长时间，肯定发生了某些可怕的事情。我告诉他一切都搞定了，孩子们会被带过来。果然孩子们被及时送来了。在这件事中，我得到的额外的奖励就是战事部颁发的通行证，通行证使我可以在边境畅通无阻地驾车行驶。此外，我们团队还有一个叫做米库斯的勒武艺术家。不管什么时候有了需要，他总能巧妙地伪造和我的原件类似的通行证。

　　"我们驾车返回布达佩斯时，谢尔开口说道：'安德鲁，你和克里斯蒂娜一定要尽快离开匈牙利。你们呆在这里已经很危险了，所以听我一句劝告，不要再问了。离开，赶快离开吧。'

　　"我回答说，对他的告诫我非常感激，但我们还有很多未完成的工作要做,然后才能离开。'我了解你所谓的未完成的工作,'他说道,'把飞行员偷运到中东为英国服务。喂,德国人也知道的,他们心里很清楚你们帮助偷渡出境的每个飞行员都是他们的催命符。'他补充说道,'我希望你不要偷运捷克人,因为要是你这么做,我可能帮不了你了。'捷克人和匈牙利人素来积怨很深,这就是典型的表现。正如匈牙利人深深地爱着波兰人一样,他们也极为痛恨捷克人。我说道:'别胡说了,我为什么要和捷克人有瓜葛呢? 我和你一样也很讨厌他们。'"

"但现在我和克里斯蒂娜的事情已经是公开的秘密。太多人知道她的住处,甚至房东也开始怀疑她那日益变大的食欲。所以我们找了另外一间房子,房子离原先的地方不是很远,但非常舒适。一楼的几扇窗户俯瞰着院子,房内有两个房间,一个小厅,还有一个卫生间。我们没有惊动任何人就悄悄搬了进去。

"说起来很奇怪的是,即使在这时,一旦得到外国人居住许可,你就不必把住址变化告诉警方。只有到了战后,才实施了为外国人制定的新规章制度。"

新公寓有很多好处。街道上停着很多车子,没人会注意不断有人进进出出。此外,院子是完全封闭的,类似监狱的练习场地,里面有个小小的温室。由于燃料短缺,温室被废弃了。安德鲁马上把它改装成了自己心爱的奥佩尔-奥林匹亚的车库。奥佩尔-奥林匹亚是个动力十足的小型机器,在他们最后的逃亡以及在从布达佩斯前往开罗的漫长旅途中,奥佩尔-奥林匹亚都立下了汗马功劳。

这是安德鲁的私人财产。他用于工作的汽车车型很大,非常宽敞,归外交武官所有。奥佩尔则体积较小,非常简洁,方便逃跑时使用。安德鲁总是往奥佩尔里面加进充足的汽油,使车子至少能跑一千公里。

尽管克里斯蒂娜和安德鲁为能呆在一起深感开心,但听到法国沦陷的消息,缺乏不能到达英国的波兰军队动向的消息却令他们深感担忧。他们知道有些士兵被扣留在瑞士,立场严格的中立国瑞士是不会放他们走的,而匈牙利人却巧妙地默许他们从事地下活动,以此证明他们深爱着波兰人。

克里斯蒂娜和安德鲁为英国搜集、筛选、传送了很多信息。他们团队里面有许多出色敬业的助手，其中有个叫做拉斯基神父的耶稣会教士。此人身材瘦小，脸庞酷似西班牙画家戈雅，他几乎总是低垂着眼睑。但一旦扬起眉毛，我们就会发现他双眼又黑又亮，闪烁着智慧的光芒，仿佛激光一样穿透一切。据说，他为梵蒂冈工作。拉斯基神父往返波兰数次，最后他被布达佩斯的德军逮捕了。德军把他送到了毛特豪森集中营，放出了阿尔萨斯猎狗袭击他，猎狗把他撕成了碎片。

另外一名自愿的助手是马尔钦·卢博米尔斯基王子，他体质较差，这使他无法参军，但在接到安德鲁的组织派给他的艰巨任务时，他那钢铁般的意志却从没退缩过。"步枪手"不时从波兰派来信使，定期给克里斯蒂娜和安德鲁提供消息，包括德军的动向等等。看到英国当局接到这些信息时漫不经心的样子，克里斯蒂娜内心有些动摇了。即使法国的沦陷似乎也没使英国当局摆脱那种自鸣得意。

波兰逃亡分子源源不断涌来，安德鲁依旧把他们运往安全地带。现在，安德鲁更多的任务是和这些逃亡分子有关，而较少把士兵偷偷运出拘留所。安德鲁再次被逮捕了，被送进了布达佩斯监狱。他在那里遇到了老朋友，来自二局的风度翩翩的少校。少校依然彬彬有礼，但这次，他却没有绕着弯儿说话。"中尉，你来到玛丽亚－特里萨兵营应感到非常幸运，这里仍然完全由匈牙利人掌控着。我希望，你该明白我的意思吧？请尽快离开匈牙利。"

他们在新房子刚一安定下来，克里斯蒂娜就告诉安德鲁，她打算再一次返回波兰。安德鲁指出，她的照片和文件，还有莱多乔斯基的，现在可能都在盖世太保手中，但克里斯蒂娜对这种说法毫不在意。克里斯蒂娜原本打算10月就动身，后来颇不情愿地同意等到11月降下第一场雪后再出发，那时边境警卫不愿呆在冰冷的树林里抓捕越境者。另外一个延期的原因在于，安德鲁期望在雅内克·马鲁萨兹——克里斯蒂娜第一次旅行时，他曾成功地充当了护花使者——获得自由之前，克里斯蒂娜要静心等待。

10月中旬,有个信使赶来向克里斯蒂娜报告说,16名逃离德国战俘营的英国士兵现藏在华沙的一家聋哑人收容所。他们处境极其危险,因为外面谣传:希特勒将会实施"仁慈地杀害"残疾人(肉体和精神上的残疾)的计划。

克里斯蒂娜明白,发现这些士兵只是时间早晚的问题,于是开始收拾包裹。这次,安德鲁非常细心地检查了克里斯蒂娜的包裹,确定她没有携带额外的照片或文件。克里斯蒂娜现在有了新身份、新证件,还有一张新照片,照片上她的发型和以前截然不同。

11月13日,克里斯蒂娜离开了布达佩斯,18日抵达了华沙。克里斯蒂娜径直去了聋哑人收容所,结果却发现英国士兵已经撤离了。这个群体的领导人坚持要波兰地下组织把他们疏散开来,并请求地下组织帮助他们进入苏联占领区。于是,克里斯蒂娜自告奋勇,要把另外两名英国士兵从波兰送往匈牙利。到了华沙后,这两名士兵的情况非常糟糕,医生断定如果不经过至少三个礼拜的休养,他们是不适合长途跋涉的。克里斯蒂娜必须把情报送到布达佩斯,不能等士兵康复了。所以她就把病号委托自己的那些"步枪手"朋友照料。后来,这两名士兵和克里斯蒂娜在贝尔格莱德有过一次愉快的团聚。

克里斯蒂娜在波兰的分分秒秒都非常危险。现在,德国人在街上当众抓人。这就是说,他们封闭了一些街道,不管谁在这些街上行走或在附近住都会被逮捕。被捕者被一起赶进营房里,接受搜身。倘若不能提供真实的证件证明他们为德国人效劳,他们就会被送去做苦力或被送到集中营。

11月底,克里斯蒂娜返回布达佩斯,当时她身体状况不妙。克里斯蒂娜患了严重的流感,浑身没有一点力气。克里斯蒂娜不在的时候,工作照旧,但安德鲁却不安地意识到:他一直被人监视着,经常被人跟踪。把总是跟在屁股后面的尾巴甩掉并不是一件容易的事情,克里斯蒂娜一到家,安德鲁就告诉她:他们该搬家了。

克里斯蒂娜不想听这些,声称她已经用火车托运各种文件,她必须等这些情报运到。在这些文件被理清之前,她不能离开布达佩斯。接着,她卧床休息了两个礼拜来医治流感。令安德鲁感到恐怖的是,克里斯蒂娜开始咳嗽吐血。那年,他们圣诞节过得一点也不愉快。

安德鲁说:"到了2月,我变得极为不安。我一直对克里斯蒂娜说,我们不能一起被捕。如果同一网络的人同时被捕,其他人就无法知道你关在哪里,也无法帮助你。被关押者在审问时各人说法不同的风险总是存在的。

"自然我给手下人提出警告,尽我所能把他们组织好。我非常确定,要是被逮捕了,我们就会被带到臭名昭著的匈牙利二局监狱。当时,这监狱已经被德国人接管了。"

德国人喜欢用普通房子作为监狱这事一点不假,这个拘留所位于霍蒂米克劳斯-尤卡。房子的后面是个院落,监狱完全建在院落底下。监狱里关押着犹太人,政治犯还有其他人。安德鲁告诉手下人说,如果他或克里斯蒂娜不见了,他们就要密切监视着这房子。

安德鲁说道:"世界各地的警察都选择清晨四点钟去逮捕罪犯。在那个时刻,罪犯通常睡得非常香甜,突然被抓住时,很少会进行反抗。我害怕这清晨时的四点钟,它开始在我脑海中挥之不去。我坚决主张,克里斯蒂娜要学会在清晨三点钟起床,离开公寓,她断然拒绝了。我又坚持,但她还是拒绝了。

"她说道:'今晚你出去,我答应明晚我出去。'"

安德鲁东张西望地离开了家,但街上空荡荡的。天气冰冷刺骨。安德鲁钻进车里,踩下车闸,驾车朝山下开去。那时,整个城市寂然无声。安德鲁无处可去,他感到又冷又累,痛苦恼怒。他来到车站坐下,但半个小时以后,他就禁不住想回家爬到温暖的床上。然而,他抵抗住了这种诱惑,因为他坚决要求克里斯蒂娜照他的样子去做。安德鲁最终在五点钟回到了家,结果发现克里斯蒂娜幸福地蜷着身子,正在酣睡。

"她说道,'你瞧,有时候你这老家伙真蠢'。

"我回答说,'或许是吧,但你答应过,根据安排,明天该你外出了'。"

第二天晚上,他们在一家餐馆和凯特·奥马利还有一些朋友共进晚餐。那天晚上,他们心情愉悦,非常放松,很晚才到家。

清晨四点钟时,门铃响了。安德鲁和克里斯蒂娜立刻就明白,那担忧良久的时刻终于来了。克里斯蒂娜匆匆穿上睡袍,安德鲁急着安上假腿。门铃的隆隆声再次响起,敲门声越来越响了。

安德鲁打开房门,看到四名匈牙利警察站在那里。其中两名穿着制服,另外两名穿着便衣。他们一言不发地从安德鲁身边穿过,进入房内。把所有的灯打开后,他们开始有条不紊地搜查每个房间。自然,一切相关的文件早就处理了,所有那些剩下的都是一些五颜六色的旅游小册子,还有一些刊登着旅馆和饭店广告的地图。警察把这些都一点不剩地装进箱子里带走了。

克里斯蒂娜对其中一位警察说道:"我要去趟洗手间。"有那么片刻,这警察什么也没说,但接着,听到蓄水池的流水声时,他匆忙冲到克里斯蒂娜身边,愤怒地说道:"你怎么冲水呢?"克里斯蒂娜笑了笑,用平常的语调说道:"用完洗手间后,冲刷一下不是很正常吗?"安德鲁跟着她来到洗手间时,后面有个警察紧跟着他,那警察眼睛一眨不眨地站在那里,看着他完成了整个过程。安德鲁拼命想找到一个办法,把那写满了电话号码的记事本扔掉。虽然这些号码是用密码记载的,他迟早会被迫解释为什么这些号码似乎没有一个和电话用户有关。安德鲁用波兰语对克里斯蒂娜说道:"这记事本究竟该怎么办呢?"有个警察赶紧说道:"不要说话。要是你们想说什么,就用德语说。"安德鲁回答道:"这位女士是不会说德语的。如果那样,就不能说话了。"

警察在房内搜索了一个小时。清晨五点钟时,安德鲁和克里斯蒂娜被匆忙推进了一辆宽大的警车里。仿佛是在和安德鲁一起驾车一样,克里斯蒂娜心情平静放松。警察开车离开时,克里斯蒂娜设法低声对着安德鲁耳语道:"把记事本给我。"安德鲁摇了摇头,局势本来就已经十分危险,他不想让克里斯蒂娜更深地卷入其中。

警车在霍蒂米克劳斯—尤卡那所舒适的房子面前停了下来。有个警察按响了门铃,门应声而开,这一小伙人进了屋内。迎接他们的是一道由另一名警察守卫的铁门。交换了证件以后,又有两名男子加入了值班警察的队伍行列之中。铁门打开了，克里斯蒂娜和安德鲁被带到了楼上的一个大房间里。克里斯蒂娜立刻就被带走了。

安德鲁马上认出了有两人是贾格尔霍夫旅馆的德国客人。其中有一个身材虽然瘦小，但却非常英俊，另外一个家伙则块头肥大笨重。匈牙利人也在场，但完全处于一种屈从的地位。

"脱掉大衣，到这边来，"那家伙大声叫嚷着。安德鲁脱掉外套，有个匈牙利人开始仔仔细细地检查大衣，他把长长的针头刺进每一个接缝和口袋。大衣里什么也没有，但记事本却在安德鲁的上衣口袋里无法处理。

"撩起上衣来，"那家伙不耐烦地快速说道。安德鲁撩起夹克时，设法让记事本滑进了一个口袋中。接下来，警方让他一件件地脱衣服，直到只剩下内裤，警方还把他的假腿几乎砸成了碎片，来看看里面是否藏着缩微胶卷。当他们确信安德鲁身上什么也没有时，就命令他坐在一把硬梆梆的直椅上，审讯开始了。

这两名德国人开始说，他们了解克里斯蒂娜和安德鲁所做的一切，但安德鲁用尖刻的话语回避了。这招效果不错，但只是因为在那时，德国人还没打算在匈牙利人在场时动用暴力。

即便如此，审讯还是从清晨五点钟持续到了夜里十点，在此期间他们没给安德鲁任何东西吃。当安德鲁询问他能否上厕所时，警方告诉他老老实实坐在那里。直到安德鲁和气地表示，他不得不要在地板上撒尿了，警方才把他押到了洗手间。与此同时，一名警察翻阅着从安德鲁家里带来的所有文件，档案和小册子。审讯人不停地问他是否找到了任何相关的信息，但那人却只是郁闷地摇摇头。

正午时分，另一伙人到来顶替这些德国人。这时，安德鲁疲惫不堪，开始感到虚弱无力。他不得不集中注意力以便自己所说的话不会前后矛盾。有一次，安德鲁以挖苦的口吻回答了一个问题，那德国人动手就要揍他。安德鲁的嘴唇开始流血，他试图反击。

于是，一场骚乱发生了，响声引得门开了，一名匈牙利官员走了进来。他就是安德鲁认识的那位谦恭有礼的二局少校。

他目光盯着罪犯，眼神里没有丝毫相识的神情。安德鲁大声喊道：

"我们是在匈牙利王国，我是波兰官员。你允许这畜牲这么打我吗？"

"这么说你承认自己是波兰官员了？"那德国人洋洋得意地说道。安德鲁笑着说："一次出仕，终生为官。但没了一条腿的官员用处不大。"

匈牙利少校给那德国人打了个手势，要他出来，于是他们离开了房间。德国人回来时，怒火万丈。"畜牲，等着把你引渡到德国去，看怎么收拾你，"他说道："我们会给你看一两件东西的。"

晚上七点钟时，安德鲁疲惫得几乎没有意识了。那声音柔和、长相俊美的德国人走了过来，陪着安德鲁在房内走走，安慰他说道："要是你坦白了，情况会好得多，因为我们和匈牙利人有协定，不需要把你引渡到边境那边去。"

这个宽大的房间里有两扇门，其中一扇就是安德鲁刚才进来时的那扇门，另外一扇位于房间另一头，门关着。德国审讯者驱赶安德鲁朝这道门走去。突然，门开了，一个形容憔悴的男子出现在眼前，两名警察架着他。安德鲁凝视着那张肿胀青紫的脸庞。"你认识这人吗？"德国人问道。安德鲁摇了摇头。幸运的是，他不认识这名男子，因为他觉得如果这人是他朋友，他是无法控制自己的面部表情的。

接着，审讯又开始了，问题变得更加难以回避。德国人不停地问，为什么克里斯蒂娜和安德鲁有那么多时间是在英国大使馆度过的。对此，安德鲁回答说，他觉得德国大使不会欢迎他们。安德鲁很快就明白了，倘若德国人无法证明他和克里斯蒂娜直接反对第三帝国，匈牙利人就会拒绝引渡他们。目前主要的危险在于：克里斯蒂娜曾去过波兰几次，这可能意味着，也是他们怀疑的，克里斯蒂娜是英国间谍。

十点钟时，德国人的审讯毫无进展。他们极为恼怒，最后决定把安德鲁送到监狱里等候审判，同时他们想出了第二天审讯用的新办法。一个匈牙利卫兵把安德鲁带到了地牢里，一个匈牙利下士记下了安德鲁的姓名，头衔，还有其他个人详细资料。匈牙利人离开了，安德鲁被勒令把所有财产交给一个显然怀有同情之心的小个子士兵手中。士兵把所有的财产，包括那个记事本都锁在了一个柜子里。

安德鲁被带到了一间牢房里，里面已经有两个男子躺在仅有的两张床铺上。下士冲着其中一个大声喊叫，要他给安德鲁腾出床铺。那个小个子一边怒视着安德鲁，一边滑下床铺，爬到上面朋友的床铺上。砰地一声，下士关上了身后的门。

安德鲁再三为自己占据了床铺表示歉意，但这两人却明白地表示他们不想和他交谈。一会儿之后，传来了有人敲击牢房墙壁的声音。

那个小个子说道，"该死的家伙，又开始了。他从未停止发送莫尔斯信号"。听到这里，安德鲁特别难过，因为他不了解莫尔斯密码，他怀疑这信号可能是他的一个朋友发出的。这位朋友前一段时间神奇地失踪了，安德鲁怀疑他就是被带到这座监狱受审的。

清晨五点钟时，犯人被惊醒了，狱卒命令他们穿上衣服，把他们带到了卫生间。一段时间之后，安德鲁又被带回了牢房，结果发现同伴很不舒适地躺在上铺上，双腿张开得幅度很大。安德鲁再次试图和他们搭话，这次，反应没那么冷淡了。其中有个同伴说道："我们本来以为你是探子，但现在我们知道误会了。"

"你们怎么知道的?"

"我们在卫生间通过葡萄藤得到一条信息，有个家伙认出了你。"

"肯定是我朋友，"安德鲁说道："你们怎么到这里来的?"

"因为我们是犹太人。我们遭到了审讯，但很幸运。昨天宣判结果出来了，我判了十五年徒刑，我同伴判了十二年。"

安德鲁问道："那怎么说幸运呢?"

两个男子都笑了，其中一个说道："我们服刑还没结束，苏联军队就会抵达布达佩斯，我们都是共产党员。"

后来，苏联军队的确来了，但那是在这两人过世很久以后的事情了。他们在死亡集中营被毒气毒死了。安德鲁发现，他们躺着或坐着时之所以双腿张开的幅度很大是有一定原因的。好几个月来，他们一直受到审讯。德国人逼迫他们招供的方法是让他们把睾丸放在桌子上，然后用铅笔敲打睾丸。在此期间，他们的睾丸已经肿胀发黑了，好像得了象皮病一样。

中午时分,安德鲁又被带到了楼上,结果发现原先的审讯委员会成员脸色异常阴沉。在场的还有那态度友善的匈牙利少校,他依旧穿戴整洁,态度优雅。安德鲁进来时,显然,少校刚刚和德国人发生过激烈的争吵。他们立即停止了谈话,一名德国人冲着安德鲁大声叫嚷着,要他承认他一直驾车护送斯卡贝克伯爵小姐前往边境,帮助她返回波兰,还要他承认他帮助逃亡分子逃离匈牙利,去和第三帝国的敌人并肩作战。

突然间,安德鲁脾气失控了,冲着他们咆哮起来。此时,完全出乎他意料的是,德国人走出了房间,克里斯蒂娜迈步走了进来。她脸色苍白如纸。安德鲁紧紧把她搂在怀里,亲吻着她的双颊,说道:"亲爱的,你还好吗?"她回答道:"我想还不错,虽然医生说我身体一点也不好。"克里斯蒂娜意味深长地紧握着他的双手,安德鲁明白她之所以能被带回来或许和医生有关。与此同时,匈牙利少校在一边慈善地看着他们这次重新团聚。然后,他开口说道:"因为斯卡贝克伯爵小姐病了,你们暂时被释放了。但除了有轨电车以外,你们不能使用任何交通工具。你们可以回到公寓,但没有我们允许,不能离开。"

他们热切地向少校表示谢意,然后尽快离开了。两名穿着便衣的警察负责押送他们,命令他们前往平常的集合地——哈格里咖啡馆。

自然,这是又一道陷阱,因为他们明白:要是地下组织的两名成员消失,然后又出现了,所有其他人——尽管告诫他们绝不要犯这种错误——有可能围在四周询问消息,这就可以使警察抓住该组织中的一名又一名成员。

克里斯蒂娜和安德鲁沿着街道朝哈格里咖啡馆走去,这时安德鲁看到有个朋友站在街对面的人行道上。安德鲁小心谨慎地做了一个准确无误的姿势,那小伙子知道:克里斯蒂娜和组织的头目后面有人在跟踪。他一溜烟跑了,等到克里斯蒂娜和安德鲁还有他们的护送人员赶到咖啡馆时,没人上来欢迎他们,他们独自坐在桌边,点了一杯非常想要的热咖啡和一块三明治。只有在接到信号表示可以离开时,他们才动了一下身子。然后,他们就回家了,克里斯蒂娜给安德鲁讲述了她的经历。

第五章

冲过边境

等到公寓里只有他们两人时,安德鲁把克里斯蒂娜紧紧搂在了怀里。她看起来身体疲倦,脸色苍白,安德鲁为她很是担忧。克里斯蒂娜说道,起初对她的审讯进行得有条不紊,安安静静。盖世太保让她坐在一把非常舒适的椅子上,有三伙人轮番审讯她。他们控告她在波兰执行间谍任务,但由于无法拿出证据,他们就改变了策略,问为什么克里斯蒂娜和安德鲁那么频繁地前往英国大使馆。

安德鲁和克里斯蒂娜早就经过了预先排练,如果他们被逮捕了该说些什么,但在具体细节方面可能还会存在差异。正如实际情况一样,两人的讲述完全一样。如同安德鲁一样,克里斯蒂娜以讽刺的口吻说道,她以为德国大使不希望见她。克里斯蒂娜还补充说道,安德鲁之所以是英国大使馆的常客或许和大使那漂亮迷人的女儿有关。

经过三四个小时令人精疲力尽、无休无止的审讯之后,克里斯蒂娜决定要换个花样。旁边有个匈牙利人装腔作势地坐在那里,他用同情的眼光扫了克里斯蒂娜一眼(克里斯蒂娜是这么想,也是这么希望的)。鼓起所有的注意力和意志力,克里斯蒂娜狠狠地咬了一下舌头,鲜血从嘴边流了出来,沿着下巴滴落。那匈牙利人看起来惊呆了,问道:"你吐血多久了?"

克里斯蒂娜尽力使自己看起来仿佛到了患病晚期的茶花女一样。因为演技登峰造极,她果然成功了。匈牙利人问道:"看过医生吗?"

"没有,"克里斯蒂娜一边把手帕放到嘴边咳嗽着,一边回答道:"我不想让朋友受惊,但我有点担忧,因为我吐血的次数越来越多。你们逮捕我时我正要去看医生呢。"

接着，她以非常微妙的方式告诉审讯人，她已经请求姑妈帮忙给她找个肺病专家。匈牙利人意识到克里斯蒂娜的姑妈和统治者霍锡将军有亲戚关系时，变得甚至更加急切地要帮她。然而，德国人却不为所动，继续严加盘问手下的罪犯。

接近中午时分，克里斯蒂娜开始显得病态严重，于是她被带回了监狱，狱方给她请了个匈牙利医生。克里斯蒂娜告诉医生，她感觉自己的病没救了。在医生面前，她极力显示因为近来患了流感而遭受咳嗽的折磨，还给他看了看她放在嘴边的血迹斑斑的手帕。医生显然大受震动，决定立刻带她去拍 X 光。

接着，克里斯蒂娜被带出了盖世太保的监狱，用车转移到了一家医疗设备齐全的匈牙利监狱。

克里斯蒂娜及时拍了 X 光照片，一会儿之后，匈牙利医生手中拿着拍摄的片子回来了。他怀着莫大的同情，打量着克里斯蒂娜说道："知道你病得多重吗？你的肺叶情况非常糟糕，需要立即接受治疗"。克里斯蒂娜马上就明白了，以前肺部因为受到废气毒害留下了阴影，医生把这当作是肺结核了。克里斯蒂娜难过地说道，"我觉得可能很严重"。

匈牙利医生若有所思地盯着她。很明显，他是同情波兰人的。医生开口说道，"把这交给我吧"。医生带着克里斯蒂娜的 X 光照片回到盖世太保那里。回来时，他看起来如释重负。医生没有告诉克里斯蒂娜，他对盖世太保讲了些什么，只是握了握克里斯蒂娜的双手，说道"不要担心了。一切都会好起来的，但是你必须开始接受治疗"。

那时克里斯蒂娜知道她安全了。她张口说道："谢谢你，医生。当然，不管你怎么建议我都会照做的。但是我男朋友安德鲁·科尔斯基该怎么办呢？他现在怎么样了？"医生回答说："你们两个一切都很好。"

克里斯蒂娜和安德鲁明白他们是"假释出狱"了。他们也明白，只要一有可能，盖世太保还会把他们抓进去。所以，他们必须开始制定计划，以便尽快离开匈牙利。两人正在讨论该采取什么办法离开时，电话铃声响了。打电话的人叫做安特克，是两人共同的朋友。在那威力强大的反坦克步枪插曲中,他曾和路德维格·波皮耶有过来往。安特克生性乐观,嗜酒如命,总是把生命视作儿戏。

听到安德鲁的声音,他叫了起来:"感谢上帝,你终于回来了。"

"谢谢你的好意,"安德鲁用波兰语回答道,并试图告诫他,"一定要小心呀,今天打电话一点也不安全。"

电话那边传来恍然顿悟的声音。片刻沉默之后,又是一声责备:"如果像那样说话,你又会直接被关到监狱里的。你用正常的方式接电话,不要试图告诫朋友,说电话被监听了。"

这种告诫让克里斯蒂娜和安德鲁在震惊之余,深感事情难以处理,虽然安特克和他们的组织毫无关系,但他们处于严密监视之下,这一事实意味着他们必须立即采取行动。他们开始偷偷地收拾行李,因为他们不知道房主是不是会看到他们在做些什么,然后向警方告密。他们正在整理行李时,门铃响了,安特克走了进来,一副无忧无虑的样子。

"你这个傻瓜,"安德鲁说道,"难道你不知道有人在监视我们吗?难道你不知道进进出出的每个人都要被仔细审查吗?"

"什么?"安特克说道,"我才不在乎呢,给你带来了瓶梅子白兰地。"

安德鲁往两只玻璃杯里倒满了酒,甚至克里斯蒂娜也喝了一小口以求好运。虽然那时不像今天这样有那么多监听设备,安德鲁还是把唱片声音放得很大,以确定别人不会听到他们的谈话。借着响声作掩护,安德鲁问道:"你看到有人坐在外面,监视这房子吗?"

"我的确看到两个人坐在车里,但是不太确定。你们该怎么办?"

"收拾完行李,然后把行李箱扔到窗外去。"

虽然匈牙利人已经仔细搜索过这间公寓,但却从未检查过安德鲁停放的那辆体积较小、有着两扇门的沙褐色奥佩尔轿车。安特克似乎骨子里没有紧张神经,他帮忙来处理手提箱。接着,若无其事地吹着口哨,安特克走了出去,去看看安德鲁的那辆停放在房子附近的大轿车是否性能良好。他得意洋洋地回来了,说没看到外面有什么人。安德鲁那辆体积很大的雪佛兰依旧停在那里。

夜色已深,由于前几天遭受审讯,克里斯蒂娜和安德鲁都累得快要倒下了。然而,他们还是把奥佩尔车内装满了行李包裹。安特克,不时小饮一口梅子白兰地,心情非常振奋,建议他们三人共进晚餐,以此来庆祝他们从监狱获释。克里斯蒂娜和安德鲁尽可能得体地推辞了,安特克刚一离开,他们倒头就睡。他们睡得非常安定,心里清楚刚刚经历过第一次在凌晨四点钟被人逮捕,是不会这么快再一次在凌晨被人吵醒的。第二天一大早,安特克就赶来告诉克里斯蒂娜和安德鲁说,外面又停着一辆私人轿车,里面坐着两个男子。

安德鲁对安特克说道:"你到街上去,钻进我那辆大雪佛兰汽车里,径直开进院子里。要是有人问你在我车内做什么,你就说是我让你把车开来的。与此同时,我和克里斯蒂娜会在奥佩尔车上等着。开车进来时,你让门大敞着。你一进来,我就会飞快驾车出去。明白吗?"

安特克点了点头,走了出去。克里斯蒂娜和安德鲁让房子看起来非常干净整洁,好像有人长期居住一样。这样,进入屋内的人就会觉得房主只是暂时外出了。

安特克开着雪佛兰驶入了院子,一边把汽车喇叭按得嘟嘟响,一边等候着。安德鲁几乎是立刻就加快速度,全速冲出了院子,把车开到了冰冷的路上。车子飞速行驶时,情况很糟糕,但安德鲁设法让其恢复了正常。他把脚用力踩在加速器上,车子沿着陡峭的山坡滑下,驶入了城内。克里斯蒂娜告诉安德鲁,后面有人在跟踪。这刺激了安德鲁,他开得越来越快,直到确定已把跟踪者甩得不见了踪影。由于警察知道雪佛兰的汽车牌号,但却不清楚奥佩尔的车牌,安德鲁就明白:一旦开始行动,警方是不会赶上他们的。

他们所做的第一步是给英国联络人打电话,联络人邀请他们前往他的住处。但当安德鲁用密码——"我们正在接受一两天的治疗"——告诉联络人他们正在潜逃时,对方却不愿意见他们了。联络人性子慢,即使安德鲁明确表示:在追捕再次开始之前,他们只有三天的时候,对方似乎还没有认识到情况的紧迫性。克里斯蒂娜指出,在布达佩斯他们有很多地方可以落脚,但时间却非常有限。联络人似乎还是不相信,安德鲁有点生气了。克里斯蒂娜则平静地说道:"忘了这事吧。我们想想其他办法。"

把这个不知利害关系的男子撇下之后,他们开车去了英国大使馆。这天寒风刺骨,阳光灿烂。安德鲁瞥了一眼克里斯蒂娜那张表情痛苦的小脸,突然感到焦虑万分。他把车子停在距离大使馆适度的地方之外,拨响了凯特·奥马利的电话。安德鲁言简意赅地告诉她他们遇到麻烦了,凯特立刻就行动起来。她告诉安德鲁,要是他们朝着通往宽大车道的小门口——这是比较古旧华丽的城内住宅的特点——走去,就会发现门开着。克里斯蒂娜和安德鲁分别朝门口走去,穿过小门口时没有受到值班警察的盘问。

凯特激动得满脸闪光,把他们带到了她的房间。安德鲁和克里斯蒂娜把他们的经历告诉了她,凯特说道:"你们必须马上见我父亲一面。"不必多说,欧文爵士听到他们的说话声后走了出来。三双热切的眼睛仔细注视着欧文爵士。欧文爵士也举目回视,从面部表情一点也看不出他在想些什么。这就是身经百战的外交家在衡量别人和局势的时候无动于衷的表情。

他问道:"你觉得在布达佩斯能安然无恙地呆多久?"

"三天,"安德鲁回答说,"最多三天。"

"那你打算怎么办?"

"我们有两套方案可供选择。方案一非常冒险,因为克里斯蒂娜现在情况这么糟糕。但是,我了解边境通道,我觉得我们可能有机会穿越绿色边界①。我不知道克里斯蒂娜能否忍受,因为这意味着要在恶劣的气候条件下,在深夜越境,而且几乎没有保护性措施。"

"第二套方案呢?"

"要是有护照,我就可以玩弄平常的花样了。"

"说说看。"

"到了边境时,我一般能知道'气氛'如何,因为我很了解士兵。如果

---

① 绿色边界是"地下之路",即通往安全也通往危险,沿着欧洲每个被征服的国家蜿蜒前行。具体可以查看乔伊斯·南基韦尔·洛赫的自传《蓝色的边沿》,伦敦:约翰—默里出版社。

士兵冲出来，试图阻止我们，我会冒险径直把车子开到国境那一边。他们无法开枪射击，因为南斯拉夫边境戒备森严。但问题是，没有签证，我们无法进入南斯拉夫境内。就凭现在手上的波兰护照，我们拿不到签证。"

欧文爵士若有所思地捋着下巴，说道："要是你们有其他国家的护照还有适当的签证，又会怎么样呢？"

"那就完全不同了。就像以前许多次的做法一样，我会假装把车子推到边境那边去。士兵会检查护照上的签证，然后我会给他看看带有正确签证的其他护照，这样我们在南斯拉夫就会安全了。"

对于这个计划，欧文爵士考虑了片刻，然后说道："我觉得这可能行得通，但我非常怀疑士兵能否同意让两人把车子推到边境那边去。你打算什么时候离开布达佩斯？"

"最迟三天之内。"

"我不这么认为。"欧文爵士说道，安德鲁的心脏差点要停止跳动。安德鲁以为，这句话表示，欧文爵士不打算帮他们呢。

欧文爵士看着克里斯蒂娜，说道："我觉得你们应该立刻离开布达佩斯，现在就离开。"

安德鲁和克里斯蒂娜几乎不敢相信自己的耳朵。从欧文爵士说话的语气中，他们知道他会帮忙的。克里斯蒂娜跳了起来，热情地拥抱了大使。欧文拍了拍克里斯蒂娜的手，他很喜欢她。

"把他们带上楼去，"欧文爵士对女儿说道，"让我想想办法。"转身面向安德鲁，他开口说道："我觉得克里斯蒂娜和你一起驾车不是个好办法。如果你想拿自己的生命冒险，那可以，但我觉得我们必须为克里斯蒂娜做另外的安排。她生病了，我们必须让情况对她来说尽可能简单些。"

在楼上，克里斯蒂娜和安德鲁赞美凯特的父亲富有同情之心，善于体谅他人。"感谢上帝，欧文爵士是爱尔兰人，"安德鲁说道："因为和波兰人一样，爱尔兰人总是有秘密斗争和反抗行为的'天赋'。他们骨子里就有这种成分。"

午餐之后，大使派遣自己的私人助理汤米带克里斯蒂娜和安德鲁到档案室去，在那里把他们交给一个面色红润的年轻职员。职员说道："我接到指示,要给你们两个制造英国护照。"听到这里,克里斯蒂娜和安德鲁目瞪口呆地站在那里。他们从来没想过会拿到英国护照,这可是世界上最为宝贵、最难得到的护照。

这小伙子,没有意识到自己的话语在克里斯蒂娜和安德鲁心里引起的震动,继续以平日的语气询问了一些细节问题,并要求二人提供照片。幸运的是,克里斯蒂娜和安德鲁总是在文件中携带着许多照片。然后,谈到了名字的问题。克里斯蒂娜开口说道:"我应该取一个和现在的首字母'C.G'相搭配的名字。""就叫格兰维尔吧!"凯特·奥马利说道,"这名字适合你,它既有英语又有法语的含义。你觉得怎么样?"

克里斯蒂娜非常满意自己的新名字。接下来轮到安德鲁了,安德鲁已经决定好名字了。和克里斯蒂娜一样,他觉得新名字必须要和现在名字的首字母有联系。他记得,在爱尔兰黑黄斗争期间,许多爱尔兰人移民去了波兰,主要是因为波兰是个天主教国家。安德鲁有个远房表妹嫁给了一个叫做肯尼迪的爱尔兰移民。转瞬之间,安德鲁·科尔斯基就摇身一变成了安德鲁·肯尼迪。

后来,安德鲁开始怀疑他这名字的选择是否正确,因为他和克里斯蒂娜对英文都懂得不多。安德鲁对英语的了解仅限于"两杯威士忌",克里斯蒂娜只懂得几句日常用语。和欧文爵士、奥马利夫人,还有凯特和汤米在一起时,他们讲的都是法语。这令欧文爵士深感担忧,因为他是个完美主义者。

然而,不久之后他们就编好了一个自以为无懈可击的幌子。俄国爆发革命时,许多英国工程师还有他们的俄国太太,孩子在那里工作。后来,许多英国人或被处以死刑或被驱逐出境,而他们的妻子,儿女则继续留在了俄国。克里斯蒂娜和安德鲁决定,要是有人盘问他们,他们就说在波兰战争期间,他们逃离了俄国,正手持英国护照——根据父亲的国籍,他们有权拥有英国护照——到处旅行。

但现在唯一的问题是:每个护照上都清楚写着,克里斯蒂娜和安德鲁出生在伦敦。所以,他们把编造的故事又修改了一下,就说英国工程师的太太们在伦敦生了小孩。这个故事真的非常夸张,但由于故事太让人难

111

以相信了,他们反而希望它具有说服他人的效果。

在面色红润的年轻职员询问了细节问题不多不少七分钟以后,克里斯蒂娜和安德鲁就拿到了英国护照。安德鲁仍然无法相信,手中漂亮的崭新护照就是他自己的。

就在那时,欧文爵士迈步走了进来,语调欢快地说道:"我一直在考虑这件事,这就是你要做的。就按照我所说的,你,汤米就开着我的大克莱斯勒吧。你把克里斯蒂娜放在行李箱中,开车载她前往边境。安德鲁会和你一起去。但如果他更喜欢自己单干,那是他个人的事。我觉得那样很冒险,但那是他自己的决定。"

知道克里斯蒂娜呆在大使的车内会非常安全,安德鲁对大使表示了谢意,但却声称自己更想开那辆奥佩尔汽车。除了他非常喜欢这辆小轿车之外,他也明白:一旦越境之后,他们会需要一辆属于自己的轿车。那辆克莱斯勒面积很大,能容纳八个人,因为里面有个宽大的行李箱。这行李箱很重要,因为如果没有足够的空气流通,克里斯蒂娜就不可能呆在里面随车子一起运行了。

欧文爵士有些怀疑手下的管家和司机是否可靠,就打发他们出去办点事。管家和司机不在的时候,大使带领这一队人马来到停放大轿车的地方。汤米打开车门,克里斯蒂娜进去,在驾驶员旁边的位子坐下。安德鲁进去坐在后面的位子上,汤米开动了车子。克里斯蒂娜和安德鲁不知道该说什么来表达内心的感激。对于欧文爵士高尚的行为他们绝对不会忘记。离开大使馆时,警察举手行礼,汤米开车绕过街道拐角,来到奥佩尔停泊的地方。

司机开口说道:"喂,他(大使)说的很对。你最好把车子停在这里,我会买你的车子。值多少钱?"

"汤米,我的车子不卖。我需要它,而且我自己会开车,所以你还是老老实实地不要说话了,我们继续执行计划吧。"

安德鲁说道:"计划很简单,我们已经决定前往边境小哨所伦蒂。那里风景非常漂亮,我记得路该怎么走,不过我总是非常乐意这么驾车。我开车走在克莱斯勒前面,明白汤米对于执行这项硬压在自己身上的仁慈任务,一点也不开心。他知道,要是帮助我们潜逃被抓住的话,后果会很严重,他可能马上就作为'不受欢迎的人'被驱逐出境,而这是他最不希望发生的。

"先前已经约好,我们要把车子停在某处,商量后几步该怎么办。这条道路实际上已经废弃了,因为只有在做必要的旅行时才能得到汽油。我们停了下来,克里斯蒂娜离开了座位。汤米打开行李箱,她爬了进去。我用大衣和垫子给她做了个小窝,克里斯蒂娜蜷缩在里面,看起来非常舒服。我们接着关上车厢,问她是否能够顺畅地呼吸。克里斯蒂娜回答说,'可以',但却开始咳嗽起来。我说道,'克里斯蒂娜,看在上帝面上,就不要咳嗽了。要是有人听到车厢内有声音,我们大家都会受到严厉惩罚的。'克里斯蒂娜强力忍住,格格地笑了,接着就声全无了。

"根据安排,我要比汤米早15分钟动身,以便及时到达边境查探士兵的反应。我拿定了主意,要是匈牙利士兵阻止我,我就试图冲过边境去。我把身边的白兰地仔细包扎好,继续驾车行驶,希望一切都会进展顺利。突然,一个想法涌上心头,要是告诫匈牙利士兵说,我看到一辆豪华的英国轿车正在驶往边境的路上,这倒是个好办法。我会说,车上可能有个高官,因为上面挂着英国国旗。我知道,这可能会分散他们的注意力,小士兵们会忘记我,开始擦亮衣服上的纽扣,整理服装以迎接那位重要官员的到来。

"到了边境时,我的心脏跳动得犹如击鼓一样。我飞速扫了一下匈牙利士兵那微笑的脸庞,语调欢快地说道:'喂,喝点白兰地怎么样?'一边说着,我一边拿出了酒瓶子。'现在没时间欢闹,'有个士兵说道,'正在忙一些正经事儿。我们刚接到消息,英国大使要过境前往南斯拉夫。'这消息很好,我不禁开始佩服欧文爵士卓越的组织能力。他没有放过任何机会,甚至要求外交部——他有权力这么做——让边境士兵知道他要离开布达佩斯。但至于为什么他改变了想法,转而派遣首席秘书代他前往就绝对没有理由了。

"'看吧,'我一边拔去白兰地瓶塞,一边说道,'这辆车子要去南斯拉夫,现在让我把车推过去怎么样?'

"有个士兵张口说,'可以看看您的护照吗?'我给他出示了护照,'没有入境签证?'

"'那没问题,对吧?'

"'你车里装了什么?'

"'没什么,就是一点汽油,行李,还有朋友的一些杂物。'

"'听起来没什么,'一个匈牙利士兵说道,'但我们现在不能理你了。你要等着,一直等到大使的车子开过去之后才能离开。'

"汤米开着那辆巨大的车子准时出现了。他脸色如同死人一般苍白,眼睛睁得又大又圆。我已经说过,如果我拽拽鼻子,就表示一切正常。我疯狂地拧着自己的大鼻子,汤米的脸上才恢复了一丝血色。匈牙利人举手行礼,恭恭敬敬地围着大使的车子转了一圈。我闭上眼睛,祈求上帝不要让克里斯蒂娜发出咳嗽声。匈牙利人转身回来,举手致敬,栅栏升起,车子顺利开进了南斯拉夫境内。

"对于办理了临时入境证的波兰车辆来说,正常的手续是:推着车子越过边境进入南斯拉夫境内,在那边会有司机开这辆车子。把车带到边境来的司机要返回匈牙利,因为匈牙利人只允许没有南斯拉夫签证的司机这样做。

"看着克里斯蒂娜快速消失在远方,我忽然感到有点脆弱,非常孤独。接着,我打起精神,朝士兵走去,说道:'轮到我把这辆旧车推到边境那边去了吗?我会马上回来,然后我们一起喝杯酒。我时间很多,因为我必须等着从布达佩斯来的朋友开车接我。'

"他们没有反对,我推着车子进入南斯拉夫境内。然后,我给他们看了看我的英国护照,还有完整的签证。挖苦地朝着边境那边的匈牙利人挥了挥手,我钻进奥佩尔车内,驱车追赶克莱斯勒。"

汤米把大轿车停靠在公路上几英里外的地方。很快,安德鲁就和克里斯蒂娜亲密地团聚了。此时,克里斯蒂娜已经从车厢沉闷的空间内被解放了出来。克里斯蒂娜钻进奥佩尔车内,一小队人马动身前往贝尔格莱德。虽然克里斯蒂娜和安德鲁对于能把盖世太保甩在身后感到很高兴,但是离开了布达佩斯,他们还是有些难过,因为在布达佩斯他们有那么多美好的回忆。

傍晚时分,他们抵达了贝尔格莱德。汤米去了英国大使馆,而克里斯蒂娜和安德鲁在一家舒适的小旅店过夜。他们打算在贝尔格莱德暂住两个礼拜,放松自己,以便为那漫长的旅途做准备。他们在贝尔格莱德拥有很多朋友,其中有个叫做安德鲁·塔诺斯基的。他就是安德鲁在雪崩中被困时,前去营救安德鲁的人员之一。在他那克拉科夫附近的庄园里,安德鲁和塔诺斯基还有他太太一起度过了许多幸福的时光。

见到克里斯蒂娜和安德鲁,人人都很高兴。他们带克里斯蒂娜和安德鲁去了这个城市特有的一些苏联夜总会。此时,他们的幸福生活中只是笼罩了一块暂时的阴云:由于新护照上没有入境签证,克里斯蒂娜无法离开南斯拉夫了。因为她是躲在车厢里面进入南斯拉夫的,这就一点也不令人惊奇了。然而,当克里斯蒂娜把这一困难告诉了一个叫做约翰·贝内特的特种行动执委会联络人时,他没有费太多麻烦就从南斯拉夫当局那里给她拿到了所属的签证。

克里斯蒂娜和自己的两个朋友在一起度过了难忘的一夜。这两个朋友是来自伦敦的士兵,他们从敦刻尔克逃到了波兰,又在"步枪手"组织的护送下,从波兰到了匈牙利。这两个朋友有很多经历要倾诉。在敦刻尔克被俘获的士兵中,他们是最早逃跑的。他们取道德国,进入了德军占领的波兰地带。但即使在德占区,他们还是得到了帮助。

他们主要是沿着铁路,步行朝着华沙走去。有一次,一个德国士兵试图阻止他们,其中一个伦敦佬用橄榄球式的一扭,把他掀翻在地,挤在了沟渠中。在华沙,地下组织精心照料他们。因为他们只能讲英语,根据安排,他们假装成聋哑人,直到和向导一起穿过边境进入匈牙利境内。刚一抵达布达佩斯,他们就被勇敢的凯特·奥马利接走,带到了她父亲欧文大使那里,大使给他们办理护照,把他们送到了贝尔格莱德。

经过一番短暂休息之后,克里斯蒂娜打算回去工作。她和波兰的组织重新建立了联系,安排情报员去寻找新的路线。"步枪手"们斗志昂扬,在波兰从事秘密偷运的驾驶岗位上立场稳定,但谁会在外面接应他们呢?安德鲁不能回去,克里斯蒂娜也是如此。这么多条生命都攥在未来接班人的手里,所以他们不能有丝毫闪失。代替安德鲁和克里斯蒂娜的人必须要完全值得信任。安德鲁和克里斯蒂娜深入讨论了这个问题,但从一开始,克里斯蒂娜就声称,在方方面面都出类拔萃的人物就是她丈夫乔治。安德鲁被她的看法搞得有些左右为难,他说道:"但是亲爱的,如果你派人请乔治来,他发现你已经离开他转而投入我的怀抱,反应就会很糟糕,情况就复杂了。"

克里斯蒂娜笑了起来,说道:"你一点也不了解乔治。这么多年了,他一直是个斯文加利①式的人物,绝不会相信我会永远离开他。只要我告诉乔治,他就不太在意我是否和别人有肉体关系。此外,乔治痛恨压迫,愿意采取一切行动反抗压迫。你记得他是如何自愿去芬兰参加战斗,首先是反对俄国人,继而抗击德国人的吧。乔治来自乌克兰,绝不会忘记俄国革命的压迫者在那里所做的一切。乔治是个很有主见的人,在所有候选人中,我最希望他能取代我。""如果你这么信任乔治,"安德鲁回答道,"我必须承认你所说的是对的。"

克里斯蒂娜说道:"毫无疑问,乔治是我认识的最难相处的人,但他也是最为能干、最为坚定不移的人。他有自己的荣誉准则,这可能会很棘手,但就工作来说,他是独一无二的。"

克里斯蒂娜,安德鲁和诸如比尔·莫雷尔,约翰·贝内特,A.G.G.沙特兰等朋友详细讨论了接班人的问题。后者当时负责罗马尼亚地区,负责随时对罗马尼亚油田进行破坏。人人都同意,乔治是个理想的人选,但又认为乔治或许会反对这个想法。对此,克里斯蒂娜却非常坚定地说:"如果我说乔治肯来,那么你们就完全可以确定他会来的。"接着,克里斯蒂娜给身在英国的乔治写信,详细解释了对他的期望,问他是否愿意在伊斯坦布尔和她会面。这封重要的信件由外交信使送了出去。

与此同时,他们继续为奔赴土耳其的旅行做准备。娇小的奥佩尔

---

① 斯文加利,英国小说家乔治·杜穆里埃所著小说《特尔比》中一个用催眠术控制女主人公使其唯命是从的音乐家,"斯文加利"是带有恶意试图摆布别人的人的代名词。——译者注

车——该车最后在整个中东,甚至是在意大利都变得赫赫有名——再次塞满了汽油还有额外的行李——冬天的用品以及他们认为可能需要的一切物品。

就在他们要出发之前,有个情报员给克里斯蒂娜带来了一卷重要的缩微胶片。克里斯蒂娜不知道这胶卷里面有什么,但却决定随身带着胶卷前往伊斯坦布尔。那可靠的本能告诉她,当她需要"步枪手"工作成绩的证据时,这胶卷可能会是一笔宝贵的资产。

3月初,克里斯蒂娜和安德鲁出发了。那天下着倾盆大雨,虽然安德鲁对克里斯蒂娜什么也没说,却对旅行的前景多少有点沮丧。如同许多狂热的车手一样,他已经听说过著名的贝尔格莱德—索非亚赛车会,但竞赛总是以车辆遭毁、人员伤亡为代价。同样,道路根本就不存在。只有一条"泥浆汇成的河流",可怜的小奥佩尔在泥浆中勇敢地跋涉。安德鲁习惯了在恶劣的条件下驾车行驶,波兰境内的道路一般来说都很糟糕,但这条道路却可怕得吓人。所以安德鲁感到惊恐就情有可原了。但克里斯蒂娜却没这种感觉,她对机械这类东西一窍不通或者没有兴趣。克里斯蒂娜不清楚一路上会危险重重,反而快乐得如同云雀一样。

安德鲁说道:"除了不喜欢听广播外,克里斯蒂娜是个很棒的伙伴。克里斯蒂娜有许多方面都让我深感惊讶,这点也不例外。她真的没有多少音乐细胞,每次我打开收音机,她总是说道:'亲爱的,请关上吧。噪音太大了。'这让人很恼火,因为在这样漫长乏味的艰难旅行中,我喜欢听音乐节目。我和克里斯蒂娜达成了协议,只收听新闻节目,一个个小时过去以后,这让人变得心情愈发压抑。到达索非亚时,我们精疲力尽。奥佩尔几乎失去了所有重要的部件,连排气管不知道什么时候都扭曲变形了,但活力十足的小轿车圆满完成了任务,成功把我们带到了目的地。

"我们登记住进了一家舒适的旅店,看到一个便条:邀请我们去拜访英国公使馆。在去拜访之前,我们清洗打扮一番,看了看那珍贵的缩微胶卷。意识到这些胶卷的含义时,我们都惊讶地相互注视着。波兰地下组织给我们的资料太让人震惊了,上面显示着德国在俄国边境屯集了成百的师、团军队,还有辎重和弹药。显然,德军要进攻俄国了。此外,还有更进一步的证据:一长串不同寻常的汽油仓库名单,总共达数百万升的汽油,这远远超过了数千辆大众汽车往返莫斯科多次所消耗的汽油量。

"我们去了英国公使馆,受到了一位叫做艾丹·克劳利的英俊潇洒的空军武官接见。艾丹·克劳利是个一流的运动员,此外他还特别聪明,举止迷人。他是社会党人,这让我感觉很有趣。他父亲是温莎的一名教士,有个哥哥在苏格兰卫队服役。"

艾丹·克劳利立刻就被克里斯蒂娜的魅力迷倒了,津津有味地倾听他们讲述在波兰和匈牙利从事的活动。他已经意识到——印象也很深刻——这些活动有助于解放英国战俘,还聚拢了为数不少的战斗飞行员(他们被从匈牙利偷运出境,参加英国的战斗)。一旦波兰小分队耗尽之后,还会有其他人——其中有勇敢的捷克人和奥地利人——顶上去。

克里斯蒂娜已经决定要把缩微胶卷交给艾丹·克劳利。他说他会留心让胶卷尽快送到伦敦。此外,他还告诫新朋友们尽快离开保加利亚,以免被正在进驻该国的德国人抓住。他还表情冷漠地补充说道,因为英国就要和保加利亚断绝外交关系了,如果克里斯蒂娜和安德鲁被逮捕了,不管是他还是公使馆的任何人都帮不上忙。

第二天清早,克里斯蒂娜和安德鲁就挤进了奥佩尔车内,这辆车随着岁月的流逝将会成为他们的避难所和流动住宅。从索非亚前往保加利亚边境的道路甚至比从贝尔格莱德通往索非亚的道路更加危险。安德鲁作为司机,从来就没有多少耐心。对于保加利亚农民懒洋洋的习惯,他心头总是升起失望感。安德鲁确信,保加利亚人吹嘘寿命很长,这更多是由于他们的牛群步伐缓慢,而不是因为他们喝酸奶。这些颇有耐性、行动缓慢的牲畜大多深陷于粘稠的泥浆中。它们奋力拉车前行的时候,司机不得不压住心头的怒火,停下车子,祈求车子会从烂泥堆中再次发动。

克里斯蒂娜和安德鲁到达距离边境最近的村庄时,夜色渐深。安德鲁担忧,边境可能关闭了。但令他长吁一口气的是,他得知:边境虽然应在夜里八点钟关门,但实际上整夜都开放。

安德鲁说道:"我们必须尽快过境,我能感觉到德国人在脖子后面的呼吸。"天快黑时,他们赶到了边境哨所,哨兵出来检查车辆。

"哨兵长相都不错,"安德鲁说道,"但谈不上讨人喜欢。他们简直就是一群畜牲!开车时,我仍然有波兰车牌和入境临时签证。那时候,入境临时签证是必须的。由于波兰仍然得到土耳其和保加利亚这样的国家承认,我的临时入境签证具有法律效力。但奇怪的是波兰车牌和德国车牌类似,它们都是白色车牌,黑色字母的。第一眼看上去,它们都一样。所以当那名高大魁梧、动作敏捷的保加利亚卫兵拿着手电筒朝奥佩尔走来,照了一下车牌时,以为这是德国车子。我问道:'边境还开放吗?''是的,先生,整夜都开着呢。'他用德语回答说。'感谢上帝,'我同样用德语回答说,'本来没有必要这么匆忙的。'

"我把英国护照交给他。他用手电筒照了一下,面无表情地说道:'边境关闭了。''但你刚才还说开放的。''我说错了,'他冷淡地回答说:'已经关闭了。'我差点控制不住脾气,痛骂他一顿,这时我感到克里斯蒂娜紧紧握了一下我的手。'冷静点。'她用法语说道。克里斯蒂娜说的绝对正确。现在,德国人控制了保加利亚,在保加利亚边境和哨兵争吵不会有助于我们的旅行。

"'明天早上边境什么时间开放呢?'克里斯蒂娜问道。'早晨七点钟。你们有足够时间清空车子,因为我们要检查每件行李。你们最好动手吧,把每件行李都带到海关哨所。'

"我说道:'你的意思是要我们把一切东西都搬到车子外面?''是呀,'他傲慢地回答说,'我说的是一切东西,就是这个意思。'"

安德鲁和克里斯蒂娜打开车门,把行李运到小屋子里。哨兵们站在一边旁观,没人举手帮忙,即使在他们搬运那特别沉重的汽油桶子时也是如此。有个哨兵问他们为什么携带这么多汽油。安德鲁回答说:"因为你们国家不供应石油,土耳其情况也是如此。我们必须设法赶到伊斯坦布尔。"

他面色不悦地说道:"你们为什么必须要去伊斯坦布尔呢?""因为那是中立国,我只有一条腿,没理由让我深陷在这一切动荡不安中吧。"从提问人的面部表情来看,安德鲁明白他说到了对方心坎里,他还主动让对方看了看他那条木腿。由于海关哨所建在山顶上,这假腿使他感到疼痛剧烈。

哨兵们开始娴熟地搜索，但只是为了激起英国游客的怒气，这样就会大吵一架。知道这一点，在哨兵们检查每件行李时，克里斯蒂娜和安德鲁坐下来，以一种貌似悠闲的方式旁观着。哨兵们一件东西也不放过，他们把牙膏挤出来，把克里斯蒂娜的香粉都洒在桌子上，把每件袍子都抖开，检查汽车还有行李的每个缝隙和接口。他们还命令道："去把轮胎卸下来。"

起初，安德鲁以为他们是在开玩笑，但他们却是一副认真的样子。安德鲁一个人费劲地干着，卸下轮胎，又跟随他们踉跄着爬上山时，他们监视着他。检查完轮胎之后，他们又命令安德鲁把轮胎装上。这花了很长时间，给哨兵们带来了极大的乐趣。

克里斯蒂娜正等着闹剧早点结束，这时有个卫兵手中拿着沉重的皮带子，牵着一只黑色大阿尔萨斯狗走来。大狗所做的第一件事就是朝着安德鲁的方向扑去，卫兵都大笑着，但是驯狗人说道："不要碰它。这狗是我见过的最为凶残的动物。"这时，克里斯蒂娜起身走了过来，平静地把手放在这大动物的头上。狗抬头看着她，摇了摇尾巴。卫兵几乎不能相信自己的眼睛，更令他们感到羞愧的是，克里斯蒂娜坐下来，搔了搔狗耳朵，和它说着什么时，大狗发出友好的呜呜声。克里斯蒂娜坐姿独特，是那种东方人的风格，双腿交叉在一起，她仍然完全控制着局势。驯狗人迷惑不解，卫兵们则极为恼怒。他们叽哩咕噜地说着什么，显然克里斯蒂娜对大狗的魔力给他们留下了深刻印象。安德鲁问道："我们可以走了吗?""不能，要等到明天早晨。""几点?""边境早晨七点钟开放。""那我们在哪里睡觉呢?"

"就在你车里。你赶快回去吧，今晚这里马上就要关门了。"

"你不会是认真的吧，"安德鲁说道，"我们怎么能在那辆小车里睡觉呢? 发发慈悲吧，看看这个姑娘，她生病了。她必须要好好地休息一下。"

克里斯蒂娜脸色如同死人一般苍白，因为剧烈咳嗽，整个身体都在发抖。一位年纪稍长、心地仁慈的卫兵走了过来。他和其他人谈了起来，肯定是让他们相信克里斯蒂娜真的身体不舒服，因为他宣称克里斯蒂娜能在一间碰巧空着的房间地板上过夜。

安德鲁把他们的行李箱拿了进去,头枕在行李上,试图入睡。早晨七点钟时,那位年长的保加利亚卫兵端着几杯热咖啡走了进来。此外很长一段时间什么都没发生。

最后,安德鲁再也无法忍受这种迟迟悬而不决的状况了。他对着一个卫兵问道:"现在我们可以走了吗?"

"还不能,我们必须要给索菲亚方面打电话。"

"怎么了,出了什么问题?"

"我们不必向你解释。"

到了中午11点钟时,安德鲁的耐心耗尽了。"我想和英国公使馆通电话。"他说道,以此来试探口风,因为他怀疑这些哨兵信息不灵,他本人也不确定英国是否和保加利亚断绝了外交关系。"要是你们从英国公使馆收不到答复,"他接着说道,"我会和瑞士大使谈谈,他是我朋友。"自然,这是个谎言。

一个小时之后,情况没发生什么变化。安德鲁非常痛苦,因为他一整夜都没把假腿拿下来。克里斯蒂娜看起来则好像就要晕过去一样。突然,卫兵宣布他们可以走了。保加利亚和土耳其之间的无人区域大约有三、四英里长,是条没有修建的沙子路。在大雨中,道路看起来好像犁过的沙滩一样。克里斯蒂娜和安德鲁试图整理一下车内现在变得乱七八糟的行李。

穿过无人区域到了半路时,克里斯蒂娜让安德鲁停下车子。安德鲁很不情愿地照做了,克里斯蒂娜下了车。她站在雨中,吹起了口哨。突然,让人无法相信的是,那黑色阿尔萨斯大狗欢快地蹦跳着朝她跑来。克里斯蒂娜跪下,大狗舔着她的脸庞。保加利亚的驯狗人无助地站在那里,等着她决定怎么处置这动物。对克里斯蒂娜来说,这是个胜利的时刻。毫无疑问,大狗想跟着她走。但克里斯蒂娜知道,旅行期间无法携带这么一只凶猛的大狗,因为它需要定时吃很多食物。安德鲁驱车朝着保加利亚边境返回,克里斯蒂娜挖苦地冲着卫兵挥挥手。大狗跑回到驯狗人那里了。

这是安德鲁第一次知道克里斯蒂娜对动物有种魔力。他说道,"克里斯蒂娜所有的时间都在和狗谈话。没有她不能接近的狗,狗立刻就会喜欢上她,毫无疑问,她能和狗交流。"

　　克里斯蒂娜非常疲惫,她希望可以不费周折就能进入土耳其境内。但她非常失望,十个土耳其士兵挤在一间阴暗的小木屋里。他们说的语言没人懂。安德鲁和克里斯蒂娜试着讲土耳其语,但毫无进展。他们开始觉得,在保加利亚边境遇到的麻烦一幕可能又要重演了。但唯一的不同是,土耳其哨兵没有阴沉着脸,他们满脸微笑,这让人感到有些希望。显然,哨兵拒不承认波兰的汽车临时入境签证,想没收轿车。克里斯蒂娜试图解释,说奥佩尔已经毫无麻烦地穿过了匈牙利,南斯拉夫,保加利亚,现在车子只是要穿过土耳其而已。哨兵们继续交头接耳地微笑着,但决不肯让步。最后,他们决定,要派一名土耳其士兵跟随他们到120公里之外的伊斯坦布尔去。

　　安德鲁问道,"哨兵坐在哪里呢?"哨兵打着手势示意,笑容更加灿烂了。最后,哨兵手中拿着步枪和刺刀出来了。不知怎么地他就挤进了车里,令克里斯蒂娜感到惊恐不已的是,他险些坐在了她的膝盖上。现在,可怜的小奥佩尔负荷过重,几乎无法行驶。土耳其士兵浑身臭气熏天,等到这群人到了伊斯坦布尔时,克里斯蒂娜只想尽快和这哨兵分开。

　　按照指点,他们去了伊斯坦布尔的欧洲一边,来到了壮观的海关大厅。海关大厅全部是用大理石建成的,里面的雇员人头攒动,大多数雇员都能流利地讲某种欧洲语言。安德鲁很不情愿地把自己珍贵的车子交给海关当局保管。他们拿到了一张收条,终于感到如释重负了,就搭乘出租车去了艾丹·克劳利推荐的帕克酒店。这是当时伊斯坦布尔最为漂亮的现代化酒店,唯一的美中不足之处是它紧挨着德国领事馆。德国领事馆规模宏大,里面有六百多名员工。附近还有苏联领事馆,里面有八百名员工。但即使这种发现也没让他们扫兴,他们分到的房间非常舒适,视野开阔,俯瞰着博斯普鲁斯海峡。洗过澡后,他们就点了丰盛的早午餐,包括烤面包,果酱,还有大壶的咖啡。吃完饭十分钟之后,他们很快就进入了甜蜜的梦乡。

电话铃声把他们吵醒了,这是英国领事馆打来的慰问电话——领事馆已经接到艾丹·克劳利的预先通知,说克里斯蒂娜和安德鲁要来——欢迎他们来到伊斯坦布尔,并约好了第二天见面。那天晚上,克里斯蒂娜和安德鲁下楼用餐时,发现帕克酒店的餐厅成了整个伊斯坦布尔的时尚集合地。意大利、德国、俄国、美国、加拿大还有英国顾客都依赖疲倦的餐厅领班安排就座,以便尽可能远离那些他们与之交战的国家的客人。

到了第二天,经过一夜熟睡之后,克里斯蒂娜和安德鲁重新恢复了精力,伊斯坦布尔的美景让他们心情振奋。两人拜访了领事馆,在那里他们与许多和他们从事同样工作的人们交谈,其中有些人后来又介入了他们在开罗和战后的生活。他们和许多不同的重要联络人进行了长时间的会面。克里斯蒂娜特别急于确定从波兰来的情报路线是否仍然运转完好。此外,她还想确定那里的联络人仍能得到金钱和信息。人人似乎都很有用,用甜言蜜语夸奖他们成功地把英国战俘偷运出来。克里斯蒂娜设法把更多资金送到波兰"步枪手"的手中。她和安德鲁又从一个波兰人那里收到了另外一份缩微胶卷。这个波兰人正驾车穿过伊斯坦布尔要去加入波兰军队。

这时,克里斯蒂娜和安德鲁心情非常愉快。他们正在从事一些很有价值的工作,希望这同样能够得到他们为之服务的组织的承认。他们不知疲倦地费力促进事业的发展,工作日结束时,他们发现很容易放松自己。英国和保加利亚的外交关系刚一断绝,他们的新朋友艾丹·克劳利就到了伊斯坦布尔。克劳利要去英国执行一项新任务,但与此同时,他尽一切可能来为克里斯蒂娜和安德鲁扫除障碍。

他们另外一次愉快的会面是见到了克里斯蒂娜的一位老朋友,一个叫做斯切尔宾斯基的波兰外交官。斯切尔宾斯基先生学识渊博,是个内行的导游,他带领克里斯蒂娜和安德鲁游览了伊斯坦布尔的名胜古迹,包括自 1453 年以来,一直作为重要清真寺的哈齐亚—索非亚大教堂;狄奥多西亚尖石塔;最为精美的奥斯曼建筑——苏莱曼清真寺;著名的苏丹前皇宫托普-卡皮宫殿。

这一圈观光令人心情愉悦,期间他们却接到了和他们将来的活动存在重要关系的消息。乔治·古齐基表示愿意和妻子会面。他接受了克里斯蒂娜的邀请，愿意充当她的接班人，要过来和克里斯蒂娜交接工作。克里斯蒂娜似乎并不担忧乔治马上就要到来。的确，克里斯蒂娜很不耐烦地和乔治讨论许多"有关把等候离开华沙的战俘偷偷运送出境"的问题，这些战俘中就有很多战斗飞行员。安德鲁多少了解乔治的个性，他对克里斯蒂娜的态度感到有些惊讶。至于如果克里斯蒂娜的丈夫发现妻子已经有了正式的情人，将会做出如何反应，安德鲁也极为不安。

第六章

受到怀疑

克里斯蒂娜准备去接丈夫的那天早上,安德鲁问道:"亲爱的,你准备和乔治说些什么呢?"克里斯蒂娜继续梳理着头发,但却注意到安德鲁闷闷不乐地站在那儿。于是,她皱起眉头说道:"乔治的为人令人难以琢磨。如果我告诉他我深爱着你,他很可能会二话不说,掉头就走,乘下班船回去。这样就会对我们组织不利。我们需要乔治。"

安德鲁开车送克里斯蒂娜到码头去接乔治·吉奇基,很久以前他曾在扎科帕内匆匆见过乔治一面。乔治个头不高,但虎背熊腰,看起来很结实。安德鲁看见他走下引桥,就驱车离开了。安德鲁想让克里斯蒂娜单独见她丈夫。

为了安全起见,他们为乔治在佩拉皇家旅馆预定了房间。克里斯蒂娜一直陪着乔治,直到晚上她才回到安德鲁身边。回去后,她一副轻松愉快、心平气和的样子。她对安德鲁说道:"一切都很顺利,乔治和我们一样心情迫切,想尽快执行任务。我把你的情况都和他说了,明天见到他,你就会知道他多么与众不同!"

安德鲁说:"我见过乔治,他非常迷人,尽管'迷人'一词不适合来形容一位看起来像鹰一样的男人。他的眼神冷漠深沉。在我记忆里,他没有笑过,绝对没有眯起眼笑过。他走南闯北,见多识广,阅历丰富,是个了不起的人物。他起初是个牛仔,后来到一家锌矿工作。他曾在加拿大当过捕猎者。他使用小刀和套索非常专业。一个星期天,我们一起在乡下漫步时,突然一只迷路的火鸡从我们身边经过。'看我的',乔治一边说,一边解开套索。他一下子就套住了那只还想挣脱的火鸡。这次经历给我留下了很深的印象。

　　"我们详细谈论了我们的任务，以及他在波兰和匈牙利必须提防的各种危险。乔治说他觉得我们的努力没有得到英国方面应有的支持。的确，我们经常抱怨这一点，但我告诉乔治，自从克里斯蒂娜在解救英国战俘的行动中立下汗马功劳后，英国政府就开始把我们当回事了，并对我们的行动越来越感兴趣。此外，我还对他说，欧文·奥玛利爵士是位非常值得信赖的人，他在任何紧急情况下都将会伸出援助之手。"

　　乔治渴望能够尽快开始工作。当时德国和苏联即将宣战的传言越来越多。1941 年 4 月 6 日，德军开始入侵南斯拉夫。人们说德国要打的仗太多了，不会和苏联开战。乔治和德查斯特兰志趣相投，关系较好。毫无疑问，乔治几乎是个天才，但他脾气不好而且多愁善感。因而当克里斯蒂娜和他道别的时候，她感到如释重负。

　　乔治走后不久，克里斯蒂娜和安德鲁去了安卡拉。他们呆在安卡拉的英国大使馆，在那儿，他们遇见了小朱利安·埃默里。

　　　　"我们在工作上同样与捷克和波兰组织紧密配合。在波兰人中，克里斯蒂娜·格兰维尔是其中的一位，她原先负责把波兰组织中的人员偷渡出波兰。他们中大多数人藏在安德鲁·肯尼迪的汽车行李箱中，穿过了海塔拉和喀尔巴阡山脉。肯尼迪有一条假腿，许多珍贵的微型胶卷都是藏在他的假肢里。克里斯蒂娜是我遇到过最温柔的一个姑娘，很难想象她能在一些秘密行动中身先士卒、战绩斐然。"①

　　对克里斯蒂娜和安德鲁来说，表面上，似乎事事都很顺利。但出乎他们意料之外的是，波兰二局发起了一场针对他们两个的、带有恶意和嫉妒性质的阴谋活动。二局的人一开始就应该知道，克里斯蒂娜和安德鲁是忠心耿耿的爱国者，他们俩随时准备为国捐躯。因此，二局的这种态度让

---

　　① 以上部分来自朱利安·埃默里的口述。

他们摸不清头脑。他们俩在没有波兰政府支持的情况下,竟会干得如此出色。这是唯一可以加在他们身上的罪名。

春天快到了。英国和匈牙利突然断绝了外交关系。英国领事馆人员经由苏联和东京返回英国。这无疑意味着克里斯蒂娜的联络网暂时中断了。尽管如此,她组织里的人仍然可以在极端困难的条件下,使用伪造的护照顺利过关,并带出珍贵的情报。安德鲁习惯过忙碌的生活,但是现在,他们整天不是游览清真寺、就是参观博物馆,要不就是去公园宾馆吃饭,对于这种生活,他已开始感到厌倦了。而克里斯蒂娜则像往常一样心情放松,享受着在伊斯坦布尔的生活。后来,安德鲁说他将离开伊斯坦布尔,开车穿过拥护维希法国政府的叙利亚。对于安德鲁的这一决定,他们的朋友都感到忐忑不安。"无论如何,"他们放心地对他说道,"你不可能拿到签证。"

克里斯蒂娜说道:"不要担心,亲爱的,我会弄到我们俩的签证。"安德鲁回答道:"但是你在法国领事馆没有任何关系。况且,领事自然是亲维希政府的。""但他是法国人,"克里斯蒂娜说道,"而且是个男人。因此,我打算去一趟,看看我能做些什么。"

上午十点钟,安德鲁陪同克里斯蒂娜去了法国领事馆。中午她从领事馆出来,满面笑容。她为自己和安德鲁都拿到了穿过叙利亚边境的签证。每个人都认为这是了不起的收获,二局的人也有同感。但是,二局的人却在这件事上大做文章,还利用这件事来诋毁安德鲁和克里斯蒂娜。他们说,只有德国间谍才有可能拿到这些签证。

克里斯蒂娜和安德鲁非常高兴。于是,他们俩赶往海关去取回他们的奥佩尔汽车。海关的库房里人来人往,热闹非凡,不计其数的木条箱堆积在那里,等着德国和苏联的大使馆人员前来领取。从移动这些箱子所需人数来看,安德鲁推测,箱子里装的肯定是武器和弹药。

安德鲁出示了奥佩尔汽车的单据,并要求取回汽车。这时,一位趾高气扬的土耳其海关官员摇了摇头说道:"不行,你不可以取回汽车。按照协议,这辆汽车将被拍卖。"

"我没有签过这种协议,"安德鲁怒吼道,"我知道,我随时都可以取回我的汽车。"

　　然而,这位土耳其官员的态度非常坚决。克里斯蒂娜和安德鲁觉得和他争吵也没什么希望,就匆匆赶到领事馆寻求解决办法。领事对他们说:"别说了,安德鲁,除非你们能拿出一大笔钱,否则将永远拿不到汽车。你们得让他们尝些甜头。你们初来乍到,对这儿的情况不太了解。你知道他们是怎么说的……'要征服一个土耳其人,你需要一个希腊人;要征服一个希腊人,你需要一个美国人。'因此,我将推荐一个神通广大的人士给你们认识。你们明早十点钟再来吧。"

　　第二天,他们来到了领事馆,领事把一位小伙子介绍给了他们。这个人皮肤黝黑,大腹便便,一副和蔼可亲的样子,应该是个希腊人或美国人,也可能是两国的混血儿。他说的是法语,并立刻声明,如果没有准备一大笔钱的话,去海关也是白费功夫。他说安德鲁得给他两英镑十先令。① 他们回到那个宏伟奢华、用大理石装修的海关大楼,大楼的正下方有三十个隔栅,隔栅后面坐着衣着迥异的员工。这个希腊人让克里斯蒂娜和安德鲁等他回来。他们注意到土耳其人交流时使用手语,而这种手语与他们的理解正好相反。一切看起来都是相反的:当他们用手势召唤你的时候,实际上他们的意思是让你呆着别动。

　　这个希腊人从一个窗口踱到另一个窗口,同时,还把安德鲁给他的英镑和先令往窗口里面塞。最后,他走了回来,脸上露出一副满意的笑容。

　　"目前,事情正在向好的方面发展",他解释说道,"如果海关批准,他们将把这些汽车从这里的库房运送到博斯普鲁斯海峡对岸。因为汽车将从海峡的这边运往亚洲,所以你们可以声称自己是从那里驾车过来的"。安德鲁从这种含糊的解释判断,一切都已安排妥当了,但是他们两在这件事上花了一大笔钱。

　　后来,他们的奥佩尔车被小心翼翼地装进了一列火车,然而安德鲁却要乘船到博斯普鲁斯海峡对岸去领取他的汽车。两天后,他们来到了伊斯肯德伦(亚历山大勒塔),这是座位于土耳其和叙利亚之间的边境城市。

---

① 当时一英镑大约可以兑换十个土耳其镑。

他们找了一家小旅馆，住了下来。由于旅途疲惫，他们很早就歇息了。半夜里，克里斯蒂娜愤怒的叫喊声惊醒了安德鲁。克里斯蒂娜正在捉打臭虫呢。

克里斯蒂娜被臭虫叮咬得很厉害，还发了高烧，但还是不得不在这家旅馆再忍耐两天。

这是安德鲁在中东第一次旅行，旅途上的美景让他非常着迷。为了逗克里斯蒂娜开心，安德鲁对克里斯蒂娜说，老天爷没有和他商量好就如此炎热。如果老天爷再升温，他就掉头回家了。就在他们即将穿过边境进入叙利亚之前，他们看到成千上万的白鹳正准备飞回波兰。他们俩坐在车上，一句话也没说，眼睛注视着成群结队的白鹳。这群鸟儿马上就可以踏上返回故里的旅途了，但是他们却不能。

外面骄阳似火，在驱车前往贝鲁特的一路上，安德鲁觉得身体越来越不舒服。体形很小的奥佩尔车本来通风就不好，这时路上又刮起了喀新风①，真是火上浇油。

南北通向的海岸公路是黎巴嫩的主要交通干线之一，沿途风光无限。黎巴嫩海岸线的沿途，历史古迹星罗棋布。当年十字军远征时留下的城堡，和群山、天空连成一片，形成了壮丽的景色。这片壮丽的美景沿着海岸线，从提尔一直延伸到了特里波利。安德鲁注定要与这条路结下不解之缘。这条路留给他的第一次印象，让他久久不能忘怀。

看到安德鲁一脸快乐的样子，克里斯蒂娜内心也是欣喜不已。他们在很多村庄都停下来休息，还去集市上买了些水果，以及诸如山羊奶酪、蜂蜜和花生等美味食品。然后，就用葡萄汁把这些食品调拌在一起，做成一块块的面团。

一到贝鲁特，安德鲁就感觉热得要命。他们径直去了圣乔治酒店，因为他们听说那里有一个私人海滩，从那里可以很清楚地看到贝鲁特的轮船停泊区。走到酒店服务台时，他们立即就注意到一群衣冠楚楚的德国

---

① 喀新风是一股从南部或东南方向吹来的炎热气流。

军官正坐在酒店的拐角处。

"很明显,他们是高级军官",安德鲁说道,"看他们盛气凌人的样子就知道了。门厅里竟然还有许多法国骑兵军官,这实在让我们吃惊不小。我问克里斯蒂娜:'一支法国骑兵劲旅怎么可能与正在侵略他们祖国的德国佬住在同一个酒店里? 他们为什么不给这群德国佬一点颜色看看?'克里斯蒂娜为了让我安静会儿,就用讽刺的口吻说道:'这是个复杂的心理反应。''让心理反应见鬼去吧。'我回答道,'他们怎么可以和这些傲慢的德国猪坐在一起喝威士忌呢?'

"就在我们说话期间,克里斯蒂娜询问服务台接待人员是否还有带浴室的双人房。'要住多长时间?'服务员问道。'一个晚上。''请出示护照。'我们把护照递给了他。让我很吃惊的是,他用法语大声说道。'啊! 夫人,先生,你们运气真是太好了! 明天之前你们就可以离开这个肮脏之地,而我却不得不呆在这儿拼命干活。'我和克里斯蒂娜环顾四周,看德国人是否听见我们谈话。没人动一下,应该没人听见。服务员不慌不忙地取下了一把钥匙,和我们一起走向楼梯。这时,他用法文大声说道:'很荣幸能有英国人下榻我们酒店。因此,我将安排你们住这里最好的房间,而且只按普通房间的价格收费。'"

服务员说话算话,给他们安排了一间豪华的客房。旅途的颠簸劳累使他们感到精疲力竭。"我们最好不要睡觉,"安德鲁说道,"因为我确信德国人很快就会来逮捕我们。"然而,除了蚊子的骚扰,并没有人来打扰他们休息。安德鲁觉得贝鲁特的蚊子大得简直就跟鸟儿不相上下。第二天早上,在宾馆的阳台上,他们一边美美地享用着丰盛的早餐,一边快乐地欣赏着美丽的风景。他们退房离开时,那个前台服务员几乎忍不住要亲他俩的脸一下,以表示告别。尽管他对他们亲切友好,但是安德鲁仍然怀疑他是个德国间谍。

他们在巴勒斯坦边境的路上行驶了一段时间,旅途平淡无奇。从叙利亚出来要经过一条蜿蜒崎岖的山路,在山路的顶端飘扬着一面巨大的英国国旗。"看到英国国旗时,我们激动得无法形容,"安德鲁说道,"这些年来,我们一直生活在战争的恐惧之中,那面国旗意味着自由、安全和友谊。但是我们仍要走几百米才能到达安全地带。我们的汽车跟在一个长长的车队后面往山上行驶着，车上的乘客大部分是阿拉伯人。如同在英国一样，他们在路的左侧排着队。我对克里斯蒂娜说：'我不想在如此炎热的天气下坐着等，那样太傻了，坐稳，我们出发了。'话还没说完，我就把小奥佩尔车开到路的右边。我们飞快地径直往边境开去。"

突然，两个衣着讲究的警察拦住了我们的汽车，一位是警官，另一位是警佐，两人都穿着整洁的短裤和色彩鲜艳的衬衫。他们一副沉着冷静的样子，面部表情一点也不友好。显然，他们不赞成我们插队。于是，他们靠近汽车看了看我们俩。这时，他们不再是刚才那副表情了。那个警官向我们毕恭毕敬地行了个军礼，说道："我想你们是格兰维尔夫人和肯尼迪先生吧？"

英国当局驻土耳其人员事先通知了巴勒斯坦边境警察，说将有一对不同寻常的夫妻即将到达巴勒斯坦边境，他们俩持有英国护照，但是几乎不会说英语。巴勒斯坦边境警察热情友好的工作态度、讲究效率的办事风格给安德鲁留下了深刻印象。

边境警察马上就把汽油配给券发给了他们，还给他们配了一些定额票据以及其他重要证件，然后指引他们驶向海法的一家酒店，因为英国方面已经在那里为他俩预定好了房间。他们安心愉快地驱车开往海法。在前往海法的路上，安德鲁看到一个奇怪的景象。他简直不敢相信自己的眼睛。于是，他就驻车观看。当时是两点钟，正直烈日当空。安德鲁看见很多人围着一个场地，他们好像正在聚精会神地注视着一群穿白色法兰绒的成年男子，这群男子中有两人正拿着球棒相互对视着，而其他人就在奔跑，双臂张开，在空中挥舞着。安德鲁转过身，向克里斯蒂娜问道。

"他们那样奔跑，你认为究竟在做什么呢？"

"他们是英国人，在打板球比赛。"

"在这么热的天气里！他们肯定是疯了。我是不会去的，亲爱的，我要回去了。"克里斯蒂娜听后，笑得前仰后翻。这就是他们到达海法时的情景。

海法位于卡尔迈勒山下的阿卡湾,依山傍水,可谓是游客们向往的人间天堂。但是,克里斯蒂娜和安德鲁却得马不停蹄地赶往耶路撒冷。一路上,安德鲁简直不敢相信,他正路过的地方就是最初曾在母亲的《圣经》里看到过的那些路名。

"后面的行程异常辛苦,"安德鲁说道,"我们开车行驶在一条名叫'七姐妹'的山路上,路上有七个急转弯道。在这条路上驾驶即便对最有经验的司机来说,也是一种考验。一路上,来往的军用汽车很多。过了很长一段时间,我们才看到古老悠久的耶路撒冷。落日的余辉洒在灰色的石灰岩房屋上,就像给房屋披上了一件红黄相间的外衣。这座城市有与众不同之处,从石头中散发出来的浓厚的历史气息让我敬畏不已。我和克里斯蒂娜好不容易才从遐想回到现实中来,因为还有很多问题等着我们去解决。"

一到海法,他们立即就去办公室汇报工作。在办公室,组织派了一位名叫波特的年轻人陪同他们。波特待人热情友好,对他俩来说,他不仅是位守护天使,还是一个忠诚的朋友,深得克里斯蒂娜和安德鲁的敬重。他早已在舒适安静的伊甸园宾馆为他们定好了房间。

一切至少在表面上都看起来都美轮美奂。他们俩精神状态极佳,爱情在这个美妙的国度里急剧升温。这里的气候十分宜人,与他们先前在匈牙利熬过的恶劣天气相比,真可谓是对比鲜明。克里斯蒂娜好像是太阳神的亲生女儿,因为日光浴是她唯一的兴趣爱好。安德鲁则没有同感,因为烈日下的暴晒,会让他感到很疲倦。尽管他什么也没有说,可是腿部的疼痛让他越来越苦恼不堪。

不久,克里斯蒂娜就和她的好朋友索菲·龙奇科夫斯基联系上了。索菲非常美丽、聪明。据说她可以讲十三种语言。她父亲是以色列国创始人之一,名叫纳乌姆·索科洛夫。为了以色列的建国大业,她父亲奉献了毕生的精力。索菲也跟随父亲一起到处旅行,宣传建国运动。

"美丽的索菲",安德鲁说道,"她和丈夫、儿子住在一所古老的阿拉伯式房子里。房子位于山上,从那里可以鸟瞰耶路撒冷。这所房子是别人赠送给她父亲的礼物。房屋的墙壁很厚,房间宽敞凉爽、舒适宜人,可与想象中的天堂相媲美。索菲夫妇热情好客。在她家，我们见到了许多有趣的客人。她的儿子名叫约瑟夫，是一位才华横溢的年轻人，也是一个有献身精神的爱国志士。克里斯蒂娜很快就喜欢上了她家养的两只擅长打斗的狗。我们开车时经常带着它们。在她家遇到的许多人当中，有些是我们的英国朋友。尽管他们非常亲切友好，而且还对我俩的工作倍加赞扬，但是他们说话的时候格外小心谨慎，这让我们觉得有些不对头。"

在巴勒斯坦度过了两个星期之后，克里斯蒂娜和安德鲁被调往开罗。他们接到通知后，立刻就动身了。在到达边境之前，他们驱车穿山越岭，经过的山路漫长曲折。边境的警察同样得到通知，说有两个不懂英文的、但持有英国国籍的人即将到达边境。穿过边境后，他们踏上了长达四百公里的旅途。这条路穿过沙漠直达苏伊士运河。此路非同寻常，宛如海中波浪。行驶在上面，就像驾驶着一叶扁舟漂浮在波涛汹涌的大海上。到达苏伊士的时候，安德鲁满身沙尘，他忍不住要跳到水中好好地洗一下。克里斯蒂娜告诫他说，水中是鲨鱼经常出没的地方。安德鲁听她这么一说，下水洗澡的热情立即冷却下来。

尽管克里斯蒂娜凭直觉感到他们的处境存在严重的问题，但是为了不影响安德鲁对中东的感情，她尽力把这种不安放在心里。"克里斯蒂娜分享着我的快乐，"安德鲁说，"这是她迷人性格的另一面。她可以隐藏自己的情绪，并全身心地附和别人的情感。"

小奥佩尔车终于到达了开罗。克里斯蒂娜和安德鲁按照指示，径直开往大陆旅馆。旅馆布局凌乱，但是有宽敞的遮荫游廊，他们后来非常喜欢这个游廊。他们的朋友波特很快也来到了旅馆，还带来了一个上级的口信。上级要他们在经历了那么多磨难后，放松休息一下，不用去想其它事情。当他们问及接下来要做些什么时，波特回答得模棱两可、含糊不清，反复说他们的任务是放松。波特同时还补充说，只要他们在开罗，组织（他没有说出具体哪个组织）就会每个月发工资给他们，而目前组织正在商讨安排他们俩将来的任务。

波特走后，安德鲁和克里斯蒂娜促膝长谈一直到深夜。很明显，波特不愿意给予他们任何明确的答复。这表明他们所有的最坏想法都变成了现实。他们感到迷惑、痛心和焦虑不安。本来他们非常确信地认为，那个曾在欧洲支持过他们的组织会在中东继续帮助他们，但事实并非如此。他俩为了鼓励对方，就说英国官方的办事程序最繁琐拖拉，只要到了适当的时机，他们的工作就会走上正轨。

波兰驻开罗大使非常了解克里斯蒂娜，当他把克里斯蒂娜视为路人时，他们真的开始担心起来。他们在大陆旅馆见到了一些二局官员，这些人见到他们就像没看到一样，尽管他们搞不清楚是怎么回事，但是他们确信自己已被晾在一边。

"在开罗，有很多白色建筑和棕榈树，所有这些使得这座城市看起来带有一种浓郁的法国风情，建筑也极富世纪末的格调，这里简直就像尼斯，"安德鲁说道，"欢快是开罗给我的第一印象，虽然进一步审视，这种欢快有点华而不实。"开罗到处看得到英国军队，这并不奇怪，因为开罗不仅仅是战争的主要舞台，同时也是"通往自由世界的十字路口"。军官们好像通常聚集在名叫"牧羊人"的老式旅馆，那里布局凌乱不堪。"旅馆里的女人皮肤黝黑，但是非常丰满，她们把磨砂灯举得很高。旅馆里饰有棕榈叶、亚洲式的墙壁是黑色的，走廊用大理石铺成，家具镶有珍珠，窗帘是黄褐色的，床架是黄铜色的，服务员都是阿拉伯人。"

克里斯蒂娜和安德鲁假装是来开罗观光的游客，"欣赏"着这座城市的风情，但他们的心情却格外沉重。当喀尔巴阡山骑兵从沙漠来到开罗后，他们俩才感到如释重负。指挥官是克里斯蒂娜的老朋友瓦拉迪斯劳·博宾斯基上校，克里斯蒂娜十四岁那年曾骑过上校的马。骑兵队里的许多战士都是安德鲁的朋友，他的侄子路德维格·波皮耶和安德鲁·塔诺斯基也在其中。对于外面那些有关安德鲁和克里斯蒂娜的流言蜚语，他们根本就不予理睬，还尽量和他俩呆在一起，这让二局非常尴尬。二局的恶意诽谤开始让克里斯蒂娜和安德鲁感觉到事态的严重性。按照二局的说法，克里斯蒂娜·斯卡贝克(格兰维尔)伯爵和安德鲁·科尔斯基(肯尼迪)是德国间谍。

他们的朋友觉得这种谣言非常荒唐可笑。然而，对克里斯蒂娜和安德鲁而言，这可不是一桩可笑的事情。生活在谣言的阴影下，决非儿戏。

对于这种伤人的传闻,南斯拉夫方面的负责人比尔·贝利完全置之不理。而且还像以前一样,亲切友好地为他们提供帮助。对像贝利这样的朋友,克里斯蒂娜和安德鲁感激不已。

"后来,"安德鲁说,"有一天我们遇到了盖伊·坦普林上校。他非常了不起。他曾在英国情报部门工作过很长时间,能说一口流利的波兰语和俄语,专门负责波兰方面的事务。坦普林对我们非常坦诚。他立即就告诉我们,说波兰方面反对我们与英国人合作或为英国人工作。我说道:‘上校,求您告诉我们,这到底是怎么回事啊?我们对此事还毫不知情呢。’他回答说:‘流亡的波兰政府怀疑你们的组织里有德国间谍。’"

"听到坦普林的这番话,克里斯蒂娜和我都惊愕不已。不仅是因为这个罪名下的隐含之意,而且是因为波兰人竟然对自己的同胞怀有这种猜疑。我对坦普林说:‘毫无疑问,二局应该光明正大地召见我们,并给我们一个解释的机会。他们现在应该知道,祖国对我来说意味着什么,应该知道克里斯蒂娜是位多么伟大的爱国志士。’"

二局方面并没有公开解决这事的意向,而是继续暗中采用卑鄙的手段,企图贬损无力还击的克里斯蒂娜和安德鲁的声誉。此外,因为二局的态度,克里斯蒂娜和安德鲁无法像过去那样支付通讯员来往的费用,这就严重影响了他们俩的工作。尽管如此,微缩胶卷和情报还是被那些想加入波兰军队的人带了过来,他们顺利地向二局隐瞒了这些胶卷。有一次,组织的情报确实出了问题,导致他们误抓了波兰军队中最优秀的军官之一,并把他当作了德国间谍严加审问了好几个小时。

当时,整个情况荒唐可笑。当坦普林上校发现克里斯蒂娜和安德鲁整天愁眉不展时,他干净利落地给这个事情做了个总结。"不要懊恼了,我的朋友们。为波兰人工作,就像在剧院里工作一样,没有人知道要上演的是悲剧还是闹剧。今天我收到了两份报告。一份报告说安德鲁·科尔斯基是个德国间谍;另一份说安德鲁·科尔斯基获得了军人英勇勋章。把国家的最高勋章授予一个间谍,这是波兰人的一贯做法吗?"

克里斯蒂娜还隐藏了一些以前拍的和最近拍的微型胶卷。从这些新胶卷可以看出,德军在苏联边境集结了大量的武器弹药。克里斯蒂娜说:

"我们既然不受欢迎，那么我们上交这些微型胶卷就没有多大意义。因为我们被怀疑是德国间谍，他们也不会相信我们亲眼拍到的证据。"

后来，这种不愉快的气氛突然消失了。克里斯蒂娜和安德鲁得知，为了解决他们的问题，一位高级官员正从伦敦赶来。他们松了口气。总算有人能够收拾这令人难受的混乱局面。安德鲁说："尽管我们'受到怀疑'，但是我们可以随意进出拉斯特姆大楼，那里是军事四局的总部，军事四局隶属于特种行动执委会。刚开始，拉斯特姆大楼对我们来说，一直都是个神秘的地方，后来我们发觉整个开罗都知道那里是干什么的。你只要叫上一辆阿拉伯出租车，然后对司机说：'带我们去特工大楼'，一眨眼的工夫，车就停在情报大楼的门口了！

"在一个风和日丽的日子，我们得知彼得·威尔金森少校抵达了开罗，他是专程来见我们的。我们被叫到了拉斯特姆大楼。带着紧张而又兴奋的心情走进大楼时，我们发现眼前是一位年轻的英国军官。请我们坐下后，他说道：'我不得不告诉你们，我们目前不需要你们工作了。我想格兰维尔夫人可以去红十字会工作，而你，肯尼迪先生，加入波兰军队应该没有问题。'对于我们被解除职务的原因，他没做出任何解释。对此，我们感到十分震惊。此刻，我极为愤怒，而克里斯蒂娜则脸色灰白，一言不发地坐在那里。我突然想起了那些微型胶卷，于是说道：'我猜你会对我们手上的一些微型胶卷感兴趣的，我们觉得那些胶卷相当重要。'威尔金森少校站了起来说：'我们对你们的微型胶卷一点兴趣都没有，再见。'"

"我当然明白，"安德鲁说，"威尔金森少校是伦敦方面派来的，他只是在执行命令而已。但他处理此事所采用的方法极为无情，这样对待我们好像根本就没有正当的理由。我们被解雇的原因很清楚。"

"流亡的波兰政府是由那些疯狂排斥其他组织的波兰人组成的，不管这些其他组织怀有怎样的善意，都会受到无情的排挤。波兰国内的地下战争刚刚打响的时候，就出现了许多组织，维特科夫斯基领导的'步枪手'组织就是其中之一。维特科夫斯是一个老练的情报人员，并且领导有方，我对此深信不疑。流亡伦敦的波兰政府开始组建'祖国军'之后，就立即清除了其他独立组织。我相信'步枪手'组织服从了英国方面的命令，加入了'祖国军'。维特科夫斯却仍然我行我素。他神秘地消失了,没有人知道究竟发生了什么事情。"

为了减少威尔金森给克里斯蒂娜和安德鲁带来的打击,盖伊·坦普林和比尔·贝利不厌其烦地安慰和鼓励他们俩。尽管这样,他们俩的情绪还是很低落。他们相濡以沫地生活着,这是他们那时在开罗的生活中唯一能够聊以自慰的方面。应德查斯特兰的要求,克里斯蒂娜的丈夫乔治突然来到耶路撒冷,他的到来冲淡了克里斯蒂娜和安德鲁唯一的快乐。

乔治一听说他们与威尔金森少校会面的结果,立刻勃然大怒,还表现出他往常发脾气时的样子。他断言说,既然这个组织用如此卑劣的方式对其成员,他自己将不会再与这个组织有任何来往。"他们只是一个相互吹捧的团体,"乔治说道,"你们摆脱了他们是件好事。"当然了,他和克里斯蒂娜还讨论了克里斯蒂娜将来的打算。克里斯蒂娜有一天见过乔治后,回到安德鲁的身边时,脸色苍白,神情哀伤。

克里斯蒂娜果断地告诉乔治,她没有回到他身边的打算,并且说她已经爱上了安德鲁。长久以来,她一直畏惧的感情决裂终于发生了。乔治就像一座燃烧的火山一样突然爆发了,来势凶猛可怕。然而,尽管克里斯蒂娜被乔治吓得要命,但是她的反应却是对丈夫抱有极大同情。乔治无法相信他自己钟爱的女人将永远离他而去。最后,他写了一封信给克里斯蒂娜。在信中,他残酷无情地对克里斯蒂娜进行了一番恶语谩骂,然后就去了伦敦。

对乔治的突然离去,克里斯蒂娜感到非常难过。幸运的是,这个时候,她和安德鲁被派往叙利亚和土耳其的边境执行任务。对给乔治带来这么大的悲痛,他们深感愧疚,而与威尔金森的见面,更让他们的心情跌到了最低谷。这次任务转移了他们对这两件不愉快事情的注意力。1941年7月12日,在阿卡开始实行《叙利亚停战条约》,此条约是男爵亨利·梅特兰·威尔逊将军和代表登茨将军参加的卡特鲁将军和韦迪拉克将军之间谈判的结果。维希政府接受了条约上的条款。7月15日,英军开进了贝鲁特,叙利亚和黎巴嫩处于同盟国的控制之下。

137

同年 10 月,克里斯蒂娜和安德鲁又驾驶他们的奥佩尔汽车出发了。叙利亚边境大多与土耳其接壤,没有人知道土耳其方面的打算。德国人正在不惜一切代价想把土耳其拉拢过去。同盟国明白,如果土耳其与德国站在一边,他们就无法阻止德国接近油田的目的。因此,为了使土耳其继续保持中立,同盟国也在全力以赴。

克里斯蒂娜和安德鲁的任务是去侦察底格里斯河和幼发拉底河上的桥梁,并制定在必要时炸毁这些桥梁的计划。

旅途漫长而又令人疲倦。安德鲁认为,驾驶他们自己的车去贝鲁特会更安全。于是他们就谢绝使用军用交通工具。从贝鲁特出来,他们行驶在了一条风景优美的海岸公路上,这条公路通往阿勒颇。"阿勒颇,"安德鲁说,"是世界上最有特色的城市之一。那里远离西方文化的影响,并且最具东方色彩和阿拉伯风格,它是中东地区最大的基督教城市。长达18 英里的遮蔽式露天市场给游客带来无法解决的难题。这些露天市场也是贝都小孩的娱乐场所。几个世纪以来,这里都是从东面过来的游牧篷车路线的终点站。到了这里,贝都人①都会驻足休息。"

克里斯蒂娜迷上了阿勒颇。男爵旅馆已经为他们预留了房间。旅馆老板是美国人,名叫科科·穆斯卢米安,他曾在牛津呆过。他没有隐瞒自己对英国的好感。旅馆融合了位于牛津的伦道夫酒店的格调和所有英国乡村酒馆的风格。在德国占领时期,科科骑在马驹上独自玩马球,这是他的马厩里仅剩的一匹,他用这一举动表明他对英国的忠诚。科科是一位热情洋溢、精力充沛的旅店老板,一见到克里斯蒂娜,就被她迷住了。出于对她的倾慕,科科拿出了一瓶威士忌酒。他在德国人的眼皮底下,一共珍藏了两瓶威士忌酒,另外一瓶他已经送给了第一个走进他旅馆的英国士兵。

贝鲁特特工总部为他们在这家旅馆预定了房间。于是,科科就把克里斯蒂娜和安德鲁当作贵宾款待。当时,他们在那里的上司是米特福德上尉。他是一位为人可靠、做事雷厉风行的苏格兰科学家。测试新式炸

---

① 贝都人是一个阿拉伯游牧民族。——译者注

药是他的主要任务。米特福德上尉和他们俩成了莫逆之交。

11月的一天，天气格外寒冷，安德鲁正在实验一种炸药。他把炸药扔到湖里，想看看它能否在水中爆炸。湖面上很快漂满了鳟鱼，炸药无疑在水中爆炸了。米特福德赶快穿上衣服，跳下水中抓鳟鱼。那天晚上，他们吃到了鲜美的烤鳟鱼。

阿勒颇的四周驻扎了几个印度兵团，其中有艾伯特·维克托王子的独立团、斯金纳的骑兵团和孟加拉轻骑兵团。这些极富浪漫色彩的部队名称，总让人联想起昔日英国统治印度时的光辉历史。

在艾伯特·维克托王子的独立团的军官中，有阿富汗国王的儿子希沙姆，其父的王位被阿马努拉推翻了。近两千年来，希沙姆的皇室家族一直统治着现在的巴基斯坦。一说到这个，他就自豪不已。希沙姆是位表情很严肃的军人，他很喜欢克里斯蒂娜。他经常与克里斯蒂娜和安德鲁呆在一起。因为他说话风趣幽默，克里斯蒂娜和安德鲁慢慢喜欢上了他。他肚子里有一大堆逗人的奇闻轶事，这些故事大多是关于他祖父当国王时期与英国剑拔弩张关系的不愉快往事。其中有个故事就是关于他手上的图章戒指。他说，他祖父当国王时，曾与英国签署了一个和平条约。然后，维多利亚女王就把这个戒指作为礼物送给了他的祖父。这个戒指上刻有"以友为友，以敌为敌！"的字迹。

安德鲁说："我们和希沙姆王子开了个很弱智的玩笑。我当时正在瞎摆弄一些给炸药定量的磁铁。克里斯蒂娜取下她手上镶有钢条的哈布丹克戒指，吸住了一块磁铁。磁铁能吸引钢铁，自然就能吸住她的戒指。希沙姆接着就用磁铁来吸他那镶有宝石的纯金戒指，但没有吸住。我们就骗他说，这是维多利亚女王用假金戒指欺骗你祖父的确凿证据。他听后，义愤填膺。过了很久，我们才告诉他磁铁吸附钢片的道理。"

不执行任务的时候，克里斯蒂娜和安德鲁过得很愉快。他们骑马、驾车兜风、钓鱼，有时安德鲁还会去打猎。这个所谓的沙漠里，到处都是石头，看起来非常美丽，野生动物为这里增添了勃勃生机。安德鲁见到了一些先前他认为只有在乌克兰和波兰才有的鸟类，在这些鸟儿当中，确实就有珍稀罕见的鸨。

安德鲁一直觉得,在阿勒坡和叙利亚度过的这几个星期是他们在中东过得最充实愉快的日子之一。克里斯蒂娜可以和自己喜欢的人一起尽情享受户外的生活。她可以去古老的露天市场探险;骆驼分娩时,她还会去照看;她甚至还是当地一次宴会的贵客。她遇到了一些不苟言笑的阿拉伯人,他们驾驶着破旧的凯迪拉克汽车,从沙漠一直来到阿勒坡。克里斯蒂娜还和他们成为了朋友。

后来,他们回到了开罗。克里斯蒂娜是个随遇而安的人。她精心为自己制定了生活计划。在没有接到重大任务之前,她一直就这样过着,而且这种生活也很适合她。她把杰济拉运动俱乐部当作自己生活的大本营。俱乐部的老板是一位英国人,那里有一个宽敞、美丽的花园。克里斯蒂娜很喜欢俱乐部的室内游泳池和露天阳台。"通常,你会看到她手里拿着一本书,就像传说中的火精灵一样沐浴在阳光下"。在游泳和打完网球之后,她的朋友就会"喋喋不休地,满身带着刺鼻的香烟味簇拥来到"俱乐部。对她来说,在俱乐部和他们聊天是件很快乐的事。

很少有人知道,克里斯蒂娜非常喜欢并且善于照看小孩子。她得知自己的一位名叫"詹姆斯·吉尔"的同事因为要经常外出执行任务,有个难题需要解决,就是他外出时,他五岁的女儿艾琳没人照看。克里斯蒂娜便成为英国政府的保姆。有段时间,她把照看这个孤单的小女孩当作自己的工作。"当时,我住在赫利奥波利斯的一所天主教寄宿学校。"艾琳·阿塔扬夫人回忆说道,①"在我童年的记忆中里,克里斯蒂娜一直照看我,我非常喜欢她。我好像记得,是她领着我来到了这个修女学校,还送了一个很大的玩具熊来陪伴我。"

开罗的生活费用不高,那里没有黑市交易。大多数物品是通过一家名叫"美国和西库雷尔"的百货公司进口的。这家百货公司很像英国的哈罗德百货公司。里面的货物品种多得令人眼花缭乱。由于长时间生活在战时物资短缺的境况之下,所以来这里购物的异国妇女,几乎都忘记了这些生活用品。那里的水果也相对比较便宜。

---

① 引自艾琳·阿塔扬夫人写给本书作者的一封信。

在莫斯基购物的人会看到成堆的柠檬、橘子和黎巴嫩苹果。然而,克里斯蒂娜和安德鲁却手头拮据,很少有钱消费这些奢侈品。有时,甚至连他们的住宿都有很大问题。有一次,安德鲁必须外出执行任务,克里斯蒂娜暂时就没了去处。人称"普茜"的迪金邀请克里斯蒂娜搬到她那住,迪金和一个捷克女孩合住在一间小公寓。

迪金觉得克里斯蒂娜是一位既神秘又迷人的女人。那时,人们没有时间去顾及通常使用的礼节和谈话的技巧,友谊进展很快。通常,在没有了解诸如血统、家庭和过去经历等背景信息的情况下,情报人员必须相互接纳对方。通常所见到的交流方式都被回避了,然而这些微不足道的交流是建立友谊的必要因素,因为友情就像盖大楼一样需要时间的积累。因此,在这种温房条件下生长起来的友谊、欲望甚至爱情就会像花朵一样迅速绽放,但是也会很快凋谢、枯萎。

若非克里斯蒂娜出于自愿,任何人想要她奉献点什么,那都是徒劳。在这方面,没人比她做得更好。那些常常对她吹毛求疵的妇女,根本就不了解她。如果克里斯蒂娜深得男人们的喜欢,她们会嫉妒,会生气;如果克里斯蒂娜弃传统礼节和规章条例于不顾,她们会义愤填膺;更有甚者,对于克里斯蒂娜那种不甘平庸的做法,她们会火冒三丈。

因此,她们甚至连克里斯蒂娜最纯真的友谊也要去蓄意歪曲。她们这样做的目的,就是让她整个的生活都被打上问号,整日都笼罩在阴影之下。

真相很简单,克里斯蒂娜年轻健康、富有活力。在某种意义上,她早年的生活背景和所受的教育一直压抑和桎梏着她自己。只要是有关性爱的问题,她就避而不谈。

后来她认为,消除心中的偏见和摒弃所有过去的禁忌,就是她一直以来所渴望的通向完全自由的一种方式。随着年龄的增长,她面临的压力也越来越大。她认为性爱是生活的一部分,是一种必须满足的欲望,但不能详细描述、挑选或谈论。

克里斯蒂娜一生都非常洁身自爱。当她献身于人时"就像正在握着一束阳光,或宛如沐浴在山间一泓冰凉透彻的泉水之中"。

1941 年 6 月 22 日,德国入侵苏联。几天后,利特维诺夫先生在莫斯科广播电台用英语宣称:大不列颠王国和苏维埃社会主义共和国联盟现在必须"不停地,坚持不懈地"并肩战斗。这条新闻在开罗,尤其在对克里斯蒂娜和安德鲁态度冷漠的那群人当中引起了强烈反响。现在,非常明显,如果他们是德国间谍,他们绝对不会傻到把拍摄到的微型胶卷给英国人的程度,因为这些胶卷拍有德军攻打苏联的详细军事准备。这些人对克里斯蒂娜和安德鲁冰冷的态度开始有所升温。随后的一件事情,加速了这些人态度的转变进程。

安德鲁定期会去大陆旅馆。有一次,他在那里听说科潘斯基将军将会来开罗呆上几天。科潘斯基将军曾是安德鲁在波兰时的指挥官,目前统帅喀尔巴阡山旅队。安德鲁知道,如果能得到英勇杰出的科潘斯基将军的认可,将对洗清一些人强加在他和克里斯蒂娜身上的污名大有帮助。

安德鲁推算好他到达大陆旅馆的时间,以便能与科潘斯基将军到达那里的时间相吻合。旅馆大厅的一边是二局的代表,另一边是安德鲁的朋友,他们来自喀尔巴阡山骑兵团。科潘斯基将军走进旅馆大厅时,安德鲁面带消沉,横穿大厅走向将军。

将军一见到他就伸出双臂喊道:"天哪! 安德鲁,你怎么在开罗?"

"遇到麻烦了,将军。"

"什么麻烦?"

安德鲁向将军点头暗示了那些面带嘲笑的二局代表,用古波兰语说:"将军,能在四只眼睛底下和您说吗?"

将军后退一步说:"你知道这不可能"。

安德鲁站在那儿,简直不敢相信自己的耳朵。这时将军高兴地补充说:"你很清楚,我的孩子,我有一只眼睛是用玻璃做的,所以我们只能在三只眼睛下私谈了。跟我来,到我的房间去说。"

将军听完安德鲁的述说之后非常生气。他把二局派来的代表一个接一个地叫进房间,质问有关安德鲁遭受迫害的原因,以及他们是否与安德鲁·科尔斯基过不去。每个被叫进来的人都否认了此事。安德鲁对将军表达了由衷的谢意后，便离开了旅馆。他走出旅馆时，愁眉顿展，如释重负。

然而，即便是科潘斯基将军的有利干涉也没有能让他们恢复在特种行动执委会的工作。随后，正当克里斯蒂娜开始怀疑自己是否会在杰济拉运动俱乐部度过战争时期的剩余日子时，盖伊·坦普林被调任到一个新岗位，主要负责巴尔干地区。威尔金森少校任命帕特里克·豪沃思接替他的职位。在克里斯蒂娜和安德鲁的间谍生涯中，豪沃思在开罗的上任对他们来说无疑是个转折点，出于友谊以及他对他们工作潜力的信任，他最终把克里斯蒂娜和安德鲁从冷宫中解救了出来。

豪沃思毕业于拉格比大学和牛津大学，主修现代语言。他一心想成为作家。他的第一份工作是在叫作《波罗的海和斯堪的纳维亚诸国》的学术研究季刊的杂志社做编辑，该杂志由波罗的海学会主办，学会享受波兰政府津贴。当时波兰一方面想在苏联和德国之间保持中立，另一方面又想游说波罗的海和斯堪的纳维亚地区的北部国家（这时豪沃思就在格丁尼亚）。同时，怀着同样的想法，波兰政府在南部也设了一个巴尔干学会。这虽是个好主意，但却没有奏效。

豪沃思在格丁尼亚呆了一年，他在那里的后几个月中，波兰政府就不再给予该杂志任何官方的经济资助了。德国拥有一家办事效率高、能大批量出版宣传材料的宣传机构，而波兰人却只靠着由一位不太会说波兰语的英俊小伙子所管理的几家办事处来做宣传工作。

豪沃思踏上了开往哥本哈根的最后一班轮船。他参了军，被送到了情报部队服役。在部队里，他参加了各种各样的训练，并通过测试。彼得·威尔金森和他曾是校友，他发现豪沃思会说波兰语。威尔金森考虑到豪沃思所具备的实力，就雇用了豪沃思。

起初，豪沃思只是办公室里的一位普通勤杂人员，负责文件档案管理。1941 年 12 月，他被派往西部高原的阿里塞格。在那里，训练营的教官詹姆斯·扬向他的年轻军官们灌输了两条简单规则：一就是喝上半瓶威士忌，然后第二天早上参加检阅；规则二就是要学会八步的里尔舞。

那年豪沃思刚好 26 岁，他说："我能晋升到这个新职位上来简直就是一种严酷的考验。我在特种行动执委会只有六个月的工作经历，因此在开罗感到有点压力。"然而，他很了解特种行动执委会里那对很独立的夫妇，对于有人强加在他们身上的所谓亲德的传言，他总是保持着很清醒的头脑。理查德·特鲁什科夫斯基少校是一位生化学家，来自波兰。克里斯蒂娜、安德鲁和豪沃思都是他的朋友。豪沃思相信他的判断力，他恳求豪沃思好好关照克里斯蒂娜和安德鲁。豪沃思写了一首名为"回顾一生"的诗。在诗中，他描述了克里斯蒂娜首次给他留下的印象。

"终于，"安德鲁说，"来了一个有主见的人了。"帕特里克·豪沃思于1942年8月到达开罗，当时隆美尔的大军仍兵临开罗城外。德军停止了继续推进，但不确定哪天就会再次发起进攻。开罗城内，人心惶惶，特工总部已决定转移到耶路撒冷。豪沃思在耶路撒冷第一次认识了安德鲁。用豪沃思自己的话来说，安德鲁是位"普通市民，为特种行动执委会工作。薪水册上有其名，他是位负责运输的军官，工作很努力"。

通过特鲁什科夫斯基，豪沃思第一次遇见了克里斯蒂娜。后来，他在坦普林上校的办公室里又一次见到了她。对于她断然拒绝上面为她安排的一项工作，豪沃思感到十分震惊。这份工作主要是与密码有关，但是与特种行动执委会却毫无瓜葛。"我天真地认为，大战当前，每个人都不应该对安排的工作挑三拣四，"他对本书作者说道。"我又在杰济拉遇到了她，并问她是否真地不愿接受这份工作，她回答说：'在体力上，我有很强的耐性，但在脑力上不行。'这句话给我留下了深深的印象。后来，我把它写进了诗中。我们第一次见面时，她说的是法语。她的英文不是很好，但是她在努力学习英语，而且进步很快。特鲁什科夫斯基是一位优秀的生化学家。他跟随格宾斯将军参加了华沙第一次军事行动，并且一直跟随军队来到了巴尔干地区。他操一口流利的俄语，彼得·威尔金森把他派到苏比雪夫那里，目的是看他是否能够从波兰东部地区发展抵抗运动。

"事实上，没有什么可以做的，因为苏联方面不只是与德国作战，其主要目的是扩大自己的势力。特鲁什科夫斯基认为他是在浪费时间。于是，他接到返回伦敦的指示。他经由开罗返回了伦敦。到了开罗后，他得知要在我到达开罗之前代表坦普林处理事务。我来到开罗后，他成了我的督导和顾问。他智力超群,经常可以找到什么都不用做的理由!

"他在离开开罗之前,叫我关照克里斯蒂娜和安德鲁。我尽管很相信他的判断,但仍然对克里斯蒂娜和安德鲁心存戒备。因为我在伦敦研究过特种行动执委会办公室的档案文件,发现克里斯蒂娜和安德鲁与受到怀疑的步枪手组织有过来往。后来,我得知特种行动执委会的薪水名册上仍有克里斯蒂娜和安德鲁的名字,虽然数额不多,但过体面的生活仍然绰绰有余。他们这次工作是由乔治·泰勒安排的,泰勒是克里斯蒂娜在特种行动执委会的联系人之一。"

帕特里克·豪沃思不久便发现,和他有官方来往的一些波兰人敌视、怀疑克里斯蒂娜和安德鲁。他认为,这主要是因为他们没有正确看待克里斯蒂娜对英国所做出的贡献。克里斯蒂娜的确在许多波兰组织中工作过,但是她对英国始终有种特殊的责任感,这种责任感一直激励着她去完成自己的第一项任务。同时,她比大多数波兰人都胸襟广阔,因为大多数波兰人有极端的民族主义倾向。此外,她与安德鲁在工作上的配合使她通常对繁文缛节的官方手续不屑一顾,而且做事我行我素、雷厉风行。

豪沃思说:"我越来越喜欢他们俩了。我们在各个方面都相处得很愉快。我和克里斯蒂娜比较谈得来,但是我喜欢和安德鲁在一起喝上几杯。他们当时住在开罗时尚的郊区扎马勒克。房屋很舒适,卡茨夫妇负责他们的饮食起居。安德鲁的交际圈似乎主要是波兰装甲兵军官,克里斯蒂娜也有她自己的朋友。特德·豪就是其中一位,他身着制服,在特种行动执委会工作。她的另一位好友是波兰少校戈兹。然而,她和安德鲁始终是一个相互团结、互相信任的整体,这使他们能够按照自己的判断去执行任务。

"在开罗就如同生活在殖民地。杰济拉俱乐部、赛马俱乐部和格罗皮的家,是我们经常会面的地方。这些地方因为供应优质冷饮而被我们选中。在扎马勒克的寄宿房子里,克里斯蒂娜和安德鲁有一间空房,而我当时正在找住的地方,于是他们就建议我住到那里去。刚刚安顿下来,我就意识到我正与新结交的朋友住在一起,和他们相处使我感到无比放松愉快。

"我天真地以为他们对我的工作全然不知。陆地连接计划是波兰抵抗部队组织的一个重要任务，因为这可以做到——你可以从空中空投武器和人员。但是如要让飞机着陆，并接走一些人，那可要花很长时间去准备。不过这最终也实现了。

"就在这特殊时期，代表南斯拉夫合法政府的米哈洛维奇将军，控制了南斯拉夫绝大部分地区，我们一直和他保持着联系。一连好几个月，比尔·赫德森一直和米哈洛维奇将军在一起。这一切都是在米哈洛维奇领导的游击队和铁托领导的游击队发生激烈军事冲突之前。波兰六局找到一名会说俄语的军官，他就是马琼格上尉。我们一起为他制定好了行动计划。然后，我们就用飞机把他空投到了南斯拉夫的北部地区，并让他加入米哈洛维奇领导的军队。这样做的目的就是想让他去建立一个情报网络，就像克里斯蒂娜所建立的从匈牙利一直延伸到波兰的情报网一样。马琼格上尉是位非常英勇的军官。然而，他在执行任务途中，遇到了德国军队。他在战斗中牺牲了。波兰人越来越热衷于情报人员的渗透力，我们也训练了几个军官；不过，当然，我们英国政府后来取消了对米哈洛维奇的支持，转而集中精力支持铁托。但是波兰人拒绝与铁托打交道。

"有一天——应该是我来到开罗的一年后——克里斯蒂娜突然详实地向我透露一些高级机密任务（此外还说了其他机密）！在这之前我就认为，尽管关于她的谣言危言耸听，但就克里斯蒂娜和安德鲁的忠心而言，他们是无可非议的。我当时觉得他们非凡的才能没有被很好地利用。很明显，他们渴望回到工作岗位上去，而且任务越困难、越危险，他们就越开心。

"在许多方面，克里斯蒂娜都向我伸出过援助之手。举个例子来说，我们得知德国人正在招募大量外国劳工——包括波兰人在内——到巴尔干地区。我和盖伊·坦普林讨论了这事，我们认为这是一次拉拢波兰人的真正机会。我们委派了一些军官前往希腊，他们在那里干得非常漂亮。怀着同样的目的，我正在寻找前往阿尔巴尼亚的合适人选。克里斯蒂娜推荐了迈克尔·李。李去了阿尔巴尼亚，而且还在那里获得了军功十字勋章。正是克里斯蒂娜指导了我，让我不至于陷入波兰人的明争暗斗和情报战争错综复杂的泥潭之中。在这方面,如果有人问是谁把我从单纯幼稚变得成熟老练,毫无疑问,那个人就是克里斯蒂娜。"

克里斯蒂娜觉得,如果她能学会使用特工发报机就好了。这样一来,她就可以回到原来的工作岗位参加行动了。于是,豪沃思和特种行动执委会通信主任商量让她参加这方面的培训。年轻的中士迪克·马拉比便成为她的培训老师。后来,马拉比跳伞空降到了意大利。

参加跳伞训练的想法一直萦绕在安德鲁的心头。他认为如果能学会跳伞,那么他就可以空降到波兰。克里斯蒂娜不愿和他讨论这个危险的想法。但是为了使豪沃思相信,安德鲁对豪沃思说他可是认真的。最后,安德鲁强迫豪沃思把自己送到了特种行动执委会的训练学校。这个学校就设在海法的拉马特大卫。

长期以来,安德鲁的那条病腿一直让他痛苦不堪,当时腿上仍在流脓。在索菲·龙奇科夫斯基家的午餐聚会上,他遇到了一位文静迷人的以色列医生。他们聊完天后,贾斯基医生就诊察了一下他的腿部情况。她没给安德鲁谢绝的时间,就把他送到了著名的哈达萨医院。在医院,医术高明的越南外科医生梅耶为他做了手术。安德鲁在医院呆了两个星期。后来,他又花了两个星期的时间学习用假腿行走。

"我觉得这想法真疯狂,"安德鲁说,"一个只有一条腿的人坚持要学习跳伞。医生们总是对我百般阻拦,不是因为我只有一条腿,而是因为英国国王法典中没有规定谁会为一个在跳伞中摔坏的假肢做出赔偿。我承诺说我自己会承担损失,但是我的所有承诺都不起任何作用,直到我找到了一位爱尔兰医生,他理解我的追求。他说:'你这个不要命的外国佬,如果我不给你想要的证书,你很可能会从一辆卡车上跳下,拿去吧。现在去干吧,但是不要扭断了脖子'。"

安德鲁的首次跳伞训练引来了许多人来观看。所有的安全预防措施比平时多了一倍。有两辆红十字会的卡车在待命,还有一辆等待去收集碎片。结果,安德鲁第一个从飞机上跳了下来。当所有人涌向他时,他正在不慌不忙地收卷降落伞。他向人群挥挥手叫他们不用过来。他们跑去护理三号跳伞学员,三号学员摔断了锁骨。随后,他们又发现五号学员扭

图 1　克里斯蒂娜档案上的照片，此副照片完好无损地保存在国家档案馆里。照片上是一位坚强果断、整装待发的女战士形象。（国家档案馆收藏）

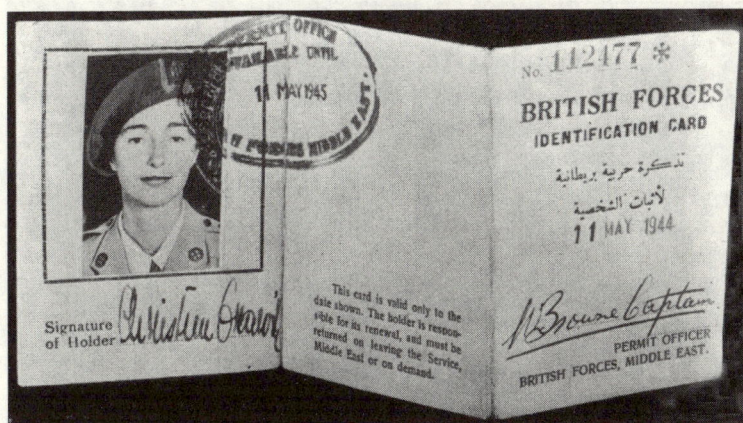

图 2　克里斯蒂娜的身份证。这是她为数不多的遗物中最珍贵的一件。（米洛皮克斯收藏）

图 3　斯卡贝克家族的盾徽。（斯卡贝克家族收藏）

图 4　克里斯蒂娜和动物之间有着与众不同的亲和力。(米洛皮克斯收藏)

图 5　护照照片上面的克里斯蒂娜,当时只有 19 岁,一副淑女的形象。她在护照上的签名是克里斯蒂娜·斯卡贝克。(约兰塔·米西尔斯卡伯爵夫人收藏)

图 6 克里斯蒂娜和安德鲁在叙利亚时的照片。那时,他们俩相濡以沫,幸福之极。(米洛皮克斯收藏)

图 7 1942 年在巴勒斯坦的克里斯蒂娜。

图8　克里斯蒂娜热爱大自然,而且是一位精力旺盛的步行爱好者。(米洛皮克斯收藏)

图9　克里斯蒂娜曾挽救过弗朗西斯·卡默茨的生命。在克里斯蒂娜的心中,卡默茨是一位勇敢的上司、忠诚的朋友和英勇的骑士。(弗朗西斯·卡默茨收藏)

图10　1944年8月在上萨瓦省和马基游击队队员以及一些英国军官在一起的照片(从左到右依次是):吉尔伯特·加莱蒂,帕特里克·奥里根上尉,约翰·罗珀上尉,克里斯蒂娜和伦纳德·汉密尔顿上尉。(英国帝国战争博物馆收藏)

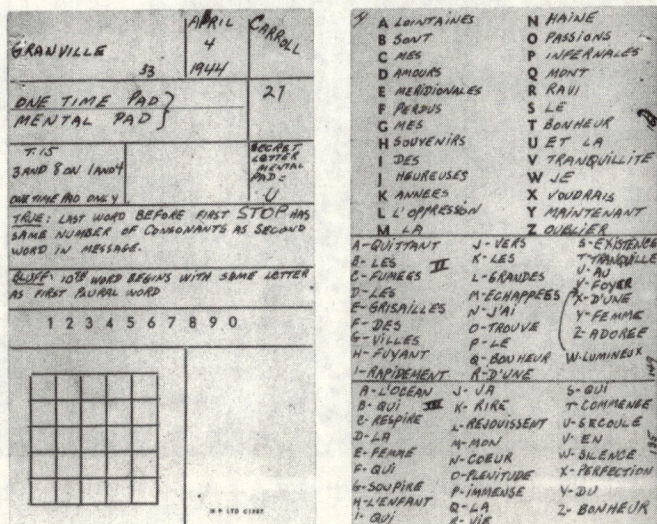

图11　利奥·马克思为克里斯蒂娜编制的代码卡片。(英国国家档案馆收藏)

图 12　克里斯蒂娜荣获的奖章(从顶端开始顺时针方向):军人英勇勋章,空中飞行胸章,战斗银星十字勋章,乔治勋章,韦科尔先锋志愿军法国联盟羊皮勋章和大英帝国勋章。(斯卡贝克家族收藏)

图 13　克里斯蒂娜被安葬在伦敦肯瑟尔—格林区的罗马天主教公墓。安德鲁(左)和路德维希·波皮耶最后一次去祭奠克里斯蒂娜时拍下的照片。(安德鲁·肯尼迪收藏)

图 14　忙里偷闲的克里斯蒂娜。（格蒂收藏）

伤了脚踝。

毕业时,安德鲁被宣传为跳伞英雄。他是一名单腿学员,而且顺利通过了测试。于是,人们普遍认为他应成为一名学员之星。他在那里"鼓励着其他人",对于那些初学跳伞的人来说,他的确起到了一种楷模的作用,使许多紧张的初学者放下了思想包袱。

"在那些日子里,"安德鲁说,"许多参加跳伞训练的学员都是大人物。其中就有两位将军,他们是戴维斯和阿姆斯特朗。戴维斯要跳伞空降到阿尔巴尼亚,阿姆斯特朗则要去南斯拉夫。他们不如一般的学员那样年轻、灵活,但是他们看到我安全着陆后,很快就学会了跳伞,而且跳得很棒,没出任何问题。"

克里斯蒂娜听说安德鲁参加跳伞训练时,她顿时吓了一大跳。她对帕特里克·豪沃思的安排颇为生气,但却无法阻止安德鲁。安德鲁完成了跳伞训练之后,就被派到了班加西,那里有个机场。而克里斯蒂娜则去了拉马特大卫接受跳伞训练。

第七章

正式成为特工中的一员

波兰大使馆再一次向克里斯蒂娜和安德鲁敞开了大门,不过克里斯蒂娜从来就不想参加官方宴会。她比较偏爱小型的私人聚会,而且交友谨慎。她最喜欢的聚会主人中有马德琳和阿什伦·卡塔韦·帕夏夫妇。男主人帕夏是一位埃及籍犹太人,他家道殷实,文化修养很高。他母亲是法鲁克国王母亲的侍女。在他们家,克里斯蒂娜和安德鲁见到了埃及"上流社会"中的要人以及一些国际知名人士。也就是在那里,他们遇到并结识了阿里汉和他的英国妻子琼。

"阿里和琼,"安德鲁说,"总是和蔼可亲,乐于帮助我们。阿里很幽默,他是法国和英国之间的联络官,工作积极主动。他的工作对技巧要求很高,但是他干得很出色。我们大部分朋友都陆续来到了开罗。

"我们和埃迪·洛布科威茨重新欢聚在一起。以前我们都管他叫'铁面人',后来,他自告奋勇加入了捷克军队。他被派到图布鲁格服役,在那里,他屁股上挨了一枪。这成为了朋友们的笑料,但实际上,在这个部位受伤,是非常痛苦的。他们的另一位老友莱多霍夫斯基突然出现在开罗。在沙漠中,他的手臂受了重伤,后来就被送到这里疗养。我们本想多去看望他,但事与愿违。不久他就匆匆地赶去安卡拉接手一份新工作了,我们也就暂时和他失去了联系。"

临近 1943 年圣诞节,在前往巴里之前,安德鲁被派往英国听取军事任务的简要说明。后来,安德鲁又来到了奥斯图尼,那儿有所波兰伞兵学校,是专为将伞兵空投到波兰而建的。安德鲁将是这所学校的联络官。

自 1937 年以来,安德鲁还一直没有回过英国。尽管当时的战争让英国满目疮痍,生活条件艰苦不堪,但他在那里还是过得非常愉快。已回国的奥马利热情地接待了安德鲁,并把他当作自己的儿子一样来招待。

在安德鲁准备离开英国之前,他和一个以前就认识的伦敦女孩相爱了。后来克里斯蒂娜得知他在伦敦的风流韵事后,他们还专为此事闹了许多不愉快。他说这个女孩年轻单纯,只是爱上了他而已。安德鲁这种解释十分勉强,对克里斯蒂娜根本就不起任何作用,她还是经常提醒他要记住这次有失检点的行为。他和克里斯蒂娜各忙各的,不在一起的时间长达一年有余,克里斯蒂娜的这种反应让安德鲁觉得很不能理解。此外,欧文·奥马利爵士给安德鲁也带来了一定的影响,他完全不赞成安德鲁这种用情不专的处世方式。"我对自己的行为并不引以为豪,"安德鲁说,"她是个好女孩,她对我是真心的,但我当时应该坚定意志,不该和她发展暧昧关系。我知道她已有美满的婚姻,时间可以冲淡一切,我希望她已经原谅了我。"

尽管克里斯蒂娜的官方档案上有明确记载,说她一开始就是为英国情报局效力,后来从特种行动执委会一成立开始,她就时断时续地为其工作,可是我们无法知道她成为特种行动执委会特工的确切时间。

历史学家 M. R. D. 富特收集整理了关于特种行动执委会的工作方式以及其下属机构的相关资料。然而这些资料本身就给人一种神秘感。这种神秘感仍然围绕在那些曾经为之工作过的人们身上。因此,如果不简单介绍一下这个秘密组织,任何关于克里斯蒂娜·格兰维尔的自传都是站不住脚的。

早在 1940 年 3 月 25 日,法国局势就岌岌可危,随时都有经济崩溃的危险。法国的这种局势加速了英国在战略思维上的革新。参谋部向战时内阁呈递了一份报告。这份报告上说如果法国经济崩溃,"由于经济压力,加上我们对经济目标和德军士气的打击,以及在德占区掀起一股声势浩大的抵抗运动,德国仍会输掉这场战争"。"掀起这场抵抗运动,"参谋们在报告上补充说,"是重中之重。"这需要一个特殊的机构和准备行动的计划,而且必须紧急着手安排所有必要的准备工作和人员培训,"否则,我们就会丧失复兴欧洲的机会"。

6月3日和5日,F.G.博门特·内斯比特少校提交了一份书面报告。这份报告建议组建一个统战部,该部通过与海军、外交部和航空部的合作,对最高秘密行动实行一种"管理标准",并组织"非常规行动"。

后来,安东尼·伊登爵士成为了这个战时统战部的负责人,他向丘吉尔首相递交了行动方案。首相对非常规作战的想法非常感兴趣。他命令立即采取行动并要求组建一个单独部门来负责这项工作。哈利法克斯勋爵在与参谋部和负责各种秘密组织的智囊团多次讨论后,7月1日在外交部召开一次决策会。第二天,负责经济战线的部长休·多尔顿向哈利法克斯勋爵递交了书面报告,报告中写道:"……就像爱尔兰的新芬党运动、同日本作斗争的中国游击队和在惠灵顿战役中战功显赫的西班牙非正规军一样,或者——我们可以说——就像纳粹党在世界各国中大肆建立自己的组织一样,我们必须在敌占区开展抵抗运动。这个'民主国际'必须采用各种不同的手段,比如说破坏德军工业和军事设施、组织工人暴动和罢工、进行不间断的政治宣传、对变节者和德国领导采取恐怖袭击、鼓动货物抵制以及民众骚乱等等。

"很明显,像这种规模和性质的组织,不是英国行政机关或军事机关中的普通机构可以驾驭的。我们需要的是一个对受压迫国家的人民进行协调、激励、控制和支援的新型机构,但是这些国家的人民必须是行动的直接参与者。我们需要能够绝对保密、拥有狂热激情、愿与不同国家的人们一起工作、在政治上完全信得过的人员。我们在一些军官身上可以看到这些品质,如有这方面的人才,必定加以利用。然而,我认为,这个组织应完全独立于统战部这一机构。"

多尔顿博士草拟了行动的指导方案。不可避免的阴谋诡计和闲言碎语束缚了所有的创新观念,于是,丘吉尔要求多尔顿执行他的行动计划。这天是1940年7月16日。在临终前,内维尔·张伯伦最后所做的工作之一就是整理行动计划的详细资料。7月19号,他签署了一份绝密文件,在大约一个星期之前,与该计划最为相关的人员都拿到了这份文件的草案。因此,这份文件就成了特种行动执委会的创始宪章。文件中指出,根据首相的指示"一个新的机构即刻成立,目标是协调在海外所有采取破坏和颠覆的手段与敌人作战的活动……这个机构叫作特种行动执委会"。丘吉尔向多尔顿做了简短指示:"现在,点燃整个欧洲吧!"①

如果说特种行动执委会没有像首相说的那样立即点燃了整个欧洲,但它在战争中确实起到了举足轻重的作用,并且在战争结束之前一直向这个目标努力。1944年是特种行动执委会的鼎盛时期,因为当时它就拥有10000名男特工和3200名女特工,而且,在数量上与之相当的任何其他军事部门,在战争进程中所起的作用都不及它十分之一。毫无疑问,它是一个高级秘密机构。除了那些与三军内务研究局或联合技术委员会有过特殊工作来往的人以外,军队中很少有人知道特种行动执委会的真正身份和使命。三军内务研究局或联合技术委员会就是特种行动执委会的对外名称。执委会很快就发展成了世界性的网络组织。虽然在法国开展行动是该机构的主要任务,但在其他许多被德国占领的国家里,机构成员也同样开展了渗透颠覆和破坏活动。

特种行动执委会内部的指挥顺序如下:

SO是掌管特种行动执委会的部长的名称,如果他的下属在行动中判断错误,那么承担责任的就是他。执行处处长是SO的直接下属,称为C. D.,专门负责指挥和管理整个机构。

1943年,查尔斯·汉布罗爵士辞去特种行动执委会的职务,他的副手科林·麦克文·格宾斯上校(后来晋升为科林·格宾斯少将爵士)接替了他的职位。格宾斯上校是一位有责任感的军官。1940年,他晋升为特种行动执委会的行动和训练指挥官,全权负责在西欧和法国开展秘密行动的监督工作。他是一个敢于迎难而上、做事讲究实效的人。他聪慧睿智,既有苏格兰高地人的洞察力和正规军的顽强意志,又有外交与情报工作的背景。不久他就完全掌控了整个特种行动执委会。"他马上就挑选了我们,"他手下的一名工作人员说,"他和皇家工兵少校约翰·霍兰是挚

① 这句话引自埃德加·华莱士撰写的《四位正直人物》。(塔利斯出版社,伦敦,1905年)

友,他们把一切都处理得有条不紊。"

特种行动执委会的任务就是为最终打败以希特勒为首的德意志帝国贡献出应有的一份力量,而且这也是该组织的**唯一**使命。该组织通过直接干预或支援相关国家的抵抗部队,从而达到在敌占区进行辅助性军事行动的目的。为了在解放后获得权力,某些国家的一些党派相互争斗,但特种行动执委会没有任何政治偏向,不支持任何党派。做到这点并不简单,因为政权很可能最终要落到那些在击退德国侵略方面做出最大贡献的党派手中。无论是哪个党派正在向这方面努力,特种行动执委会都要对这些努力加以控制和指导。

显而易见,在所有被德国占领的国家中,由于多种原因,惟有法国开展这种行动才最为有效,这一点谁都清楚。法国具有地理上的优势,人们可以很迅速地穿过英吉利海峡,而且法国也有饱受德国凌辱和剥削的历史;法国人民敌视德军,他们心中早已是满腔怒火,更可能会与德军展开长期的激烈抗战。因此,鼓励和支援法国的抵抗运动一定会达到预期的效果。

敦刻尔克大撤退刚刚发生之后,一堵似乎无法穿透的墙横隔在我们和法国之间。我们彼此都听不到对方的声音,所有的信息都是不完整、不可靠的。后来,这堵墙逐渐变薄了,于是我们同法国恢复了联系,而且这种联系还成为了法国人民最终解放的命脉。

联合王国英勇不屈的抵抗激励着法国人民的士气,当时这堵"墙"两边的宣传资料充分证明了这点。英国人民不屈不挠,而且还正在人员和物资方面加强对法国抵抗运动的支持、组织和援助。这个活动切合实际,收效明显,而且始终是法国人民在德国压迫和剥削下保持希望的首要因素。

但在法国,一旦涉及要执行命令时,特种行动执委会就会面临困难、复杂、变化不定的境况。尽管法国人对德国人的侵略满怀仇恨,但是由于在政治目标和意识形态上相互对立,法国抵抗组织的党派内部早已四分五裂。应该信任哪个派别,这成为特种行动执委会反复面临的难题。在漫长的战争结束时,我们回顾过去,虽然法国国内抵抗组织成员的政治倾向和宗教信仰完全不同,但他们相互配合得非常和谐。特种行动执委会的任务简令中完全没有政治方面的培训,因此,在当地那种从极左到极右的错综复杂的政治关系中,每位特种行动执委会的特工就得寻找自己的做事方式。

因此说到"安全"这个秘密组织的首要原则,与其他国家的支部相比,F支部①在执行任务时所遇到的困难要多得多,原因之一是,在法国,安全问题在家中就已开始。

在"自由法国"支持者的拥护之下,戴高乐将军在伦敦稳稳地奠定了他的领导地位。他一开始就有成为战后法国领导人的迹象。他也确实用自己的行动证明了这一点。然而,与他紧密合作很快就不切实际了。维希政府拒绝承认他。只要与贝当政权有任何联系的人,他都拒不来往;只要与贝当政权有任何关系的事情,他也从不涉及。但这对德国人来说,却很有利用价值。于是,德国人便着手让法国的内奸渗透到各种"自由法国"组织中去。这些内奸常常表面上打着反纳粹的旗号,而实际上却是干一些间谍的勾当。总之,如果让那些支持戴高乐的人混进了特种行动执委会,并让他们知道了行动计划的话,那么就会给F支部带来极大的危险。除了在政治上支持他们以外,有足够的理由要避免与他们的全面接触。

戴高乐必定察觉出了这一点,当他发现时,非常生气。为了平息他的怒气,同时为了能继续保护F支部,特种行动执委会就专门成立了一个独立的联络支部(代号为RF)。这个支部只准许本部和F支部的高级军官之间往来,而且严格按照这种规定执行。RF支部的总部设在多赛特广场1号,离贝克街不远,但足以保护F支部人员来往的安全。

莫里斯·巴克马斯特负责F支部的总部机构。考虑到它的工作范围和职责,这个机构实在是很小的。总部只有六个人组成,分管五个部门:西尔迈·杰普森上尉(后来晋升为少校)负责招募工作和监督训练方案;伯恩·帕特森少校负责情报和财务工作;韦拉·阿特金斯协助巴克马斯

---

① F支部是特种行动执委会中专门负责法国事务的分部。

162

特和负责人员的福利和场地准备工作;科尔曼上尉负责武器和炸药等供给品的工作;G.莫雷尔和小安德烈·西蒙(以前就是特工人员)负责计划和行动工作。

为相关国家的支部培训特工人员和在该国内设立各种"训练学校"而招兵买马的事情和管理工作,一直都是由一个独立的部门来执行,这个部门的总部就设在与贝克街平行的蒙塔古大街上。

在这些学校里,特工人员学到他们应该掌握的所有技能。他们不但要学习如何使用武器和炸药,还要学会如何发无线电报,以及如何潜入敌占区并秘密隐藏起来的技巧。从战略上来说,这些学校的建立都是相互独立的,而且来自各国支部的训练人员都是在不同时间被送到训练学校,因此学员也都互相不认识。

在同样的"隔离"体制下,新特工和正在接受培训的特工从来就没有去位于贝克大街的特种行动执委会总部的机会。出于形形色色的需要和目的,总部在不同的地方和他们联系。

F支部使用了果园庭院里的一间套房。庭院靠近牛津大街,与贝克街只有几步之遥。从外面战场回来的特工人员就来这里汇报情况,而刚刚训练结束的特工也是在这里听取任务简令的。同时,这里也是编造个人资料的演练场地和向外出人员发放衣物和设备的地方。

战争委员会征用了位于诺森伯兰大街上的维多利亚旅馆,而招募工作就在这家离总部比较远的旅馆的一个办公室里进行。假如杰普森上尉一开始就对某个准特工的可信度和他是否能做特工表示怀疑,那么上尉就会使用假名,身着便装在一家养老院的屋子里来面试这位新人。总之,他可以说是F支部唯一一位抛头露面的人员。他这样做的目的,是为了想尽一切办法来隐藏自己的真实身份。

西尔迈·杰普森是一位著名作家,他在远程救援直升机队和军事情报指挥部工作过,后来到了特种行动执委会。他看人"眼光非常独到",这使得他在面试准特工人员的精细工作方面比其他人都略胜一筹,尤其是判断这些人是否具有去干这种既困难又危险的工作的能力。他必须一直这样谨慎行事。首先在工作性质方面,他不能说得太多,而且常常还要考虑到下次会谈的安排。在下次会谈前,他将给男(女)申请人员足够的时间去思考他们将怎样投入这个"危险的情报工作"中。他会给他们足够的时间去思考,同时自己也有足够的时间来联系英国军情五处,以便弄清每个人是否安全可靠。他在随后的会谈中会进一步介绍工作的性质,并明确声明加入这个组织是自愿的,而且将始终是自愿的。

杰普森在这个工作岗位上尽显自己招贤纳士的本领。他通过英国武装力量的内部和外部联系网来招募新人。这些联系网包括战争委员会、海军、航空部、中央登记局和其他民间团体。只要是"在三军内部或外部工作,年龄在45岁以下的任何男女,并且还能在与战争相关的特殊工作中说一口流利的法语",杰普森都可以通过这些部门了解到他们的姓名和行踪。而他也只要这些部门告诉他这些信息就可以了。

"在三军内部"意味着只要杰普森觉得他们适合这份工作而且是自愿的,那么他就可以利用自己的职权把他们挖出来,不管他们在什么岗位和部门。

在克里斯蒂娜的这个故事里,杰普森把人们加入特种行动执委会的决心解释得饶有趣味:

"每个人都不会忘记,法国的陷落给那些热爱她的人们带来的极大打击,尤其对那些与法国有血缘关系的人们(母亲或父亲是法国人,但是自己出生在英国)打击更大。这些人有双倍的忠诚意识和爱国精神,这样他们就与我们所说的战争努力有着密切的私人联系。他们就有参加战争以消灭纳粹德国和解放法国的欲望,这种欲望比我之前见到他们时更加强烈。总的来说,这些人最适合这份工作。有些人完全是英国血统,他们非常熟悉法国情况而且还精通法语,在法国就像当地人一样。这些人的数量虽然不多,但却极为珍贵。

"当然了,在我和他们交谈并想更进一步探究他们的初衷时,我经常会测试他们的个人成功欲望,以便查明在比平时更需要这种欲望的情况下,它是否能够有效地发挥作用。简单地说,就是'获胜'的欲望。哪里有比我推荐的这个工作更好的机会呢?也有一些爱好冒险的人,他们的性格相对单纯和外向,对自己在这方面的能力深信不疑,并向望得到比现在更全面的锻炼。我有时怀疑这类人身上可能有死亡情结。我避开这些人，不与他们进一步交往。如果满足他们的这种愿望，必然会殃及其他特工人员。

"此外，有些人来这里是为了逃避家庭压力或者想在这里寻找减轻家庭压力的宽慰。全身心投入事业当中可能会减轻不幸婚姻和丧失心爱之人所带来的痛苦。或许是因为战争才丧失了亲人，那么很简单，继续去完成死者没有完成的任务。

"除了这些个人动机外，我们必须记住一个基本事实：战争是最强烈的刺激源。为了打败敌人，为了大众的需要，战争完全可以让个人忘记自我。

"妇女同样受到这种思想的影响。战争仅是男人的事业这一观念可能会让她们感到心灰意冷。当我提议在特种行动执委会里招收女特工时，我在'开明思想'中发现了这种态度，于是我就把招收女特工人员作为我工作的一部分。历史上不乏有英勇善战的女人，神话故事里更是如此。而且，当遇到个人危险时，上帝专门赋予女人一种'独自的'勇气。男人需要使用武器来显示英勇，而她们却不需要。"

杰普森遇到了另一个难题，因为《日内瓦公约》禁止妇女主动加入战争。而且，军队中的妇女组织坚决要求遵守这一规则，尽管她们的指挥官个人支持杰普森。有一个完全是关于内务方面的困难，这就是女学员的服装问题。她们在训练时应该和男学员一样穿野战服，在校外时也要有正规的制服和其他标志。更理想的解决办法是，让这些女学员归属一个得到公认的部门，这样她们就取得了与男性同样的地位。

当杰普森要求急救护士队（FANYs）的指挥官在护士队里招收隶属F支部的女特工时，这个问题得到了解决。指挥官欣然接受了这个建议，支持杰普森关于妇女适合积极参加战争的主张，而且赞成《日内瓦条约》在现代战争中没有现实意义的观点，因为战争殃及太多的平民百姓。杰普森这么说道："空袭摧毁了家庭，剥夺了孩子们的生命，所有的自然法都赋予了每个女人守卫的权利，赋予了她们使用一切可能的方法去找到并消灭使用这些炸弹的恶魔的权利，甚至包括使用肉体和武力。"

特种行动执委会早就组建了招收急救护士队人员为特工学员的机构，而且这里早就有来自急救护士队的人了。他们有的负责开车、有的负责制作假证件、有的负责包装降落伞，还有些人就负责把武器和装备装入箱子，这些箱子都是空投给那些在战区执行任务的特工的。直接来自平民百姓的妇女或从其他部门调动过来的妇女都隶属于急救护士队，这样就不会再惹上违反《公约》的麻烦了。

招收特工时还会有特殊情况发生，杰普森称之为现成特工的招募——其中有两个女特工——他们曾在或正在这方面工作。一般来说，他们都是经上司介绍来到特种行动执委会的。F支部设在伦敦的总部将会单独召见他们，并且训练他们学会如何使用秘密战争中的最新装备，然后再向他们下达返回战场的任务简令。

克里斯蒂娜就是这些特工中的一位。与其他人不同的是，她一直在波兰而非法国执行任务。因为这方面原因，还有一方面——我们过一会儿再谈——她不能再在波兰执行任务了。然而，她非常具备前往法国工作的条件：她不仅熟练学会了使用无线电报，而且她的法语水平如同法国当地人，此外她还可以把自己的言行举止和外表装扮得和法国妇女一样。

另外，克里斯蒂娜除了需要检查自己在使用无线电发报机和发报方面的熟练程度之外，无须参加其他训练。杰普森没有忘记她，看到她的照片时，她当时的情形就会浮现在他的脑海之中：她来加入的时候，带着杰普森所认为的"献身精神"，迫切希望能回到战场上与德国侵略军战斗。这时德军接连败退，士气非常低落。她意志坚强、乐观向上、做事干练，随时都是一副整装待发的样子。

"色情？当然有了，而且还不少，但是这没什么奇怪的。正如我前面所说，战争是人类原始本能的巨大催化剂。首要的是占有领土，然后是繁衍后代。我在早先的工作中就深有体会，在一定的境况下，色情是很正常的，而且一点也没有坏处。"

他们创建了许多支部机构。需要时，就组建支部来配合在相关国家的行动。1940年夏末，波兰支部成立了，刚开始由比卡姆·斯威特·埃斯科特领导。后来人称"珀克斯"的H.B.珀金斯上尉（上校）接管了该支部,他的上司是 P. A. 威尔金森,威尔金森也在特种行动执委会效力,专门负责欧洲东南部国家的支部机构。

波兰支部与其他支部的不同之处在于,它实际上是自治的。虽然它与在伦敦的波兰参谋部六局密切配合,但它在波兰事务方面的职权非常有限。

所有从英国前往波兰的特工、情报员和伞兵都是波兰当局独家关心的事,他们一踏上波兰的国土就得立即向伦敦的波兰政府汇报情况。

"每个被选中前往波兰执行任务的受训人员都要宣誓,他们所立的誓言与波兰'祖国军'军人所立的誓言书是相同的。'祖国军'是波兰的地下军队组织,服从位于伦敦的波兰政府的指挥。这些人员一旦到达波兰,只要他没有离开那里,他仍是'祖国军'的一名战士。政治情报人员所立的誓言有所不同,他们服从一个名叫拉都代表团(一个政治团体,由伦敦方面委任的一名代表负责指挥)的地下组织的领导。"①

历史学家 H. T. 威利茨曾向一个在牛津召开的关于英国和欧洲抵抗运动的会议提交了一篇论文,威利茨认为,特种行动执委会波兰支部的职责是"协助波兰六局保持和增强与波兰的联络,训练特工人员,获取供应物资并安排供应物品和人员的运送"。

据威利茨所说,波兰人是唯一被允许继续使用自己的密码和波兰进行无线电联系的外国侨民。空投到波兰的人员为自己选择的在波兰使用的密码名,只有波兰当局才知道,英国政府无法与他们联络。

当然了,英国情报局在波兰有自己的特工人员,他们可以通过情报人员和其他的代表取得联系。然而"可以肯定的一点是,在没有通知波兰当局的情况下,特种行动执委会决不会空投特工人员到波兰。"②

收到克里斯蒂娜的信号时,安德鲁正在意大利。克里斯蒂娜在信号中说她终于等到了一项重要任务,她正准备前往阿尔及利亚执行这任务。

---

① 以上引自约瑟夫·加林斯基的口述。
② 以上引自约瑟夫·加林斯基的口述。

他马上请了两个星期的假,飞往阿尔及利亚和她会合。"克里斯蒂娜当时住在靠近阿尔及尔的一栋房屋里,受一位名叫贝蒂·塞尔①的女士的指挥。贝蒂·塞尔是那里的护士急救队的负责人,克里斯蒂娜一到那里,塞尔就看出她的思绪非常混乱,精神状态极为不好。克里斯蒂娜暂时去皇家空军执行一项任务,她没有穿急救护士队的制服,而是身着皇家空军的制服,这套制服让她看起来比平时更加妩媚动人。

"贝蒂尽量给克里斯蒂娜更多的自由,我呆在那里的两个星期里,试图教她学会使用手枪和骑自行车。但两方面都以失败而告终。克里斯蒂娜每次用手枪瞄准射击时,总是紧闭双眼说:'我讨厌这种响声,我讨厌这种响声。无论如何,我不会让自己向任何人开枪的!'她脸上一副对自行车深恶痛绝的样子,过了一会儿,她就不愿意骑车了。由于多方面的原因,她当时神经异常紧张,但主要是因为向她传达任务简令的军官惹恼了她。"

弗朗西斯·布鲁克斯·里卡兹写道:"在我所遇到的人当中,克里斯蒂娜无疑是最出色的之一。我从1944年开始就和她有联系,我那时是法国支部在阿尔及尔的'马辛厄姆'组织的领导人。有一次,大概是夏初,当时盟军正在大张旗鼓地准备从法国南部登陆,我收到了从开罗特种行动执委会发来的信号,信号建议让克里斯蒂娜·格兰维尔到法国去执行一项任务。由于听说过她的事迹,我马上就接受了这个建议。随后不久,她身穿急救护士队的制服,乘飞机来到了阿尔及尔。

"配合克里斯蒂娜在法国执行任务的人选由我来决定,我选择了伦敦巴克马斯特的F支部的特工弗朗西斯·卡默茨,上面已经决定让他在行动上听从'马辛厄姆'组织的指挥,并且做好一些准备工作以配合盟军在法国普鲁斯旺的登陆。克里斯蒂娜没有去过在德军统治下的法国,因此我觉得应该找个人仔细简要地向她介绍一下那里的情况。这个人最好最近去过那里,并熟知那里近况。我认为本·考伯恩是理想的人选,他是特种行动执委会最英勇的特工之一。他要到法国执行两项任务,由于完成

---

① 现在名叫贝蒂·里格。

了第一项任务,所以这期间他刚好有空。然而,我的安排并不顺利,因为在任务简令下达之前,我不但要时常介入其中,而且还要安慰克里斯蒂娜。回顾往事,我觉得,这些行为是她性情的表现。这种性情是我们在'著名女歌唱家'身上可以看到的。即使我们去观看另一位大师的表演,我们也同样会看到某种性情,而考伯恩无疑就是这样一位大师。然而,没有比他们两个更风格迥异的人了。考伯恩看起来缄默少言、缺乏自信。作为一名特工,他最大的优势就是不太引人注目,而克里斯蒂娜却和他截然相反,尽显英勇的风采。"

在法国,她最初的任务就是做自己同胞的动员工作。有成千上万的波兰人被奴役在德军集中营里。有一些人还被强迫加入了德军部队的组织。她一直在等待战斗的号令,然而等的时间太长了,当命令下达到手里的时候,她已完全没有了耐心,而且那时她整个人就完全处在精神极度紧张的状态之下。这就是为什么考伯恩一开始不能理解她的原因。帕特里克·豪沃思来看过克里斯蒂娜之后,她立刻就镇定下来,把所有的精力放在任务的准备上,连最小的细节也决不放过。

杜撰故事是任务简令中第一个重要步骤。在细节上需要非常留心,编的故事几乎就要像真的一样,而且还要让别人看不出有任何破绽。特工一旦被抓到,在审讯时,故事可以有细微的误差,这反而会让特工的托词更具有真实性。

预备特工被编排了一组全新的亲戚和朋友,不过大多数人都已死亡,这样一来就没有被质问的对象了。他们的家谱设计得非常周密,出生注册地点也选得非常谨慎,而且他们的档案都丢失了,或毁于大火,或毁于战争,或在撤离中不知去向。

"每个军官都有三个以上的假名字:一个训练时用的名字,任务简令一开始,这个名字就不使用了;另一个是执行任务时的代码名,特工用这个名字注册跳伞记录(或无线电电报);最后就是特工的基督教名,在战区执行任务时,特种行动执委会就用这个名字称呼相关特工。""保利娜·阿尔芒"是克里斯蒂娜的代码名,在法国她用的就是这个名字,每个当地人对她的英勇事迹都耳熟能详。

为了解释阿尔及尔为什么在这场战争中如此重要，我们有必要回顾一下 1942 年的阿拉曼战役。盟军赢得了这场在第二次世界大战中具有决定性意义的战役。英美联军在这场战役获胜后迅速做出了反应，于同年 11 月在摩洛哥和阿尔及利亚登陆，迫使那里支持维希政府的当局放弃中立的立场。

一支巨型舰队为驶往卡萨布兰卡、奥兰和阿尔及尔做好了一切准备工作，而反维希政府的组织和个人也私下做好了准备工作。外交方面，主要的问题就是要找到一个法国领袖，让他重振法国在北非的声威，不泄露盟军的作战计划并快速结束漫长的战乱状况。

就后一个想法而言，戴高乐和"自由法国"是无用武之地的，因为前不久在达喀尔的军事行动就证明了法国殖民地政府大多忠于维希政府。于是，盟国起初选择了亨利·吉劳德。他是一位战功显赫的退伍军人，从德国国内的拘留营里逃了出来，但是没有加入"自由法国"。他于 11 月 5 号秘密到达阿尔及利亚。两天后，盟军舰队席卷而来。舰队仅在卡萨布兰卡遇到了顽强的抵抗。

法德两国同时做出了反应。希特勒立即占领了整个法国。在达朗司令官的封缄命令下，停泊在土伦港的法国残余舰队快速地逃了出来，从而使得这些军舰没有落入德军手里。

统帅维希政府所有武装力量的总司令达朗突然出现在阿尔及尔。他对外声称说是去看望自己生病的儿子，这使得局势变得更加错综复杂。他的到来是一个暗示：让盟军主动找他谈判。最后，盟军和他仓促地签订了一份剪刀加浆糊的协议。根据协议，达朗取代吉劳德的职位，并且命令军队立即停火。双方都兑现了承诺。

达朗和艾森豪威尔的副手马克·W.克拉克达成了这项协议。按照协议，海军司令达朗成为阿尔及尔、摩洛哥和法国在西非殖民地的"高级专员"。在这项协议中，最重要的一项条款就是维希政府在北非地区可以像以前一样行使职权。

戴高乐和他的追随者正准备与吉劳德合作，他们在得知美国和达朗达成了协议后，对美国的这一做法极为愤怒，并认为达朗简直就是个叛徒,甚至比叛徒更坏。军民的士气低落到最低点,直到圣诞节之夜才有所好转,因为达朗司令在那天晚上被一个名叫费尔南·博尼耶·德拉沙佩勒的保皇主义青年刺杀了。吉劳德马上被提名为高级专员,接替达朗司令,并担任法国武装力量在北非的领导人。

然而,临近 1942 年时,几乎法国所有的抵抗力量都接受了戴高乐将军的领导。吉劳德与达朗的来往玷污了自己的形象,他继续实施维希政府的政策和维持维希政府官员的领导地位的做法不断引起了人们的愤怒。

在 1942 年 1 月召开的卡萨布兰卡会议上,罗斯福试图在戴高乐和吉劳德之间来一个"强制性婚礼"①,但是戴高乐不接受这些政治条款。最后在 5 月中旬,法国全国抵抗委员会宣布成立,该委员会合并了所有重要的抵抗组织、政党和商业联盟。全国抵抗委员会紧接着就发布了支持戴高乐将军的宣言,当他们发现戴高乐的支持率发生了有利的变化时(这种变化包括了一些吉劳德的最坚定支持者态度的转变),就操办了这个迟来的联姻。"自由法国全国委员会"自动解散了,夏尔·戴高乐将军于 5 月 30 日到达阿及利亚。

戴高乐在和吉劳德争夺领袖地位的斗争中取得了胜利,这为他在即将到来的争夺法国本土领导权的斗争铺平了道路。了不起的夏尔淘汰了一个仅仅依靠英国和美国在背后支持而掌权的竞争者。然而,大规模的斗争和最后关键性的战斗将在解放法国时期展开。

当盟军在 1942 年 11 月的"火炬"战役中保卫了阿尔及利亚之后,特种行动执委会在紧靠阿尔及尔西边的居约特维勒建立了一个基地。"马辛厄姆"是这个基地的国际代码名,对外称"第 6 军用信号部"(ISSU6)。第一个指挥官叫 J. W. 芒恩,他原先是专门负责训练的军官。1943 年,道格拉斯·多兹·帕克接替了他的位置。

"马辛厄姆"无可避免地陷入了阿尔及尔当地复杂的政治关系网中。

---

① 强制性婚礼指因女方未婚先孕为保全面子或名声而不得不成婚。——译者注

171

该组织与美国战略情报局在那里的办事处离得很远,但和它有着融洽的合作关系。就像在伦敦一样,"马辛厄姆"组织内部有很多小的国家支部。和法国方面打交道的只有盟军机动部队支部(AMF)。这个小支部起初由雅克·德格利负责,是仿效 F 支部而设立的,主要和戴高乐的支持者来往。

1943 年 10 月,弗朗西斯·布鲁克斯·里卡兹接替了德格利的职位。因此,这个分部就成为了一个类似 RF 支部①的组织,或者说是一个彻头彻尾以戴高乐主义者为中心的组织。"马辛厄姆"组织的另一个重要性就在于阿尔及利亚海岸和法国南部之间的航空距离比英国和法国南部之间的航空距离更短。这样,在法国南部的行动就可以更好地在"马辛厄姆"进行组织和增援,这比起从英国总部进行组织和增援更便捷。

"马辛厄姆"位于离阿尔及尔西面 17 公里处的西迪费鲁奇。它座落于地中海沿岸的沙丘之中,有很好的保护设施,方圆 100 英里都搭有带刺的铁丝网,未经许可,想要进入里面绝非易事。特种行动执委会在那里的首要任务就是为先头部队的先锋作战小分队组建一个基地,扩大不需伦敦增援的抵抗运动,并着手安排与在科西嘉、撒丁、西西里和意大利其他地方相似的行动计划。

1943 年 1 月 3 日,第一组急救护士队人员到达了阿尔及尔。她们是组织内部宝贵的"管理人员"的后备队。她们从阿尔及尔东部的第一个宿营地搬到了离市中心约 10 英里处的松树俱乐部,并在那里建了一个舒适的新家。

急救护士队的人一点也不浪费时间,她们工作起来认真,玩起来也不含糊。"她们在阿尔及尔查访了很多陌生的房屋,并把这些房子作为秘密开会的地点。在德军占领科西嘉海滩的那天,她们在夜里风驰电掣般驾驶着吉普车去阻止那些驶往科西嘉的小船。她们还陪同特工们参加跳伞训练,并把他们护送到飞往法国的飞机上。"

阿尔及尔和开罗全然不同。面积比开罗小,更具真实感。法国在阿

---

① RF 支部就是特种行动执委会的戴高乐支部。

尔及尔的殖民统治长达132年,所以那里有着法国地中海港口城市的某些风情格调。然而,在其城堡内和旧城区仍散发着迷人的本土气息。

阿尔及尔和开罗气候相同,但是克里斯蒂娜更偏爱阿尔及尔。阿尔及尔紧靠大海,风景迷人,随处都可以找到散步和野餐的地方。克里斯蒂娜整个上午都可以享受日光浴(她不会游泳),下午还可以去阿塔拉斯山滑雪。阿尔及利亚的乡村就如同《圣经》里描写的地方一样,没有时间的印记。

一位急救护士队人员在一封家书中写到:"这里有种蚂蚁,其禀性顽强,到处乱爬。大多数床的床腿必须放在碗中,碗中放满了水。阿拉伯人很爱卫生,而且十分和善。山坡上的花园住宅美丽宽敞,叶子花就像杂草一样到处都有,宛如色彩鲜艳的窗帘在白色墙壁上随风飘动。

"卡斯巴旧城区是个令人恐惧的地方,除了有士兵的护送,我们是不容许去那里的。那里空间狭窄,气味难闻,神秘的通道密如蜂窝。我一直想买些礼物,但是那里几乎没有什么可以买的。"

高贵的黛安娜·达夫·库珀夫人同样毫不掩饰地诉说了这个苦衷。她是一位英国空中小姐,外表出众,她和丈夫在1943年来到了阿尔及尔。达夫·库珀被邀请到那里去接管哈罗德·麦克米伦的职务,他将以大使的身份成为法国解放委员会里的英国代表,"并有望在未来到巴黎担任同样的职务"。

黛安娜夫人发现在阿尔及尔"完全没有可买之物"。甚至像电灯泡、肥皂、卫生纸和蜡烛这些生活必需品都买不到。那里有这些物品,但是不向商店供货,而且商店仅在早晨的几个小时内营业。黛安娜夫人为她丈夫和贵客在早餐上所能提供的就是罐装牛奶和橡果咖啡。

克里斯蒂娜经常给安德鲁写信。她在其中一封信中说她买了些真皮钱包。她买了三个:一个给她的心爱的男人①;一个给她的朋友帕特里克·豪沃思;剩下的那个给自己。她对物品供给贫乏的生活泰然处之。在她很久以前就参加的生存训练当中,就包括适应饥饿和生活设施短缺。

---

① 这里指的是安德鲁。——译者注

173

自从被空投到法国的那刻起,她就下决心要成功地完成任务。负责任务简令的军官对她说的所有话,她都铭记于心。一旦被德国人抓到,她要保证自己的证件和衣着细节方面都不出现任何漏洞,毕竟这是生死攸关的事情。克里斯蒂娜刚来法国时所穿的衬衫、裙子和上衣都是在伦敦的玛格丽特大街购买的。他们从众多法国理发师中请了一位,为她做了法国最新流行的发型。他们还请了一位牙医为克里斯蒂娜检查口腔,这样就和原先杜撰的履历中所填写的她看牙医的记录相吻合。

特种行动执委会聘用了一大批科学家,这些科学家整日埋头研究,为每个特工制作相关地区有效证件。为了应付各种紧急情况,他们制作出各种各样的伪造品,诸如生存必需的定量供应卡、身份证的复印件和其他重要文件等。

"特种行动执委会发明了一系列构造精密的'小玩意',其中许多被证实对特工极为有用。例如,把指南针藏在袖扣里;用于大脑外科手术的吉利锯子非常锋利,可以锯开监狱窗户上最坚固的铁栅栏条;具有八倍放大功能的望远镜小到可以安装在香烟的过滤嘴里;一种微型红外线电筒射出的光束能显示一种特殊的红外隐显墨水。还有把印有地图的米纸裹在自动铅笔芯上,然后藏在自动铅笔套里。"

当时克里斯蒂娜结交了一个新朋友,这人将在她的情感世界中占有特殊地位。约翰·罗珀将成为她心中另一个"身穿闪亮铠甲的骑士",他怀着对克里斯蒂娜的理解和尊重,把她当作一位非常特殊的朋友。约翰·罗珀说:"我每次要去或想去见她之前,总会设法为她准备一条干净的手帕,如果可能的话,还会捎上一些茶叶,因为她既不喝酒也不抽烟,就是爱喝茶。"

在克里斯蒂娜前往法国之前,和她在一起的朋友们发觉她有一种宿命论的情绪。哈瓦尔·冈恩有时陪她一起长距离步行,因为她很喜欢这种锻炼。他说她很少谈及将来,即使说到了,也并不非常乐观。她说她无法想象和平时期的生活将是什么样的,所以她宁愿把注意力放在手头的事情上并把自己的身体调整到最佳状态。她认为自己太瘦了,并为此烦恼不已。虽然她的腿有时候会抽筋,但比起大部分同伴来,她还是爬得更高,走得更远。她不知道将要去法国执行什么任务,但是她渴望出去并着手做些"真正的"工作。

在此期间,伟大的 1944 年登陆计划正在筹备之中,盟军把整个上半年的时间都专门用在了准备第二战线——"霸王行动"上。这是罗斯福和丘吉尔准备在德黑兰让斯大林大吃一惊计划。盟军在 1943 年就已经挑选了主要指挥官,而且这些指挥官一直都在一起工作,还一起训练部队。德怀特·D.艾森豪威尔将军已被任命为盟军远征军的最高指挥官。

为了盟军登陆的准备工作,英国全国上下都动员了起来。150 万美国士兵穿过大西洋为行动开始日①作准备。一支集结了 5000 多艘船只的舰队成为登陆行动的第一梯队;1200 艘海军舰艇,包括 7 艘战列舰负责摧毁敌方海岸防御工事、清除水雷、护送登陆士兵和攻击敌人海军和飞机。4000 艘运输船、驳船、拖船和其他远洋轮船和水陆两用船负责护送部队,这些部队包括坦克部队,装甲部队以及其它拥有现代战争所必需的尖端装备的部队。

空军方面,盟军集合了 7500 架战斗机和 3500 架轰炸机直接支援登陆行动。6 月 6 日凌晨 2 点,第一批登陆士兵乘坐飞机穿过英吉利海峡,被空投到离登陆海滩一定距离的地方。拂晓之前,五个独立分队从海上登陆海滩。这些士兵——20000 人的伞兵和 70000 人的地面部队——是从许多国家抽调出来临时组织成的一支庞大先锋军。

在登陆前的一段时间里,如浪潮般的破坏活动摧毁了德军的海岸防御工事、雷达设施、陆地道路、铁路系统和飞机场。期待已久的时刻即将到来,所有等待和祈祷这个解放时刻到来的人们都已各就各位,整装待发。

人们第一次觉得长时间噩梦般的生活好像要走到了尽头。然而,战争离结束之日还很遥远。在法国,"罗杰"——弗朗西斯·卡默茨——迫切要求派一名特工到他那儿去接替他的女助手,因为他的女助手已经落

---

① 第二次世界大战中盟军在法国北部的开始进攻,即 1944 年 6 月 6 日。——译者注

入德国人手中。

克里斯蒂娜终于接到命令,要她为马上到来的出发做好准备。"她非常缺乏耐心,"从道格拉斯·多兹·帕克手中接管了法国支部的约翰·安斯蒂说,"在那个月的一段时间里,我们遇到了进退两难的问题,因为她的身体状况不是很好。医务官说她这种身体状况不能跳伞,于是为了让她保持镇定和有事可做,整个小组都出动了,这一直持续到第二个月。"

1944 年 7 月 6 日,克里斯蒂娜期待已久的日子终于到来了。降落伞和衬有橡皮的防弹头盔早已为她准备就绪。他们给她配备了一把装满子弹的左轮手枪,这支手枪让她感到恐惧,还给她配备了一把锋利无比的折叠刀、一个手电筒和必不可少的"L"药片,这是一种有外壳保护的氰化钾药丸,一旦咬破外层包装,人就会在瞬间死亡。他们复查了一下对她有生死攸关意义的证件,如她在法国当地以"保利娜·阿尔芒"为名的身份证、定量配给票据以及一个塞满一英镑金币的钱腰带。终于,她和他们道别了。克里斯蒂娜被扶上了飞机。飞机在跑道上滑行一会儿之后就飞离了地面。小组人员默默地站在那里看着起飞的飞机,脸上一副悲伤的神情。把女特工从阿尔及尔空投到法国还是第一次。

飞机一升到空中,克里斯蒂娜就满心欢喜。在飞往法国的途中,当飞机经过松树俱乐部上空时,她向聚集在那里的朋友发送出了最后的信号。她"用奥尔迪斯手提信号灯向她们发送了一个调侃的摩尔斯电码信息,急救护士队里的一些人通过把她最喜欢的一首歌曲和这些信息联系在一起,终于识别出了她的意思。"

第二部

克里斯蒂娜的秘密

第八章

空降到法国韦尔科地区

1944 年 3 月 22 日或 23 日的夜里,查尔斯·多兰上尉和弗朗西斯·卡默茨中尉站在坦米尔皇家空军基地的停机坪上,卡默茨正准备返回法国执行第二项任务。空军基地靠近奇切斯特,他们俩正等待着飞机起飞。卡默茨的第一个任务是去接替彼得·丘吉尔的职务。彼得·丘吉尔是法国南部的一个情报网络组织的前任指挥官,卡尔特联络线严重失控后,他被召回了伦敦。

卡默茨上完特种行动执委会下属的特种训练学校的培训课后,直接去了法国。那里的课程虽然充满激情,但也让他感到精疲力竭。这个年轻人出类拔萃,将注定成为抵抗运动中的伟人之一。同时,在克里斯蒂娜的一生中,他也是一位十分关键的人物。①

他的父亲是位比利时诗人,名叫埃米莉·卡默茨,后定居英国并和英国人玛丽·布雷马的女儿蒂塔·布兰德结了婚。卡默茨的母亲是位演员,专门演莎士比亚戏剧,也是第二位在拜罗伊特演唱布伦希尔特的女歌唱家。② 弗朗西斯出生于 1916 年。他是在英国读的书,最初的理想是当一名教师。他在剑桥大学获得了英语和历史专业的硕士学位,而且非常精通这两个专业。贝尔法斯特学校是他首执教鞭的地方。后来,当他在伦敦东南地区的贝肯汉姆和彭杰郡男子中学教书时,他又再次遇到了在

---

① F. C. A. 卡默茨上校,人称"罗杰",被授予杰出贡献勋位、荣誉勋位勋章和战争十字勋章。

② 德国史诗《尼贝龙根之歌》中的人物,国王京特的妻子。——译者注

剑桥读书时的挚友哈里·雷。① 雷虽然从来没有在拒服兵役者名册上登记自己的姓名，但他实际上是一位反战主义者。1939 年，在雷的影响下，卡默茨拒服兵役的想法更加坚定了。他和大多数朋友和同龄人都抱有同样的观点，他认为战争劳民伤财、荼毒生灵，而且他不想和自己的同类相互杀戮。

法庭判他去做农活，他乐在其中。然而，尽管他的反战主义信念坚定不移，但纳粹邪恶势力的飞速蔓延更让他忧虑不安。1942 年 3 月，他成家了。翌年，他的第一个女儿出生了。家庭的责任让他更加了解了社会，而且，他哥哥在皇家空军服役时阵亡了。这些构成了他改变拒服兵役的立场和下决心与敌人战斗的主要原因。

卡默茨想去德国占领之下的法国。他的好友哈里·雷当时已经在陆军安全部服役，雷向卡默茨介绍了一个组织，他认为这个组织完全可以发挥卡默茨的聪明才智。1942 年 6 月，卡默茨见到了塞尔温·杰普森少校。博古通今的"波特先生"立刻就意识到，面前这位身形高大、不苟言笑的年轻人才智过人、眼光敏锐、足智多谋，并且具有指挥和组织的潜力，是一个天生的特工。此外，卡默茨会说两种语言，而且他的身体素质也非常好，就像训练有素的运动员一样强健。

回想起他有一次给卡默茨面试的情景时，塞尔温·杰普森说道："那次面谈是我经历的最有意思的谈话之一。他是一位高度讲究原则性的务农者。被拒服兵役者委员会安排到那儿。我们最后谈到了战争的本质问题和希特勒主义者的信条。卡默茨的参军动机中没有任何杂念，因此，他成为我们派到战场上最出色的特工之一。"

1942 年的一天，卡默茨加入了特种行动执委会。不久他就在行动中展示了自己的本领。格宾斯将军把唐纳德·汉密尔顿·希尔招募进了特种行动执委会，希尔后来成为了该组织训练学校的副指挥官。在希尔撰

① 哈里·雷上尉被授予杰出贡献勋位和英帝国勋章，他在 1974 年以前是约克大学的教育学教授，二战中是特种行动执行处在法国贝桑松地区的特工，负责捣毁标致汽车工厂的任务。1991 年逝世。

写的《特种行动执委会任务》一书中,他提到了一件事,这件事以一种幽默的方式证实了卡默茨的特工本领取得了飞速进步。当时,卡默茨正在一所特种训练学校学习,那所学校的课程和专门培训在抵抗战争中完成关键任务的人员的参谋学院差不多。

"弗朗西斯·卡默茨是我们的一位受训人员,他需和布拉德福德的巴克利斯银行的经理取得联系。这个人也是秘密组织的,卡默茨力图说服这个银行经理在约克郡创建一支抵抗队伍。在当地举办的一场高尔夫球赛上,他俩讨论了这件事,这样做主要是为了防止别人偷听。卡默茨被当地的警察撞了个正着,他们问他在做什么。他用自己编造的故事向警察解释说,他当时正在四处打听,想为自己的农场买绵羊和黄牛。他的农场靠近林肯郡的拉格比,由一群拒服兵役的人经营着。① 警察打电话去核实卡默茨的话,发现他的确没有说谎。卡默茨的妻子在电话里说她已经有两个月没有见到他了,这样一来,他所编造的故事就得到了确认。"②

飞机到达了法国上空,卡默茨和他的同伴们降落在靠近贡比涅的一块宽阔的啤酒花地上。这块地归一个爱国的富有法国小姐所有,她把这个地方送给特种行动执委会作降落地使用。大家相互寒暄了一下后,彼得·丘吉尔和他的同伴很快就潜入了利山德地区,而在这里被称作"罗杰"的卡默茨和查尔斯·多兰则迅速被接待委员会的人带走了。

不久"罗杰"就敏锐地察觉到他原先准备合作的"驴人"情报网络中的人员并不都是可靠的。

他和人称"恩德"的马尔萨克指挥官一起去了巴黎,刚刚到达巴黎,他就听说马尔萨克被德国人逮捕了,这让他震惊不已。于是他立即决定离

---

① 弗朗西斯·卡默茨说这个"故事"基本正确,因为他的确有时为拉格比农场买绵羊和黄牛。

② 以上摘自唐纳德·汉密尔顿·希尔的《特种行动执行处任务》。

开巴黎,前往萨沃伊山脉的圣约里奥斯。他知道他可以在那里找到"利斯"①、"迈克尔"(彼得·丘吉尔)的情报员以及自己的无线电操作员"阿诺"。②

"罗杰"对圣约里奥斯的组织体制非常不满,那里挤满了抵抗部队的战士和通讯记者,他们缺乏应有的安全意识。这使"阿诺"感到焦虑不安,于是他便独自到临近的村庄去安装发报机。"利斯"告诉"罗杰"说在德国反间谍机关工作的一位名叫亨利的上校想接近她。这个人告诉她,他非常痛恨纳粹,并且打算和英国情报机构取得联系,他许多有权势的朋友也都痛恨法西斯政权,而且也有跟他一样的打算。他想让"利斯"为他安排一架飞机,把他和马尔萨克司令带到住在伦敦的巴克马斯特上校那里,而且还说他是为了自保,才被迫逮捕了马尔萨克。

"利斯"对亨利上校的友好建议感到疑惑不解,一时间很难拿定主意。"罗杰"坦率地说他很怀疑这个人,并告诉"利斯",如果再和这个貌似彬彬有礼的上校有任何来往的话,那么她定会把自己和同伴推向火坑。"利斯"和她的朋友们确实一点也不知道这个友好、亲英的上校的真实身份。这个德国上校的真实姓名是胡戈·布莱谢,是德国反间谍组织中的一名军士(NCO),专门负责处理反间谍活动。虽然外表看似热情友好,但实际上他完全是一个冷酷无情之人。他骨子里有一个决心,就是想逮捕并杀死尽可能多的英国特工。

亨利上校一边等待"迈克尔"的回来,一边以试图使"利斯"相信他的亲英立场来打发时间。与此同时,"罗杰"发觉危险正在向他逼近,于是他选择了尽快离开的策略。因此,当"迈克尔"从伦敦回来后,亨利上校立即就逮捕了他和"利斯",而"罗杰"却早已远走高飞了。

他去了戛纳,住在一所安全的房子里。在那里,他的身份是一个处于

---

① "利斯"的真名是奥黛特·桑瑟姆,她后来改名为奥黛特·丘吉尔,接着改名为杰弗里·哈洛斯。她曾获得过乔治十字勋章、英帝国勋章和荣誉勋位勋章。她于1995年逝世。

② "阿诺"的真名是阿道夫·罗比诺维奇,获得十字军功勋章。他后来被盖世太保逮捕,死于1944年3月。

肝炎康复期的中小学教师,他声称自己11月在英国时患了此病。"罗杰"在这段等待行动的日子里,做出了几个重要决定。他决定与"驴人"组织以及以前的情报网络组织分道扬镳,而且准备创建一个属于自己的全新情报线组织,并将尽自己最大努力使这个情报线组织更严密、更安全可靠。他为自己制定了一项重要的规则,就是决不在同一所房子里呆上超过三四个晚上的时间。"因此,他在没有检查那里是否安全的情况下,决不会去任何陌生的地方。即使那里是组织内部可靠的成员亲自推荐的,他也坚决不去。"①

在此期间,"罗杰"正努力结交社会各界的新朋友。在他力图建立的情报组织中,他们中的大部分人都发挥了关键性的作用。此外,他还特别重视对格勒诺布尔和其周围地形的详细研究,其中还包括了对韦科尔天然巨石要塞的研究。"罗杰"还依靠当地人来开展工作。只要是"罗杰"需要,他们从来都是乐意提供帮助。

他的新组织"赛马师"逐渐成型了。他做事从不轻率鲁莽,而且为了确保组织里的人员尽可能可靠,在接近他们之前,他自己会花上几个星期小心地观察这些人的头头们,并且说服他们接受他的原则。他的原则就是:在他们被轮流观察上一段时间之前,不要接近任何人。

"罗杰"的安全意识非常强,为此他建立了两个警察小组,该小组的任务就是监视准备加入的人员。就是作为"老大"的"罗杰"自己也不能免于他们的检查。自组织建立以来,他一直受到手下人的爱戴,他们都知道他是一个英国军官。这是让他们树立信心的关键之处,而且他们也清楚自己的危险所在。他们当然不知道他个人的真实身份,而且他从来也不让他的联络线组织里的人和他联系,对于这方面他十分注重。他总是知道怎样和他们取得联系,然而他们却不知道他住在什么地方,并且只能通过在联络点的"信箱"留便笺来和他取得联系。

1943年初秋,"罗杰"已建立了一个由独立小组组成的快速情报网络,他们常在维埃纳和阿尔勒之间的罗讷河河谷的左岸一带以及在里维

① 以上是 M. R. D. 富特的话。

埃拉腹地和伊泽尔山谷之间活动。

1943 年 6 月,"罗杰"控制的地区范围已经超过了德比郡、约克郡、诺丁汉郡、林肯郡和兰开夏郡的面积之和。好几百名人员都听命于他,而且他还在附近的乡村与特种行动执委会的兄弟军官取得了联络。他改善了自己组织的内部体制,而且收效明显。他外出时,要么步行或骑一辆旧自行车、要么就坐火车或乘公交车——因为汽车这种奢侈品在很长时间后才有——他不但要设立空投区域,而且还要核实武器是否分发到指定地区。此外,他还得去走访城镇和农村,去寻找一些可以信赖的人。然后,就用这些人建立一个新的组织。他总是在不停地忙碌着。

"罗杰"的朋友来自五湖四海,人数多得惊人。不管是在城堡的沙龙①里,还是在牧羊人的茅屋里,他的举止都是一样得体。他习惯于通宵达旦地工作,而且还非常谨慎地去解决每一个新出现的问题。他不仅很有耐心,而且还很有智谋。他鼓舞着和他一起工作的所有人。

莫里斯·巴克马斯特上校在战后参观了"罗杰"的地盘,他遇到了许多曾和"罗杰"一起战斗过的男男女女。巴克马斯特写道:

> "罗杰"负责的地区面积很大,因此他不得不经常到处奔走。许多次他都死里逃生。这在那段时期中是幸运的,因为当时出门在外是最不安全的。他安然无恙靠的就是他广泛交际圈子里的朋友们。他大步走在高地上时,牧羊人一看到他那高大的身躯就会相互喊道,"他就是那个大个子英国人",因为当地纯朴的人民都知道"罗杰"的国籍。他们中的每个人都会为解救"罗杰"去冲锋陷阵;每个女人都会冒着生命危险把被追捕中的"罗杰"隐藏起来;每个小孩宁愿被严刑拷打也不会出卖"罗杰"。

"罗杰"反复向伦敦方面请求为他增派一名女助手。他要求增派女特工的原因主要是他曾有过和两位杰出女特工配合的经历。一位是"文具

---

① 指旧时的社会名流在上流社会女主人家的例行聚会或聚会场所。——译者注

商"雅克利娜·奈恩,另一位是勇敢的"摔跤运动员"珀尔·威瑟琳顿。"罗杰"曾与威瑟琳顿在克莱蒙费朗和里奥姆一起工作过。

后来伦敦方面为"罗杰"增派了两位新助手。一位是人称"艾丽斯"的塞茜尔·玛丽·莱福特,她是一位爱尔兰帆船运动爱好者,丈夫是法国人;另一位是人称"阿兰"的皮埃尔·雷诺,她负责德龙省南部地区的事务,"罗杰"让她当破坏行动的指挥员。

然而,1943年9月的一天,"艾丽斯"在蒙特利马尔的玉米商家里被捕了。"罗杰"刚好有事出去了,而"阿兰"和房子的主人多雅先生当时正在花园里谈话。他们俩成功逃脱了抓捕,但是"艾丽斯"却被匆匆地押往了里昂的盖世太保监狱,在那里她遭受了严刑拷打。①

"阿兰"设法找到了"罗杰",告诉他"艾丽斯"被党卫军(SS)抓走了,而且党卫军正在监视多雅的房子,等候着他的归来。党卫军已经逐渐地察觉到了"罗杰"的种种活动,并且下决心一定要抓住他。每次只要"罗杰"完成另一次英勇无畏的行动时,党卫军就会火冒三丈。于是,他们便悬赏捉拿他。"罗杰"的朋友十分讲义气,从来就没有出卖过他。

虽然"阿兰"带来了坏消息,但"罗杰"还是立刻回到了蒙特利马尔以寻求解救"艾丽斯"的方法。他很快就意识到,把"艾丽斯"从里昂监狱里解救出来的希望非常渺茫。他同时清楚,呆在蒙特利马尔不仅会给自己带来危险,而且还会危及助手的生命安全。于是,他的报务员"阿尔贝"(奥古斯特·弗卢瓦拉)被转移到了保罗·茹弗医生家中。茹弗医生在迪涅的诊所是情报人员交换情报的地方,也是特工们留便笺的情报点。

此时"罗杰"感觉压力非常大,因此他要求再次立即给他增派一名助手。虽然他曾中肯地警告过她不要去蒙特利马尔的多雅家,但"艾丽斯"的被捕一直让他很内疚。他觉得自己应对她的被捕负主要责任,为此他花了很多时间想办法把她从监狱解救出来。

他去了英国参加磋商会议,在那里等了很久以后,于1944年2月才回到法国。"罗杰"得知他们已经为他找到了助手的人选。然而,四个月

---

① 1944年夏,莱福特夫人死于德国拉文斯布吕克的毒气室中。

之后他才收到相关的信号,信号上说他的新情报人员"保利娜·阿尔芒"正在赶往去他那里的路上。

1944 年 7 月 7 日夜里,克里斯蒂娜和她的同伴们所乘的飞机在空中颠簸得很厉害,一路上摇摇晃晃地飞往了法国。和她在一起的有法国空军上尉图尼萨,人们都称他为"帕克博",这是他前往法国执行任务用的名字。飞机上还有四位法国中尉军官。克里斯蒂娜几个月以来做梦都在想她到达法国的那一刻,而此时她的脑子却是一片空白。她感到自己仿佛"在空中漫无边际地游荡,眼前只有云彩"。接着轮到她跳伞了。跳伞指挥员的最后指令在她的耳边回荡着。"大吸一口气,向前走,慢点,轻松些,放松。肌肉放松,放松,跳吧……跳吧!"

她从飞机上跳了出来,身上的布玩偶在气流中旋转着。预定的着陆地点位于在韦科尔地区一个名叫瓦西尔的地方,人们都称这里为"卷笔刀"。然而,克里斯蒂娜没有与其他同伴降落在同一个地方。他们中的比朗中尉摔折了大腿,然后他就被匆匆送往了位于圣马丹·昂·韦科尔的马基医院。

克里斯蒂娜被一阵大风吹到了很远的地方,着陆点偏离预定地方足有四英里。她降落时重重地摔在了地上,左轮手枪的枪托摔坏了,她尾骨也受了重伤。[①]

她当时不知道自己的位置究竟在哪,但非常确信接应人员将会立刻赶来搜寻她的下落。她迅速地把降落伞和左轮手枪的碎片掩埋在树林里。当搜寻队到达时,他们发现一个穿着朴素整洁的姑娘正在清晨漫步。他们问她是否看见一个在附近降落的跳伞人员。克里斯蒂娜用地道的法语向他们保证说自己没有看到任何陌生人。她倾听了他们的谈话,并确信他们的确是来接应她的人之后,就向他们说出了此次任务的暗语,并且还大声宣布"保利娜"来加入他们的战斗了。

两天后,她见到了从外面回来的指挥官。"罗杰"见到了一位美丽苗条的姑娘。她头发亮丽飘逸,身材纤细,下颌小巧坚挺。他凭直觉感到

---

① 以上是西尔维亚纳给本书作者的一封信里提到的。

186

"保利娜"将会给予他所需要的帮助和支持。

韦科尔地区是一个由石头筑成、高耸入云的卫城,横跨德龙和伊泽尔两省。克里斯蒂娜在随后的几个月中就得像"罗杰"当初一样,熟悉众多秘密的山路、峡谷、沟壑、山洞以及那些马基游击队藏身的密林区。

这里高地的空气非常稀薄,但很清新,而且空气中还弥漫着一股百里香的味道,沁人心脾。这里的空气状况会加速心脏的跳动。于是危险也就司空见惯了,亦可说成了家常便饭。

这里既有草地,也有一毛不长的黄土地,主要居住着农场主、林业人员和牧羊人。他们的眼睛就像水手的一样锐利,不时扫视着地平线,留意那些走失的牲畜。他们有敏锐的观察力,只要一发现对聚集在韦科尔森林区那些简陋帐篷里的游击队员有任何不利的行动,他们就会及时向游击队汇报。

韦科尔地区是由白垩石块形成的高原地带。该地区是一个巨大的岩石层,遍布山毛榉林和松树林,零星分布的田野是由伊泽尔河的下游支流,尤其是由布尔纳河冲刷而成的。人们在这些支流峡谷的山腰上凿开厚厚的岩石建成了公路和 U 型弯道。

这个天然要塞的海拔在 900 到 1000 米之间,除圣尼泽尔以外,城墙的高度高达 200 到 300 米,城墙的整个周长估计超过了 120 公里。圣尼泽尔是山中一个宽大的缺口,从那里到韦科尔要塞的中心地区相对比较容易。

有八条路通往韦科尔,其中三条直达山顶,其它五条都是蜿蜒崎岖的山路,而且还要经过岩石密布的溪谷和峡谷。多数山路都是从凿开的岩石中穿过,从空中朝路两旁的悬崖峭壁望去,让人顿感眼花缭乱、头晕目眩。

只有那些熟悉韦科尔的人才知道山中的羊肠小道,而且每条小路都有名字和一段历史。清晰可见的断层把这个岩石密布的城堡与其他山地完全隔开。

可以说,韦科尔被分成了两部分:北边是面向格勒诺布尔的德兰斯山,南边是鲁瓦扬,南北之间是条大峡谷。布尔纳河是南北部分的分界线。

这个要塞控制着重要的通信线路,是破坏罗纳山谷通信设备的一个极佳集结地,尤其在塔恩酒厂狭窄处发起攻击。

1940 年 6 月 18 日,战争爆发了,戴高乐将军向全法国人民发出号召,要求人们坚持与敌人斗争下去。韦科尔人民听到这个响亮的爱国号召后,就做出了积极的响应。然而,韦科尔的抵抗运动直到 1942 年才有组织地开展起来。

韦科尔的马基抵抗部队有三个组织负责招募新人。一个是由马丁医生、塞缪尔医生和爱国志士艾梅·皮潘三个人的指挥的多菲内自由枪手运动组织,他们躲藏在韦科尔的森林里。马丁是全韦科尔人民的精神支柱,在马丁被捕后,人称"克莱芒"的欧仁·沙旺领导的抵抗组织也陆续来到了韦科尔。

第三个组织是法德签订停火协议前的法国军队——这些正规军在 1943 年 11 月被解散,他们从里昂军营来到了韦科尔。这些正规军人中有蒂沃莱,他骑着一匹白马,还有一个连的塞内加尔士兵和许多来自其他国家的军人。

这些人都是秘密部队的士兵,其中还有后来成为韦科尔地区军事指挥官的"埃尔维厄"、里昂 R 分部的指挥官德库尔("巴雅尔")和 R.1 和 R.2 分部的指挥官泽勒("约瑟夫")。正规军人和平民士兵在政治或武器分配方面不能达成一致意见。泽勒、伊夫·法尔热(共和国的检察官)和"罗杰"经常得调解沙旺和蒂沃莱(热耶上尉)之间的矛盾。据"罗杰"说,这些过分注重仪容的小伙子喜欢盛大的阅兵式和个人荣耀。①

他们把韦科尔这个天然要塞用作根据地、招募基地、接待处和避难所的想法呈交给了戴高乐将军的军事代表、人称"维达尔"的德莱斯特兰将军和法国全国解放委员会(CFLN)的代表让·穆兰。他们俩都非常赞同这个方案,位于伦敦的盟军总部紧接着也声明支持这个提议。

----

① 这是弗朗西斯·卡默茨写给本书的作者信中提到的。

首要的目标是要集合代表多菲内自由枪手运动的情报网络委员会成员，以及那些拒绝去德国服劳役的人，然后把他们合并成一支部队。

　　组建这支部队的最终目标是为了训练出坚贞不屈的高原抗战楷模，因为他们坚信，在即将到来的解放战争中，韦科尔必定将是一张王牌。

　　1943年2月，昂贝勒高原上有了第一个逃避德国劳役者的营地，同年4月，9个军营零散分布在森林中的空地上，每个军营里有30名战士。很多爱国群众为这些反纳粹游击队员提供补给品，许多人后来为了游击队员的补给付出了生命的代价。

　　韦科尔的马基游击队在组建之初，是由那些由于某种原因而陷入当局的怀疑的人组成的，这些人主要来自附近的三个工业镇：格勒诺布尔、瓦朗斯和罗曼。

　　他们中许多人都把登山和滑雪当作消遣娱乐活动，对这个地区非常熟悉。他们被这个天然的、非常熟悉的避难场所吸引了过来，而且还加入了工会组织、政治党派和异教教会组织（这里是法国新教的边缘地带，这可能有助于理解）。

　　刚开始的时候，他们通常是白天在山上活动，但是到了夜里，他们就返回家中去拿些衣服和其他的生活必需品。他们也是各种被宣称为非法组织的成员——志愿者组织、政治党派、教会的和青年运动组织——在这个深山老林里，他们不但找到了避难场所和报仇雪恨的机会，而且也拥有惊险刺激的生活。

　　在纳粹德国的入侵和维希政府统治的共同作用下，整个法国的社会结构瓦解了，这是我们经常会忽视的一个事实。于是，各大社会组织中最活跃的人群所关心的问题是他们的将来，以及在外国占领下儿童的未来。他们中大多数人都拒绝把自己的孩子送到教会里，惟恐孩子们在那里会被腐化。

　　上述人群同时还背负着提供服务和协助军事行动的义务。

　　停战协议刚刚签署不久，德国人就开始催逼志愿者去德国工作。宣传活动声势浩大，运用了海报和其他宣传资料。

海报上写着"德国为您提供工作",同时由大批欣喜若狂、声称在德国工作过的法国工人写的虚假信件纷至沓来。信中说他们的住房便宜舒适,过着锦衣玉食、待遇丰厚的生活。尽管这些甜言蜜语的诱惑很大,但是愿意去德国工作的志愿者却寥寥无几。那些被卷入战争的人们似乎接受了自己的命运,并不反对为征服他们的人工作。然而,从一开始,他们就决心尽自己最大的力量去破坏德国人的战争努力。

德国人需要劳工,而且意图达到目的。他们向法国政府施加压力,于是法国有了专门交换劳工的地方。

尽管德国人计划要屠杀数百万的犹太人,然而他们常常抽时间去威逼法国政府释放法国监狱里的个别罪犯,以提供给需要劳动力的德国工厂。

法国政府的压力越来越大,于是成立了义务工作服务部。这样一来,德国人就铸造了促使他们最终灭亡的第一个武器。因为义务工作服务部(STO)几乎立即就成了马基游击队队员的主要来源。随着战争的推进,马基游击队的生活模式逐渐形成了。虽然队员们由于来自不同地方,生活习性差异很大,但是在这里他们的生活方式完全相同。

"任何人想进入马基游击队所在的中心地带,都会被一位通常不带武器的哨兵拦住询问;随后会遇到一位带有武器的卫兵,他头带一顶便帽,肩上配有一个三色臂章,臂章上饰有一个黑色的大洛林十字。如果来访者的证件符合要求,他就会被准许进入相关营地。这些安全措施都是在灌木丛和树叶的掩护下有技巧地操作的。

"临时营房一般搭建得跟伐木人的房屋一样。一些营房作宿舍用,一些用作厨房,一些当作牢房。马基游击队的指挥营房分为两部分。一部分用于食宿,另一部分是办公室,一位秘书在该办公室里负责管理游击队的'档案'和文件。

"在夏天,游击队员通常会把营房改建一下,然后当牲畜房用,比如改建格利埃尔高原上和其他一些地方的营房。而其他地方的临时营房就用降落伞布搭建,游击队员就到深山中的山洞或岩洞里居住。

"每天的生活都是按照军队的生活规律有条不紊地进行着。正常情况下,游击队员在早晨六点半会听到起床军号,洗刷完毕后,再参加升国旗仪式。由于有些营地没有号角,升旗礼仪上的乐器就用一架手风琴来代替。早饭后,必须清洗武器和履行常规的军营职责。营地炊事员常常会收到要特别注意防止产生烟雾的指示。有好几次,由于忽视了这个规定,烟雾产生的信号给营地带来了灾难性的打击。"①

为游击队提供食物会遇到许多麻烦。由于没有定额配给票,游击队员们不能从正常渠道得到食品供给。然而,富有同情心的农民和附近的商店老板都会向他们提供生活必需品。随着战争的推进,弄到假定额配给票变得相对容易了。然而,一开始,游击队员曾缺乏日用品。一份文件在法国人中引起了巨大的轰动。一位英国人把这份文件交给了一位会说英文的法国男教师,这位教师把它翻译成了法语。这份文件是英国海军情报部"为那些在欧洲逃亡的特工和逃亡者没有食物时使用"而准备的,文件提供了非常有价值的建议。

> **大家鼠和小家鼠:**它们的肉都鲜美可口。你可能会把用文火炖出来的大鼠肉误认为是鸡肉。剥去它们身上的皮,"掏空"内脏,然后放在一个食品罐里煮;大家鼠肉要煮大约十分钟,小家鼠肉要煮五分钟。两种鼠肉都可以和蒲公英叶一起炖煮。记住务必要保留肝脏。
>
> **狗和猫:**有许多可食之处,值得我们费很大力气去抓捕。不过抓捕它们时,要使用友好的方式。
>
> **苦苣菜:**在所有的野生植物中,苦苣菜作为维持生命的食物应首当其冲。在欧洲的许多国家,煮熟的苦苣菜是一道家常菜,英国人不食用苦苣菜,仅仅因为我们对它的营养孤陋寡闻而已。

幸亏有消息传来,说有好几卡车的食物、衣服和烟草将从 A 地区运往 B 地区,一小队游击队员就可以拦下一辆或几辆卡车,并转移车上的物

---

① 以上引用的部分来自亨利·阿穆鲁的《敌占区法国人民的生活》,本书作者把上述部分翻译成了英语。

品,然后迅速离开,让货车司机在他认为的恰当时机拉响警报,并且告诉他所有这些"被偷走的"物品的价钱总额将在以后偿还给他的公司总部。

由于"开始进攻日"即将来临,"运输"行动替代了"土豆"行动、"肥皂"行动和"香油"行动。轿车和卡车就像被施了魔法似的,开始从人间蒸发了。这些车辆一旦到了游击队员的手上,就会"在战场上大有作用"。汽油是个很大的难题。它是最难弄到、要冒最大危险和最昂贵的物品之一。它不能隐藏,而且一般都是直接从德国人手里弄到的,要么使用武力,要么从黑市上购买。用从市政厅偷来的汽油配给券去军需仓库,也可以搞到汽油;游击队员化装成德国士兵袭击汽油站,也是获取汽油的一种方式。人称"乔治指挥官"的乔治·茹诺负责韦科尔地区的物品供给。

当时很难得到充足的衣物,游击队员们身上只穿着单薄的平民服装,经常又冷又湿。此外,随着冬天临近——由于韦科尔地区的海拔高度适合冬季运动,而且那里的积雪厚得几乎无法穿行——他们的生活更是变得苦不堪言。通过偷盗的手段,比如袭击仓库就可一次性弄到数目可观的靴子、粗帆布背包和贝雷帽。这样一来,他们就可以渐渐适应那里的生活了。他们用麻醉满腹牢骚的仓库守卫的方法达到偷盗这些衣物的目的。守卫延迟了报警时间,直到他们安全离开后才拉响警铃。

另一个补给渠道就是法国军队,游击队员可以通过获得掌管军需品的军士们的默许来弄到军用装备。游击队员的标准制服是一件伐木工穿的、用羊毛衬里的夹克衫,和一条破旧不堪的灯芯绒裤子。他们再穿上尽可能多的套头衫,以方便"打扮"。耐穿的靴子和羊毛袜子也是必要的衣物。有些游击队员头戴贝雷帽,而有些游击队员则喜欢戴巴拉克拉瓦式头盔,因为他们可以把帽子拉下盖住耳朵。以下选择的是游击队员必须遵守的规则:马基游击队分队的在编人员不得超过 15 人,也不少于 10 人;必须驻扎在森林的空地上,该空地必须能掩蔽自己,并能观察外部情况;只有一直保持警惕,方能存活下来,这就意味着游击队必须时刻在四周设有岗哨;分队必须处于运动状态;一旦有不明身份者靠近,整个分队要立即转移到新的隐藏地;如有任何一个队员擅自离开,分队要立即转移营地。

刚开始时,游击队的武器和弹药非常紧缺。直到 1944 年的春天,才有一定数量的武器弹药空投过来。游击队员只有在黑夜的几个小时里才能去执行各种各样的任务,比如设埋伏、破坏敌军设施和袭击敌人。1943年年末,在意气风发的爱国领袖欧仁·沙旺,人称"克莱芒"的领导下,一支游击队集结在韦科尔地区。这支队伍聚集了整个法国的抵抗力量,准备组成一支积极的武装力量,以便以后与法国国民军(FFI)并肩作战。

人称"约瑟夫"的泽勒将军,统帅里昂二区和马赛一区的法国国民军。德库尔上校,人称"巴雅尔",负责指挥二区的法国国民军,韦科尔地区就隶属于二区。于埃上校,人称"埃尔维厄",是整个韦科尔地区军事行动的总指挥官。人称"迪里厄"的科斯塔·德博勒加尔司令官,负责北部地区;热伊尔上尉,人称"蒂沃莱",负责南部地区。

当时"罗杰"管辖的地区从沿海的阿尔卑斯省一直延伸到阿尔代什省,就像是一个大约两万平方英里的"采邑"。"罗杰"的组织成员星罗棋布地分布在他所管辖的地区,不管怎样,他必须尽一切办法不断和他们取得联络。最后,他"组建"了一个汽车队,这样他就可以舒服地来回巡视自己的组织。这样既安全,又不失身份,车上还备有通过公路和桥梁时所需的官方证件,有时带上一位红十字会成员就可以在敌人眼皮底下自由行驶。

"罗杰"说:"6月6日诺曼底登陆的那天,信息传来的时候,上级同意使用军事和政治手段接管法国某些地区。韦科尔地区就采用了这种解放方式。因此,当克里斯蒂娜被空投到这里时,韦科尔早已经解放了,只是她对此一无所知而已。从6月6日到7月21日,韦科尔地区的南部高原完全在我们的控制之下,德军根本无法进来。"

6月6日那天,"罗杰"正奔走在上阿尔卑斯省。他提出的计划将在其返回途中执行——伦敦的特种行动执委会总部也同意并支持这个计划——他计划组建大批小分队组织,每个分队由15到20人组成,分队自给自足,自行管理。这些士兵不但受过训练,而且还配有武器,此外还拥有他们自己的空降基地,这样,他们就能在必要时采取独立行动。"罗杰"和这些分队组织的关系就是帮助他们拿到必需的补给品,包括炸药和武器;训练他们使用那些装备,并向他们传达行动的信息。这样一来,不论他或总部出了什么事情,各分队仍将是一支有战斗力的武装力量。这就是他组建的分队组织,队员都是他亲自招募来的,为此他走遍了法国东南地区——整个罗纳河谷的长方形地带、地中海地区、法国与意大利和瑞士的交界处、甚至还远至里昂。伦敦方面赞同他的这一想法,为了完成自己的计划,"罗杰"一直马不停蹄地工作着。

"罗杰"说:"我和克里斯蒂娜一直奔波不停,从一个分部视察到另一个分部。我们这样做主要是为了与那些支持我们事业的人取得联系。克里斯蒂娜在7个或8个星期里就见到了我用了两年时间认识的所有的人,而且我们还联络上了50到60个组织的总部。只有我和克里斯蒂娜两人熟悉这些组织。当然了,我们的主要任务就是去说服所有愿意支持我们事业的人加入到我们中来。

"克里斯蒂娜的个人魅力对我们开展工作有极大的帮助。不管她到哪里都可以结交朋友。尽管当时的生活条件很差,她仍能自得其乐。就算是在最困难的情况下,有时你也可以看到她捧腹大笑。她非常独立,从不愿听从他人的摆布。我们部队中很多人都过着游击队的生活;我们俩和一些家属以及朋友住在安全房里,但从不在旅店和租来的房子里住。我在圣朱利恩·韦科尔为她找了一间小平房。那里就是众所周知的'保利娜小姐的闺房'。

"克里斯蒂娜一般都是轻装上阵。一个背包和一个又大又软的扁型提包里装有她所有的随身物品。然而,她总是看起来既干净又整洁。我们是总部的人员,而我们的工作就是在任何麻烦出现时提供帮助。因此,我们不是在指挥协助,就是在向伦敦和阿尔及尔发送情报。同时反坦克部队和火炮部队需要许多上级的指令,我们要停留在那里,听取他们的意见并和他们交谈,这一点对我们来说非常重要。

"接着,事态发展很快,确实让人无暇顾及一些说法。克里斯蒂娜并不需要任何说法。她只顾继续做自己手头的事情。她绝对值得信任。当然了,我们有时候会聊聊天,放松一下,但是我们并不谈论对方的真实身份,也从不谈及各自的家族史。我想对她来说,最重要的就是她母亲和她的祖国波兰的命运。她深信个人自由,德国进攻波兰让她极为震惊。

"在我们见面之前,她就已经经历和忍受了很多磨难。她不相信政治能够解决问题,对流亡中的波兰政府也没有什么耐心。她对英国政府的态度,既揶揄又褒扬,而且对一切形式的自大作风和虚伪行为都深恶痛绝。按照她的看法,世界上只有'好人'和'坏人'之分。当时是个认识人性的绝好时期,因为那时人性所有的表面障碍都消除了。正常情况下,我们生活在由金钱、家庭、世俗和个人的背景环境产生的障碍之中,或生活在如同古语所说的'上帝赋予你的环境'之中。然而,战争期间,在抵抗侵略的日子里,这些障碍就不复存在了。你和那些与你一起战斗的人,在性别、年龄和宗教信仰方面完全平等。

"和所有怀疑理性的人一样,克里斯蒂娜极其推崇直觉。她多愁善感,常常置情感于理智之上。但就是因为这一点,她具备男人们所没有的敏感之心。

"我认为,在这里克里斯蒂娜第一次找到了完美的自我,""罗杰"继续说道,"那里有一种法国文化教育在某种程度上渗透到外省的特殊东西。有一次,我和一些小地方的铁路站长坐在一起聊天,尽管我疲惫不堪,但我们还是花了五个小时谈论普鲁斯特,他13岁的那年就离开了学校。

"克里斯蒂娜有一位非常特殊的朋友。保罗·埃罗('迪蒙指挥官')11岁那年就离开了学校,我儿子保罗就是按他的名字来取的。他在加普时是一位木匠,而且还带了一名学徒工。我遇见他时,他已经三十过半了。他看起来像一个北美印第安人,体型消瘦,但是很结实。他是一位了不起的爬山能手,还没有结婚。

"贝当政府宣布停火的那天,保罗·埃罗对他的朋友们说:'我们不会接受这个局面。'他以前从来没有领导过别人。但在不到几个月的时间里,他就成为整个部门公认的指挥官,而且听从他的指挥的人中还有罗马天主教教堂里的高层人员、共产党的总秘书长、共济会人员和当地所有的扒窃人员。

"自从我第一次见到他,克里斯蒂娜有同样的感受。如果我一直以来有'良心上的不安'——我一直都对自己说而且现在仍然这样认为,'保罗会怎么认为呢?'德国人非常清楚他的所作所为。他们也知道,假如在大街上追捕他,他会战斗到流尽最后一滴血为止。德国人同时还获悉,天黑后,他的寓所就会布满饵雷,假如任何人想强行进入,就会和里面所有的人一起被炸得粉身碎骨。我曾在他的寓所住过好几次。

"拦路抢劫德国人是不明智的,保罗·埃罗就是在其中一次抢劫中搭上了性命,后来我们在迪涅也干了一次。当我们进入加普时,所有的人都泪流满面,因为那天就是保罗牺牲的日子。他是木匠出身,所以他的事迹有着非凡的意义。我和他曾多次一起行走在加普山上,他在比较宗教方面的学问是任何大学教授都不能及的。克里斯蒂娜看到了他性格中的纯朴和完美。她愿和像保罗这样的人一起工作生活,而且她也需要这种程度的纯朴。"

"罗杰"在德龙南部还有很多其他朋友。其中有对青年夫妇让和西尔瓦妮·雷,小俩口非常勇敢。在靠近克雷斯特的地方,他们开了一家丝绸厂。让·雷是马基游击队的一名军官,妻子工作很积极,刚开始她只参加一般的秘密行动,后来随着战事的扩大,就去了医疗队工作。西尔瓦妮和让和这个地区的新兵招募、人员训练和接应伞兵的工作都有密切联系。

当"罗杰"向雷夫妇介绍他的新助手时,西尔瓦妮立刻被"保利娜"的妩媚迷住了。"我们第一次见面是在萨扬斯,"她写道,"它是德龙河流域上的一个小镇。我们有一个营地离那里不远。那时我们从山上下来想和'罗杰'联络,而他刚好和'保利娜'在一起。她因为跳伞时没有顺利着陆,导致背部受了伤,而且当时仍受伤痛折磨。然而,这次不顺利的跳伞并没有影响到她对跳伞的热爱,她富有诗意地描述了她的降落过程,给我留下了深刻的印象。她说:'我看见头顶上的降落伞打开时,就像一朵巨大的花朵,漂亮极了。'

"'保利娜'长得小巧玲珑,与众不同的双眼向太阳穴方向逐渐变小,宛如杏仁一般。我觉得她的眼睛就像是一只暹罗①小猫的眼睛。她长得很漂亮,但是没有那种带有侵略性和攻击性的妖艳,而是透出一种无法言传的娇弱之美。

① 暹罗是泰国的旧称。——译者注

196

"会议结束后,当她和'罗杰'正准备离开时,他们发现汽车发动不起来了。随后才知道原来是他们宝贵的汽油被掺了水。当时的情形在我的脑海里一直历历在目。'保利娜'、让、'罗杰'和我,四个人坐在年代久远的石子路上,就像老朋友一样谈天说地。'保利娜'的专长之一当然就是她能迅速创造出一种热诚的友谊氛围,让人有一见如故的感觉。

"让和'罗杰'正在讨论我丈夫身上那把手枪的好处。而我和'保利娜'在谈埃及,我们还谈到了她自称的"天生的懒惰",以及她躺在'太阳底下'所尽情享受的乐趣。她能够完全放松下来,不管任何时候,只要她心中有一个明确的目标,她几乎就能拥有无穷的活力和精力。我认为她的这种性格就像她那小巧迷人的瓜子脸一样,与小猫有点相似,这或许也是她能善于调节自己的原因。

"后来,我们经常见面。如同那些能有荣幸了解'保利娜'的人们,我决不会放弃任何一次能够和她相处的机会。她始终都是恬静自若、面带微笑和心情愉快,说话还非常风趣。对于自己所取得的成就,她总是很谦虚;而对于他人,她却极尽赞扬之能事。

"1944 年 7 月 14 日,'罗杰'、'保利娜'、让和我一起去参加在迪举行的国庆典礼。我们愉快地注视着一架架飞机到来。这些飞机将飞往韦科尔地区空投武器弹药,我们知道那里急需弹药供应。一想到漫长的噩梦即将结束时,一种放松愉快的心情不禁油然而生。然而,我们根本就不知道,另一场更加恐怖的噩梦正在等待着我们。"

"不久,一架德国侦察机从我们头上飞过,疯狂地向我们进行扫射。除了'保利娜'以外,所有的人都向掩体奔去。她呆在原地不动,一副镇定自若的样子,以至于我都搞不清为什么所有人都要四处逃奔、一片混乱。"

一架满载重要货物的英国飞机向瓦西谢乌克斯飞去。这时,克里斯蒂娜、'罗杰'、西尔瓦妮和让·雷高兴地向这架飞机敬礼。而约瑟夫·拉皮勒拉却带着满腔的愤怒,在他的日记里记下了 7 月 14 日到 15 日在韦科尔发生的事情:

今天我们在瓦西谢乌克斯的空投地带正在等飞机的到来,为了激起大家的斗志,我事先要求响声'隆隆'地从伦敦来的飞机飞过平民居住区。7月13日的上半夜。我们早已为飞机的空投做好了一切准备工作。接着,我们为清晨的空投安排好了地点。凌晨4点,一切都已准备就绪,无线电收发员也已严阵以待。那时我去了拉布里耶尔,早上7点返回了瓦西谢乌克斯,虽然浓雾笼罩了整个高原,但为了确保所有的空投准备工作都安排到位,我又仔细地检查了每一个细节。早上9点,一切都已准备就绪。

上午九点半,我们听见飞机的引擎声音变得越来越大。我们的飞机来啦!大约有一百架飞机飞了过来,十二架一个编队,战斗机群则在哈利法克斯和飞行堡垒之间来回巡视。① 飞机引擎的声音响遍了整个高原,就是在瓦朗斯平原也可能听得见。空中堡垒机群一边飞过空投地带,一边调整位置,向瓦朗斯的方向飞去,然后再低空向我们这边飞来。接着空投就开始了。共有72架空中堡垒飞机向我们空投物品,每架飞机连续投下了10到15个箱子。场面非常壮观。一位飞行员还丢了一包带有三种颜色环绕标志的骆驼牌香烟下来,烟盒上写着:"伙计们,好样的! 法兰西万岁!"

空投完物品的飞机在空中来回盘旋,等待着整个任务的结束。大约10点左右,最后一架飞机消失在云彩之中。几分钟之后,我们的卡车队开过来收集地上的箱子和降落伞。那些从空中飘下的彩色降落伞漂亮极了,宛如仙女下凡一般。所有韦科尔的爱国人士都在注视着这些降落伞,他们通过这种方式来庆祝国庆日。但是这种愉快的心情很快就消失殆尽了。

正当他们把箱子往卡车上搬运时,两架战斗机突然出现在空中。所有的人都以为是英国飞机,然而,当它们向空投地带俯冲下来的时候,人们清楚地看到了飞机上那个可怕的万字形纳粹徽章。这两架德国战斗机俯冲到离空旷平原大约八米的距

---

① 飞行堡垒是美国在第二次世界大战中使用的 B – 17 重型轰炸机。——译者注

离,站在地面上的人们对准飞机近距离开了火。这仅仅是噩梦时刻的开始。炸弹如同雨点般落在了空投地带和村庄里。一个小时过后,我们与其他队员失去了联系,我们完全被孤立在高原上。任何一辆汽车都无法在前后受到猛烈火力攻击的情况下行驶,其他人也无法过来援助我们。有一位游击队员确实设法来到了我们身边,对他那冒着生命危险的勇敢行为,我们十分赞赏,但他却没有想到带一件武器过来。

敌人的飞机毫不吝啬地向我们扔下一通炸弹后,接着又像潮水般地往高原上扔下几十个手榴弹,打算把地面炸出个窟窿来,结果由于技术不佳,没有达到目的。情况变得更加糟糕,我们的一挺重机枪被卡住了,为了排除故障,我们不得不在枪林弹雨中拆卸它。

瓦西谢乌克斯处于一片火海之中,我躲藏的地方当然也逃脱不了这种厄运。于是,我和几个男战士一起挤在一个弹坑里,并把那里当作炮台来使用。同时"帕凯博"(图尔尼萨上尉)正在组织瓦西谢乌克斯西边的防御。哈代负责东部的防御。与此同时,我们一直在奔跑着,尝试着收起白色的降落伞,因为它们是非常显眼的攻击目标。

德国人并没有减少轰炸的迹象。一队又一队的战斗机和轰炸机从我们头上飞过。一队飞走后,另一队紧接着就飞了过来继续轰炸。德国人的空军基地离这里的直线距离只有20公里。

我们担心德国人可能会空降一个营的伞兵去扫荡村庄,于是大家一致做出决定:我、哈代和帕凯博带一个连的阿尔卑斯山轻装部队作为一支后备部队隐藏到森林中去,把瓦西谢乌克斯留给那些原先驻扎在这里的部队去防御。不幸的是,因为我们无法弄到更多的子弹,所以一挺重机枪打完里面仅剩的几发子弹后就不能用了。

敌人在疯狂进攻期间,任何一个人也不放过。村民、牲畜、房屋、道路都是敌人的攻击目标,甚至树林都被敌人无情地毁坏了。尸横遍野，火光冲天。敌人飞行员轰炸的第一目标就是瓦西谢乌克斯地区。将近下午三点半的时候，教堂已经变成一片冒着黑烟的废墟了，而燃烧弹仍像雨点般地从空中落了下来。

临近五点的时候，敌人集中攻击另一个目标。当一辆救护车正运送伤员到位于圣马丁·恩·韦科尔的医院时，德国人就开始轰炸拉拉沙佩勒·恩·韦科尔。虽然伤亡惨重，但是韦科尔人民还是趁着夜色去收集那些落在在高原上的箱子。

在战争期间，生活中仅有的重要事情其实是琐细的，例如：洗个热水澡、吃顿丰盛的饭菜、喝杯纯正的咖啡和聆听自己喜爱的旋律。克里斯蒂娜和"罗杰"都懂得在适当的环境下享受各自的快乐时刻。他们俩相处得非常融洽，不但一起探讨知识殿堂里的奥秘，而且还共同挖掘精神世界中的财富，让枯燥无味的生活变得充实。

和"罗杰"一样，克里斯蒂娜逐渐喜爱上了法国的这个地区。在阿尔卑斯山脉和地中海区域壮丽景色的衬托之下，德龙地区丝毫没有法国南部那种光芒四射的炫目景观。那里的风景简单而自然，到处散发着古色古香的气息。每个村庄都有一座历史悠久的教堂，还有集市和用法国梧桐树建造的咖啡屋，进入村庄，仿佛给人一种返璞归真的感觉。

夏日，在山的背风处，唯一可以听见的就是知了的叫声和蜜蜂在长满薰衣草的旷野上争相采蜜的嗡嗡声。阳光下的薰衣草给大地铺上了一层层蓝色的外衣。微风中夹带着薰衣草、蜂蜜和野花的香味。

那里有一种普罗旺斯的神秘气息。这种神秘气息就是一种由黄金、蔚蓝天空和琥珀所形成的精华，而且那里的景色带有非洲草原的特色，中世纪残留下来的破败不堪的城堡和要塞依傍在多石的山丘上，散发着一股意大利的风味，就像乌切洛或贝利尼画中的底色一样。①

---

① 乌切洛(1397 – 1475)，意大利文艺复兴初期佛罗伦萨的画家，其作品以三幅《圣罗马诺之战》最为著名；贝利尼(1429 – 1507)，文艺复兴时期意大利威尼斯画派的奠基人，以画肖像、威尼斯风光和宗教生活场景著称。——译者注

尽管德国人残暴地抢走了所有的粮食、甜瓜和熟透了的杏子，但我们仍可以找到又大又硬的桃子。农庄和咖啡馆里散发着生活的气息。咖啡馆是躲避强烈阳光的好去处，里面凉爽舒适。卫生间布局粗糙，只有一个洞和两个踏脚板，一走进去，小便的臭味就会扑鼻而来。

咖啡馆里窗帘上的小珠子在微风中发出"咔哒咔哒"的响声，老人们坐在窗帘后面，用厚实的小玻璃杯喝着土产的葡萄酒。他们坐在凳子上，用骨节嶙峋的手指翻弄着粘手的贝洛特纸牌或来回摆弄着多米诺骨牌。他们谈论着庄稼、天气和在1914年爆发的"另一场"战争。老马雷沙尔·贝当在那场战争中因战绩显赫而享有盛名，而他应该在那场战争中和当时法国兵的绰号一起成为历史，不应该继续活了下来，还把与德国佬签署的停战协议所带来的耻辱带给了法国和他的家族。

他们说"另一场"战争是罪恶的，但是目前的战争则更加罪恶。这是个恐怖残酷的现实，因为四周都有敌人在察看、偷听着，他们在等待猛扑过来的机会。有些老人常常会突然消失，因为他们到韦科尔森林里的"那个高原"和子孙们团聚去了。他们对那里的地形和山脉非常熟悉，这是珍贵的知识。

老人和妇女是抵抗战争中一支不可忽视的力量。那些不直接参加战斗的人，可以为战士们提供食物和做一些服务工作。甚至在大敌当前的情况下，他们也决不会停止为战士们提供粮食。所有田里收获的食物都被分成了两份。一份给留给农户自己，一份留给"那个高原"上的人们。游击队就是从这些小农户手里获得一些新鲜食物的供给，比如面包、刚刚宰杀的猪、鸡、蛋类和水果。

敌人甚至还用采取报复行动的方式来威胁村民，但这根本就没有阻止村民们对游击队的协助。村民的暗号每个星期都在变换，但是那些能看懂这些信号的人都知道，一盆白色的鲜花放在窗台上或钉子上悬挂着彩色布条则暗示着附近没有"德国鬼子"，可以放心地敲开一个好客家庭的门了。

201

第九章

抵抗运动中的"保利娜"

1944 年 7 月 8 日清晨,克里斯蒂娜到了韦科尔。那天,J. 拉·皮奇里拉在备忘录里,用大量篇幅记载了该地区发生的事情。一列满载货物的火车引起了第 10 连队的注意,连队成员向神枪手们发出了暗号,让他们尽快赶往克雷斯特。幸亏由于铁路工人的帮忙,这一行动得以在光天化日之下执行,没有遇到敌人的任何阻扰。

"30 吨的蔗糖、烟草,以及 6 万升的酒很快就被'劫掠一空'。连队队员在执行任务时,这里到处都挤满了家庭主妇。她们对所有的危险都视而不见,只顾着冲过去抢蔗糖。同一天下午,维莱德兰斯波兰吕基学院的27 名学生和教授,也抵达了圣马丁·恩·韦科尔,加入了法国国民军部队的行列。"

他们中的 20 人被送去参加各种不同的战斗部队,而其他的 7 人,就直接被送去了瓦西谢乌克斯。到了瓦西谢乌克斯,在克里斯蒂娜旅行同伴(图尔尼扎上校)、人称"帕克伯特"的指导下,他们加入了工人队伍。这些工人正忙于修建一条新的达科他飞机跑道。

克里斯蒂娜接到了一些明确的工作。其中一项,就是到已与英前联盟反目成仇的意大利部队中,担任一种称为"招募官"的工作。其中有一支就是第 51 阿尔皮尼师,他们曾在蒙·塞尼斯隧道和德军有过一场小规模的战斗。德军很轻易地就让拥有大约 4 万 5 千士兵的意大利部队缴械投降了,而且,还把他们当作劳工,送到法国去修筑防御工事。他们中的许多人逃亡到了马基游击队中,而其他的一些人,则加入了"罗杰"的部队。

不久，"罗杰"就发现，克里斯蒂娜是一位十分重要的助手。她不但长于言辞，而且，还知道如何将计划保密，并谨慎地进行工作。"罗杰"说，她从来都从容不迫，镇定自若。她的反应极其灵敏。"有一次，在路上，她迎面遭遇了一支德军巡逻队。在众目睽睽下，任何想逃避或闪开的动作都会引起敌军怀疑。这时，她意识到，自己的口袋里装有一张丝绸地图。特种行动执委会通常都会给那些前往战场的人配备这样一张地图——这是一幅印在精美丝绸上的地图，便于携带，即使折叠也无丝毫损害。突然，她猛地从口袋里抽出那张地图，就像围围巾一样，把它系在了脖子上。地图围在脖子上，看上去十分正常，没有引起德军的任何注意。"

抵抗组织时刻都在为盟国在南部的登陆做准备工作。那些与这一重大战略相关的人，为每个步骤都制定了行动计划。但是，许多主要抵抗组织的成员，其中包括"罗杰"，却对情报知之甚少。这使"罗杰"的计划执行起来变得极为困难。

由巴克马斯特上校批准的这一计划目标是完全控制除沿海地带和大城镇以外的整个法国东南地区。因为像沿海地带和大城镇这些地方，很容易由于通信完全中断，而处于孤立状态。

此时，"罗杰"是盟国总参谋部的特使，在他的的组织内就有一万多人。在这些人当中，有不少是登山运动员和熟练的滑雪教员。"罗杰"给所有的人都委派了工作。他接到了切断意大利和德国之间通信往来的命令。"罗杰"的队员表现十分积极，连续切断了辛普朗的铁路沿线和罗纳山谷的电线，因此，这使德军极为恼火，但却无计可施。在一片广袤的地区，"罗杰"出色地部署了他的组织成员。几队铁路工人制造了多起敌军火车的出轨事件，同时，在德龙河的飞行小队，也成功地伏击了敌军纵队。

最让"罗杰"绞尽脑汁的就是拿破仑路线。他决心不让德军利用纳雄耐尔这条重要路线。后来他们也真的没走这条路。无论何时，只要德军纵队出现在这条路上，他们的行军就会被"山崩"引起的满天滚石，或被大量炸药爆炸而形成的巨大障碍物阻挡。那时，假如幸存者们想另寻逃路，那么，那些早已躲藏在高处的坚决的马基游击队队员，就会用斯滕枪来对付他们，他们就必然会遭到连续、专业的火力攻击。

此时,有关解放的种种传言闹得满城风雨。约束马基游击队员不要立即自行其事已变得有点困难。每天那些有关同盟国在马赛、弗雷瑞斯和卡瓦莱尔登陆的传言使得人人都翘首以盼解放的到来。

6月5号,"罗杰"接到了上级的行动命令,要求他把自己的部队和法国国民军的部队合并在一起,并任第一第二战区泽勒将军的首席联络官。因为早已知晓其他部队的行动,所以,对"罗杰"来说,这一命令并不仅仅意味着要组建他自己的队伍去战斗。

他收到的第一个电报命令他让自己的整个部队完全听从于法国国民军(泽勒的部队)的调遣。而在本地,两天的时间里,他就接到乌拜山谷发来的救援请求。在乌拜山谷,"罗杰"和泽勒见了第一面。"罗杰"立即就意识到,他为自治游击队所制定的计划和法国试图攻占乌拜和韦科尔这种坚固据点的计划很不一致。一边是法国人,一边是伦敦特种行动执委会。在伦敦特种行动执委会和阿尔及尔特种行动执委会之间,以及很可能在同盟国高级指挥官和特种行动执委会之间,都存在着很大的观点和战略分歧。很明显,法国组织支持F分部①和RF分部。"罗杰"的效忠对象是特种行动执委会的法国独立部门。法国国民军、伦敦和阿尔及尔方面同意据点堡垒策略,因为各个行动计划都早已策划妥当;但是,这些计划却从未向"罗杰"透露。

刚刚到达巴斯洛内特的霍尔镇外面时,"罗杰"就看到了三色飞机和有十字架标记的洛林地带的飞机毫无顾忌地一同在天空飞翔,他意识到,有人已经缴械投降了。那些激动的游击队员说他来得正是时候。他刚到乌拜山谷,这里就已宣布为共和制区了。

在霍尔镇内,"罗杰"遇到了亨利·泽勒将军,泽勒是位法国国民军的地方指挥官。令"罗杰"惊愕的是,泽勒将军声称一周内盟军绝对会在诺曼底登陆。他还说,阿尔及尔已允诺,解放纵队会在十天内来援助他们。在这一重大而又鼓舞人心的消息激励之下,他已对该地区的人们进行了动员。

---

① F Section:指特种行动执委会的法国独立部门。

"罗杰"无法隐瞒内心的不安。他婉转地问将军,阿尔及尔是否有进一步的保证。将军转向他身边的一群军官,叫了其中的一位走上前来确认这一消息。走上前的这位就是埃德加上尉,他是个英国军官,由阿尔及尔总部调遣,听命于泽勒将军,来这的目的就是为了迎接同盟国登陆的到来。一星期前,他被空投到一处伞兵空降地,支持戴高乐将军的部队控制着这个地方。

"罗杰"斩钉截铁地说,对有关这次同盟国即将登陆一事,他绝对没有收到从伦敦发来的任何消息。泽勒将军这才稍微有些明白,因为阿尔及尔所发出的命令与伦敦方面所发出的并不一样。他建议"罗杰"即刻与伦敦或阿尔及尔取得联系,并让他们空投大批的武器。"罗杰"意识到,他精心策划的所有计划都将成为泡影。因为情况非常明显,武器装配不足的泽勒部队,完全无望抵挡住德军的任何重大进攻;同样显而易见的是,德军将迅速出动以镇压任何形式的公开反抗。

6 月 15 日,德军的坦克和装甲车轰轰隆隆地开进了小镇,屠杀了那些试图阻挡他们前进的游击队员。埃德加上尉在牺牲前成功地摧毁了两辆坦克和一辆装甲车。这样一来,刚刚成立不久的"乌拜共和国"就灭亡了;另外,150 名抵抗战士也阵亡了。"罗杰"和泽勒将军,还有其他一些士兵火速赶到了韦科尔,在那里建了总部。

1944 年 6 月 6 日之后的某个时候,人称"贝亚德"的德斯库斯上校,带领他的参谋部,以及不久前刚从阿尔及尔来的无线电联络官——人称"鲍勃"的罗伯特·本尼斯上尉来到了这里。"鲍勃"上尉的工作是和特别计划执行中心保持无线电联系,该中心的人员主要由美国和法国军官组成。英国特种行动执委会的小分队由约翰·安斯蒂上校领导,他曾负责把克里斯蒂娜送到"罗杰"那里。设在阿尔及尔的特别计划执行中心,隶属于菲尔德·马歇尔——亨利·威尔森先生的地中海盟军总部,而该中心的任务就是协调重型装甲部队①的所有战略执行计划和法国南部国民军的

_____

① 1944 年 8 月 15 日,美国和法国的军队在土伦和尼斯之间的里维埃拉地区的许多地点登陆,得到强大的海军和空军的支持。

一切军事行动。

在韦科尔,德斯库斯上校的无线电联络员与阿尔及尔的特别计划执行中心总部和伦敦的戴高乐总部一直保持着联络。无线电联络员与双方面都保持联络的目的就是请求向这里空投急需的武器弹药,并安排空投行动。马基游击队员也缺少肥皂、烟草、钱、食物、联苯胺片、手电筒、电池、毛料衣服和装有消声器的手枪。

此时,伦敦方面给"罗杰"发的信息如潮水一般。他们通过无线电或在BBC上的法语节目中以暗语的方式来传递这些信息。现在BBC的许多节目都不及去年的一档节目那样受欢迎。那时,平时很少对节目表现出焦虑和激动之情的"罗杰"只要有BBC的节目,就会侧耳倾听。很明显,有个个人信息对他至关重要。1943年8月10日,"罗杰"在蒙特利马尔时,播音员广播道,"约瑟菲娜像她的祖父,再播一遍,约瑟菲娜像她的祖父"。"那就是我一直在等待的信息,""罗杰"说道,"伦敦方面向我保证说,他们会在我们的孩子出生时,通过广播通知我。假如是个男孩的话,他们就会说'约瑟夫像他的祖父'。"

北非空投物品的包装远不尽如人意。"罗杰"直言不讳,把空投到"马辛厄姆"的物品包装描述为"令人震惊的"。据估计,在空投给"罗杰"的补给物中,遗失的数额超过了五分之一。或者是因为降落伞没有打开,或者是因为箱子爆裂毁坏。他在给伦敦的汇报中,大发雷霆地说:"最后,空投货物的降落伞没有正常打开,箱子径直落在了房子上,砸在了其中一位接待员母亲的后背上。这一该死的失误绝不能宽恕。你何不扔炸弹!他们的亲属毫无怨言;但是,看在上帝的份上,我肯定要抱怨。"

显然,韦科尔已处于德军的严密监视之下,而且严重的问题将接踵而至。6月6日,韦科尔指挥部进行了改组。指挥部非常清楚,自己的部队将会在缺乏武器装备的情况下与日益接近的敌军坦克作战。

7月20日傍晚,"罗杰"和克里斯蒂娜以泽勒将军的名义发出了这封电报:

争夺韦科尔的血战迫在眉睫。若没有你们的增援,将胜负难料。急需增援一个营的伞兵部队和大量迫击炮。请立即轰炸圣尼济尔和沙伯伊。望尽一切办法支援我们。

21日,发出了又一封求助电报:

遭强敌攻击。敌空降部队在韦科尔的瓦西谢乌克斯地区着陆。大约20架飞机,每架拖着一架滑翔机。强大的步兵和坦克。其他敌军部队已到达纳雄耐尔75号线。我们希望能保持无线电联系。

由于没有得到任何支援,于是泽勒、伊夫法吉斯、"罗杰"和克里斯蒂娜就向阿尔及尔发送了一封富有历史意义的电报:

德国空军轰炸了拉沙佩勒、瓦西谢乌克斯和圣马丁。敌人的伞兵部队降落在瓦西谢乌克斯。我们保证可以坚持三星期。自从采取行动以来,已有6个星期了,我们急需人力支援和弹药供应。我军士气高涨,假如你们再不立即采取行动,他们将会临阵倒戈。伦敦和阿尔及尔的那些家伙,对我们的情况毫无了解,他们简直就是罪犯,是懦夫。再重复一遍,他们就是罪犯,是懦夫。

韦科尔的悲剧即将告终。7月21日上午,德军发动了全面进攻。德军在飞机、大炮和迫击炮的火力掩护下向前推进。而等着去击退他们的,却是武器配备不良的游击队。在22日上午之前,"罗杰"和克里斯蒂娜一直呆在位于圣·艾尼昂和圣尤利恩·德·韦科尔之间的总部。

激烈的韦科尔战役持续了三天,情况对抵抗部队极其不利。23日,高原部队的军事指挥官与军政和民政当局召开了一次军事会议,虽然他心中窝着一团怒火,但仍然做出决定,要停止这场大规模屠杀并命令抵抗部队的所有士兵立即疏散。

很多士兵都回到了马基游击队。在那里，他们过了有近一个月的流浪生活，没有任何食物供应，常常连水都没有。即便如此，他们还是想法设法去骚扰敌人。由于没有全部消灭抵抗组织成员，敌人极其愤怒。于是，他们就开始采取了惨无人寰的恐怖报复行动。

附近所有可能为那些身受重伤和饥肠辘辘的士兵提供庇护的农场，都被敌人焚烧殆尽。敌军屠杀牲畜，奸淫妇女，无恶不作。此时，马基游击队队员正试图重返基地，所以只能把伤员转移到安全地带。6月21、22日夜晚，加尼米德上尉（他本人也是一位医生）和厄尔曼医生以及人称"费里尔"的费希尔医生，自动担负起护送伤员的任务。他们发现，通往南方的道路已被德军封锁。

于是，他们一致决定前往一个大的天然洞穴，即"卢伊里岩洞"。这个洞穴只有当地人和费希尔医生知道，他记得该洞穴，完全可以当作一个藏身之处。40名身强力壮的士兵担负起了担架兵的工作，有些士兵则背着和搀扶着伤员一起穿过了那些仍在冒烟的村庄废墟，走上了草木茂盛的狭窄山间小道。一共有60名伤员，其中一些伤势还十分严重。

洞穴的石地上到处都是锋利的石块。在把伤员抬进洞穴之前，他们必须搜集这些石块，并把它们搬出洞外，否则，它们就会割伤担架兵。那些负责转移伤员的人们完全明白，德军迟早会找到他们。因此，大家一致认为，能行走的应尽快离开这里，并到深山里的岩洞中休息。这样的岩洞和洞穴遍布山上，只有当地人知道这些岩洞的具体位置。而其他人选择了逃往森林。

加尼米德、费希尔、厄尔曼、耶稣会的蒙克尤神父和6名护士，以及30名躺在担架上的重伤员一起呆在了岩洞里。护士当中有一位叫西尔维娅妮·雷伊，她是克里斯蒂娜和"罗杰"的朋友。

日子一天天熬了过去。外面时不时还会传来机关枪扫射声，这是德军在追击那些未能逃离的马基游击队队员。无水无粮，一滴滴从洞中的湿壁裂缝里渗出的水滴都被收集了起来。此时，德军离这临时战地医院只有200米远，因此要想出去一下，呼吸一口新鲜空气都不可以。

6月27日下午,离洞穴口几米远的地方响起了枪声,子弹打在在插有红十字旗的岩石上。三天来,医生们一直照料着这三名德国国防军伤员。一听到枪声,德军伤员就冲出去喊道:"不要开枪,不要开枪!"他们解释说,山洞里只有伤员、医生、妇女和孩子。德军伤员坚持说,他们得到了很好的照料,但德国党卫军的副官根本不愿听他们解释。这名副官命令道:"出来,把手放在头上,全部出来。"躺在担架上的伤员被拖了出来。此刻,每位伤员都面露惧色,但一想到能离开这恶臭的山洞,来到阳光明媚的外面,他们多少感到了些许安慰。那些头上缠着血迹斑斑绷带的士兵,用仇恨的目光怒视着敌人。几分钟内,一阵机关枪扫射之后,18名受伤的爱国者被屠杀了。

第二天,其余的12名伤员也被德军枪杀了。费希尔医生、厄尔曼医生在格勒诺布尔被处决了,和他们一起被处决的还有蒙克尤神父。加尼米德上尉在被长时间审讯之后,成功地逃了出来。在山洞里的6名护士遭到了德军的流放。西尔维娅妮·雷伊把她的伤员护送到了一个安全的地方。后来,她几经周折,回到了克雷斯特。

很显然,光从人数和武器装备来看,抵抗部队就注定要在韦科尔战斗中失败。泽勒将军和"罗杰"认为,做无谓的自我牺牲或是被俘根本就于事无补。"罗杰"必须对他手下所有的情报网络成员负责。于是,7月22日上午,战斗仍在激烈进行着,由泽勒将军、克里斯蒂娜、"罗杰"、安托万·塞雷尼上尉、"卡齐米尔"、忠诚的"艾伯特"和一些马基游击队队员组成的一个小分队,沿着障碍重重的斜坡爬下了山。这组小分队的主要成员乘车到了杜鲁赛山口,接着就顺着山坡一直往下走——因为敌我双方正在不断地进行着激烈的交战——来到了德龙山谷。穿过该山谷后,他们继续往圣纳泽尔-勒沙漠方向前进,然后,往东向塞雷进发。最后,到达了萨沃勒农,那里有一个大型的接应中心。在萨沃勒农,他们搭便车走了约十英里。之后,他们穿过拿破仑公路,来到了一个叫莫纳捷·阿勒曼德的小村庄。在这个小村庄,村里的面包师傅费了九牛二虎之力,才把他们护送到了塞纳-莱什-阿尔卑斯的基地。他们几乎马不停蹄地在24小时里走了将近70英里的路。

只要特工人员上了战场,他们就决不能把任何住处当作固定不变的安乐窝。同样"罗杰"也必须这样做。他严于律己,从不违反作为一个细心谨慎的特工应该遵守的不成文、不言自明的任何规则。最后,"罗杰"和同伴跌跌撞撞地来到了特里尔先生家的那间熟悉而又舒适的小房子,特里尔先生在当地开了家烟草店。等到"罗杰"确信同伴们都安全了,他感到如释重负,内心的安慰真是难以言表。此刻,他一头扎进为自己准备好的床铺,一躺下就睡着了。

对任何人来说,根本就无暇去沉思韦科尔这场大屠杀所带来的恐惧。"罗杰"和克里斯蒂娜立刻又投入到了繁杂的工作当中。"罗杰"明白,只要日常工作和会晤一结束,他就又得启程了。

与此同时,刚刚从阿尔及尔空投下来的两人加入了"罗杰"的小组。这两人是赞·菲尔丁少校和朱利安·莱扎德上尉。上尉来自南非,说话颇为风趣,他的好朋友都管他叫"莉齐"。虽然他放荡不羁的轻率举动掩盖了自身的勇敢无畏,但这位无拘无束、说话风趣的莱扎德却和克里斯蒂娜一样,从不拘泥于小节。此外,他还是个耽于幻想、追求浪漫之人。不幸的是,"莉齐"跳伞着陆时伤得很重,菲尔丁一直陪在他身边,直到一位年轻的医护官赶来照料他为止。菲尔丁得知"莉齐"无恙,而且还将会得到很好的治疗之后,就马上离开去了塞纳,来到了特里尔先生那里。在特里尔那里,特种行动执委会让他务必与上级取得联系。

菲尔丁自然不知"罗杰"长的什么模样,当他看到"罗杰"是位"满脸堆笑、身材高大的年轻小伙子"时,心里顿时吃了一惊。菲尔丁回忆说道,"'罗杰'双肩下斜,举止从容且富有活力,从外表来看,他显得十分幼稚。后来,他出色的指挥和谦虚的工作作风让我敬佩不已。前后相比,'罗杰'简直就是判若两人。后来我才知道,对他来说,抵抗部队就相当于是一个新的宗教。三年来,在这个宗教里,他用出色的表现,实施着自己的布道"。

菲尔丁十分钦佩克里斯蒂娜。后来,他在献给克里斯蒂娜的《捉迷藏》①一书中,曾栩栩如生地这样描写过克里斯蒂娜留给他的第一印象:

自从克里斯蒂娜的祖国波兰在军事上土崩瓦解之后,她就在沦陷的欧洲的其他地方承担最危险的任务。她的英勇事迹使我浮想联翩。我猜想,在她那紧张的神情还有说话时气喘吁吁的样子背后,到底隐藏着一种什么样的英勇品质。尽管她特有的魅力会让我们把她和传统观念之下的女间谍联系在一块,但是她并不是在所有方面都和她们一样。她喜欢穿简朴的衬衫和裙子,这身打扮配上她那稍加梳理的乌黑短发,加上一张完全不需要任何精心打扮就显得清秀的脸蛋,这一切使得她看起来就像一个搞艺术的学生……她和"罗杰"简直就是绝配。

那时,菲尔丁根本就没有时间去进一步了解克里斯蒂娜,因为没过多久她就去了意大利。在意大利,她的任务主要是联络游击队员。克里斯蒂娜从韦科尔一路赶来,已经精疲力尽了,"罗杰"不忍心让她马上就离开。但是,他说没有必要担心克里斯蒂娜,因为她走的时候,步伐轻快,就像是在跳舞。克里斯蒂娜双目凝视着莱·埃弗切斯山和格兰德·斯克莱恩山的顶峰,这两座玫瑰色的山峰雄伟壮丽,宛如塞纳—莱什—阿尔卑斯的美丽小山村的背景帷幕。

和往常一样,克里斯蒂娜总是要历经千难万险之后,才能与"罗杰"相聚。"罗杰"仍然记得克里斯蒂娜坐在吉尔伯特·塔弗纳尔摩托车后面赶路时的情形。不管怎样,克里斯蒂娜还是跨过了边境,最终到达了意大利。在意大利,她和只拥有200名精锐士兵的游击队取得了联络。而且,在意大利的阿尔卑斯山上,还协助他们成功地扰乱了德军。因为在位于从法国通往意大利的两条要道之间,他们占据着最高的据点。

---

① 《捉迷藏》这书由菲尔丁所写。实际上,弗朗西斯·卡默茨说,这时,菲尔丁只在法国呆了18个月。

那时,德军正进行大规模的进攻,克里斯蒂娜必须穿过困难重重的德军防线和险象环生的山区地带。克里斯蒂娜冒着极大的个人危险才把这项任务完成。之后,她还得继续赶路,去做那些效命于冯·魏泽上校第十九军的"奥斯特"或"东方"军团的俄国士兵的思想工作。由于她口齿伶俐、辩论有力,加上她那给人留下深刻印象的说话方式,数以百计的俄国士兵在她的影响下都离开了他们原先的部队,加入了当地的马基游击队。

在克里斯蒂娜的冒险历程中,最奇怪的一件事就是,她再次展示了对动物的控制能力。有一天晚上,为了躲开一支德军巡逻队的搜查,她躲在了路边的灌木丛下面。当时,德军正牵着警犬从她藏身处旁边经过。一条阿尔萨斯大狼狗猛地向她扑了过去。她悄悄地把这条狼狗搂在怀中,没有弄出一丝声响,狼狗在她身上嗅来嗅去,用舌头舔着克里斯蒂娜的手,然后就趴在了她的身旁。她听到这条狼狗的主人为了召唤它吹了很久的口哨,但是,狼狗却一动也不动。那天晚上,它一直和克里斯蒂娜呆在一块。后来,它就一直跟随克里斯蒂娜,再也不愿离开她。"罗杰"说道:"在上阿尔卑斯省,那条狼狗一直和我们呆到解放为止。尽管它是一条经过了训练的'边境'狗,但它却完全忠于克里斯蒂娜。和她呆在一起,它简直就像是一条乖巧的小狗。"

作为一名特工,克里斯蒂娜成功的部分原因是由于她能在必要时,很好地进入她所需要扮演的角色里。在意大利阿尔卑斯山的时候,克里斯蒂娜知道,她的角色就是去扮演一个天真、诚实、年轻的村姑。她曾两次被德军抓住,但是她的演技太好了,德军很轻易地就相信了她,所以后来就把她放了。

但是第三次的时候,她却费了很大力气才得以脱身。那时,克里斯蒂娜正带领一支意大利游击队,赶往离他们最近的马基游击队。途中一支德国边境巡逻队追上了她,他们命令克里斯蒂娜把双手放在头上,她毫不犹豫地照做了。但是,她两只手都握着一个拔了引线的手榴弹。克里斯蒂娜用流利的德语告诉他们,除非他们让她和她的同伴们走,否则,就和他们一起同归于尽。这明显不是在故意吓唬他们。德军见此情形,于是就很不情愿地走开,放走了克里斯蒂娜和她的意大利游击队。

克里斯蒂娜的下一个重要任务，就是去说服德方在拉尔什山口堡垒里的驻防军队。这个山坳通道，也叫勒-马德莱娜山口，是通往周围地带的必经之路。德军想把这里当作向迪涅增派援军的通道。克里斯蒂娜发现驻扎在这个堡垒里的士兵大部分是来自波兰西部的是波兰人，他们都是受到威逼利诱才加入德国军队的。于是，她决定爬上堡垒，去和他们谈一谈。

这个山口大约有1994英尺高。倘若要想到达那里，就得穿过一片浓密的落叶松树林，而这片落叶松树林长在陡峭的山坡上。如果谁能够到达山口，光从忍耐力来说，就是一个惊人的壮举。根据"塔塔"的描述，克里斯蒂娜坐车从吉尔伯特·加莱蒂的家出发，一路上穿山越岭，来到了她选好可以进入松树林的地点。她离开大路，走上了一条蜿蜒直上的羊肠小道。在穿过那片浓密的落叶松针叶时，由于道路难走，她常常会停下来休息一下。尽管这样，她还是一步一步地走向了目的地。她不时滑倒，那些尖尖的落叶松针叶把她的双腿划破了。

克里斯蒂娜用了一天半的时间才到达山顶。一到堡垒的背风处，她就成功地让在那里的波兰联络人注意到了她，并让他们聚到一起。接着，她就拿着一个扩音器，并用波兰语向那群波兰籍士兵说了自己此行的目的。结果，她说服他们离开了德军，转而加入了抵抗部队。假如她在此次任务中失败了，那么德军决定大规模猛攻拉尔什山口的计划就很可能会成功。德军一旦成功的话，美国部队的前进就会受阻。多亏了克里斯蒂娜的这一行动，马基游击队才得以炸毁这条公路，从而阻挡了德军机动部队通过。

当克里斯蒂娜正在往拉尔什山口的山顶做马拉松式的攀爬时，她的上司却遇到了难题。1944年8月11日，即同盟国在南部登陆的前三天，"罗杰"和他的小组部队正出发前往阿普特。在阿普特，他们碰到了刚刚到达的法国高级军官，军官们交给了"罗杰"一大笔钱。

两天后，"罗杰"在赞·菲尔丁、索伦森指挥官和司机克劳德·雷诺瓦的陪同下，回到了塞纳。当时，菲尔丁已堂堂正正地改名叫"阿尔芒·德·庞特·列夫"，索伦森是一名代号为"牧师"的法国军官，司机则是画家的儿子。

尽管赞·菲尔丁知道他们身上都带有"逼真的"证件，但是，当他坐在那辆标有"红十字"标志的救护车里时，看着"罗杰"及其同伴们在穿过敌军控制区时所表现出的那副若无其事的样子，心里还是不禁充满了敬佩之情。此刻，向来就小心谨慎的"德·庞特·列夫先生"检查了一下自己的个人证件。他认为自己身上带了太多的钱，一定会受到盘问的，而且这么多的现金一定会引起德国人的怀疑。于是，他决定把钱分成三份，让"罗杰"和"牧师"各拿一部分放在身上。菲尔丁写道：

> 我们行车一路上都平安无恙，甚是愉快。因此，我必须不断地提醒自己，我不是在度假，而是在执行很要紧的任务。我甚至忘了一件事。每次我们到了一个充满欢快气氛的村庄时，"罗杰"就会和地方领袖商谈事宜；而我呢，就坐在咖啡馆外的悬铃树下，美美地喝上一杯酒。这时，我早已把要执行的任务抛到九霄云外去了。

这种幸福愉快的感觉持续的时间很短。在回塞纳的途中，正当"罗杰"一行人驾驶着"红十字"汽车进入迪涅时，盟军的空袭开始了。一支"蒙古"民防团像潮水般涌向这辆"官方汽车"。"罗杰"立即就叫雷诺瓦尽快把车上的乘客放下来，并让他把车开到通往塞纳最近的出口和他们相会。"罗杰"他们分散开来，十分小心地躲开了这些仍在四处急于逃跑的"蒙古人"。空袭结束的信号一响，他们就按事先安排的那样，在约定好的地方，又回到了他们车里。他们每个人都暗自庆幸能侥幸脱险，于是打算继续向塞纳方向驶去。

车子刚要开动之时，他们就看到前方有一个路障，那是另外一支"蒙古"民防团设置的。民防团的人把罗杰的汽车拦了下来。"罗杰"和菲尔丁出示了他们看似非常正式的官方证件，一位眼睛细长的高加索人看了看他们的证件，因为看不懂里面的内容，所以决定放他们通过。

但是，正当他们再次赶路的时候，雷诺瓦看到一辆德国汽车追了过来。这是辆盖世太保的车子，一伙荷枪实弹的德国安全部队士兵从车上跳了下来。其中，一个穿德军制服的年轻人例行公事地向雷诺瓦问了一连串的问题，而且他看上去对雷诺瓦的回答很满意，并打算让他们一行人通过。但是在放行之前，他坚决要求检查"牧师"和"罗杰"的证件，看完之后，发现都没有问题，他就转向了"阿尔芒·德·庞特·列夫"。

尽管菲尔丁的母语是法语，但他有相当长的时间没有说法语了。当时他意识到自己的法语说得结结巴巴。这时，这名德国军官审问完菲尔丁后，还要求继续查看他们的公文。阿尔及尔人已给他提供了很多其他证件和钱，这些都放在他的钱包里。菲尔丁把钱包交给了这名德国军官。军官看到其中一张卡片的日期已经过期，就命令菲尔丁上他的车。菲尔丁正要上车时，军官要菲尔丁说出和他一起的同伴身份。菲尔丁回答说，他根本就不认识他们，就是两个搭便车的人罢了。然后，菲尔丁就上了那俩盖世太保的车。看到这般情势，菲尔丁害怕得整个人都僵住了。

与此同时，德军命令"罗杰"和"牧师"把口袋里的东西都掏出来，并交出钱包和出示其他证件。当这名军官要求菲尔丁从盖世太保的车里出来和"罗杰"他们站在一起时，他们就知道情况肯定变得非常不妙了。

德国人问道："你说你完全不认识这两人？"菲尔丁答道："从来就没有见过他们。"德国人接着又向他们三人问道："先生们，你们能否解释一下，为什么你们每个人身上带的钱都是同一系列号？……不用解释了，我不想再听你们的任何谎言，上车，全部上去。"

克劳德·雷诺瓦没有被德国人带走，他带着这个不幸的消息，匆匆地赶回了塞纳。其他三人却被带到了迪涅的中心监狱。据"罗杰"描述，那是个"沉闷的兵营"。在院子里，他们双手抱头，脸朝墙壁站了几分钟。之后，他们被推进了地牢。牢里放了一个桶，桶子里还有半桶的屎尿，四张肮脏不堪的床铺分成两排放着。其中的一张已被一个家伙占了，他侧卧在床上。

"罗杰"和伙伴们已经24小时没有吃上一口饭，喝上一口水了。后来，他们从牢里被带了出来，推进了一辆车，德军把他们送到了当地一个叫"玫瑰别墅"的盖世太保总部。在那里,他们又被锁了起来,直到再次一个一个被带出来审问。这一审讯持续了一段时间。虽然菲尔丁的脸上、腰上被其中一个身强体壮的打手打了几拳,但是由于能够再次相聚,三人感到无比欣慰。他们决定天一黑就想办法逃出去。然而,他们根本就没机会去实施越狱计划。因为他们随后就被带回了迪涅监狱,并且被锁在了另一个更大的牢房。

在"罗杰"和他的同伴被捕当天的清早,克里斯蒂娜回到了特里尔先生在塞纳的房子,找到了面色铁青的雷诺瓦和茹弗医生以及该组的其他成员,他们正在商议袭击迪涅监狱的可能性。克里斯蒂娜知道,想用武力解救他们,根本就毫无希望。因此,她决定尽快亲自前往迪涅,看看如何才能解救"罗杰"。

"罗杰"的"钢琴师"——"奥古斯特"把"罗杰"和他朋友被捕的消息传到了阿尔及尔的总部,并在等着总部的答复。此时,克里斯蒂娜突然灵光一闪,想到了一个主意。她说:"大家先稳住阵脚,等我从迪涅回来再做打算。"说完这些话,她推出一辆旧自行车,一脸感激之情地回想起安德鲁教她骑车时的情形,摇摇晃晃地骑了25英里的路赶到了迪涅。

一听说"罗杰"身陷囹圄,克里斯蒂娜唯一的想法,就是在盖世太保还未发现"罗杰"和他同伴的真实身份之前,尽快把他解救出来。她十分清楚,如果德国人发现,他们在一次例行的突击检查中就抓到了大名鼎鼎的英国特工"罗杰",那么,"罗杰"和他的朋友们就会立即被枪毙。

约翰·罗珀是克里斯蒂娜的朋友,住在布里扬松。当他听说了"罗杰"的处境后,马上筹集了一些金币和现金。"我带着所有的钱,骑摩托车去了塞纳,看是否我能帮上什么忙。一大早我就到了特里尔的住处。他们和茹弗、克劳德·雷诺瓦和其他人就坐在特里尔家干等着,脸上一筹莫展。他们说,克里斯蒂娜正在迪涅为'罗杰'的事情活动,但是不知道她具体在哪里。我叫一个小孩带着钱,到克里斯蒂娜最有可能去的地方找她。此刻,我也只能坐着干着急了。"

克里斯蒂娜一到迪涅,就想弄清楚"罗杰"具体被关在什么位置。她来到迪涅监狱,看见一大群人簇拥在监狱附近,不知道在做些什么。克里斯蒂娜很轻易地就溜进了监狱。她一边沿着那幢阴深深的牢房走着,一边大声哼着"弗兰基和约翰尼"这支歌曲。"罗杰"和她都很喜欢这首歌曲,在散步或开车时,她和"罗杰"经常会唱这首歌曲来激励自己的斗志。她绕着监狱转了一段时间后,没有听到一声回应。突然,她听到有个人也在唱这首歌,而且声音很大。这是"罗杰"在扯开嗓门唱歌。看到"罗杰"的这一举动,他的同伴都感到非常震惊。

克里斯蒂娜下一步的行动,就是伺机行事。她对监狱的宪兵说自己是"罗杰"的妻子,想知道能否现在见她"丈夫"一面。克里斯蒂娜还说,她"丈夫"是刚刚在一场大逮捕中被抓进来的。

在碰到一位年长的宪兵之前,好像根本就没有人关心她的困难。老宪兵非常同情这位身体瘦弱、脸上裹着一条乡下人常用的黑色围巾的年轻妇女。克里斯蒂娜向他咨询,她怎样才能得到给她"丈夫"带肥皂和剃须用具等生活必需品的许可。

"食物可能对他更有用处,"这位老宪兵说道,"但是,我不能帮你去见你丈夫。在这里,唯一可以帮你的就是艾伯特·申克。他是阿尔萨斯人,担任地方管辖区和盖世太保之间的联络官。"克里斯蒂娜要求见申克,直接和他谈这件事。

"上校,盖世太保抓了三名十分重要的盟军特工,我丈夫'罗杰'也在其中。我是一名英国特工,菲尔德·马歇尔·蒙哥马利陆军元帅是我的舅舅。盟军在离这里不远的地方已经登陆,很快就会到达这里,你应该早就听说了吧。那时,杀害我丈夫和他朋友的人的日子可就不会好过喽。你完全明白,即使我们的人不杀你,而那些杀到这里的马基游击队的人也会杀了你,因为你们的手上沾满了他们战友的鲜血,他们一定会对你们进行报复。"

艾伯特·申克知道,德军在战争中的处境已经非常不利。而且,人们都在传言说盟军就在附近,这些传言可都是有事实根据的。他觉得克里斯蒂娜是一位非常有主见的年轻妇女。于是,他决定和她摊牌。

"我自己帮不了你任何忙。但是,一位名叫马克斯·韦姆的比利时人可以帮你,或许他能帮你打个招呼,因为他是盖世太保的'官方'翻译。打这种招呼很危险,而且要花很多钱。不过,假如真像你所说的那样,你是出身名门,那么你肯定能弄到足够的现金让韦姆去打通关系。他对任何总数低于 200 万法郎的钱财从不感兴趣,这可是真的。"

"我明白了,"克里斯蒂娜沉着地说道,"好的,上校。你安排我和韦姆先生见一次面,我会见机行事的。"

8 月 14 日或者 15 日下午 4 点,克里斯蒂娜坐在申克夫人的公寓里等着韦姆的到来。她知道,"罗杰"命悬一线。这时,门开了,韦姆走了进来。他个头矮小,相貌平平,还有点驼背,穿着一身盖世太保的制服,腰上别了把左轮手枪。克里斯蒂娜为了降低酬金,和他争论了三个多小时。在韦姆面前,她把自己那富有吸引力的个性发挥得淋漓尽致。她告诉他,盟军随时都有可能打到这里。她自己是名英国伞兵,和英国军队一直保持无线电联络。为了证实自己所说的话,克里斯蒂娜拿出了一些作废的无线电晶体碎片给他看。

韦姆把左轮手枪拿了下来,从申克夫人拿来的壶里倒了一杯咖啡。这杯是真咖啡①,不是速溶类的咖啡。克里斯蒂娜和韦姆静静地喝着咖啡,两人都在沉思着。很明显,克里斯蒂娜威严的神态给韦姆留下了深刻的印象。

"假如我是你,"克里斯蒂娜说道,"我就会仔细考虑我给你提出的条件。正如我对申克上校所说的,假如我丈夫或是他朋友有任何不测的话,你们就会很快遭到恐怖的报复。因为这不用我说,你也知道,你和申克上校在当地的口碑很差。"

韦姆手上沾满了太多人的鲜血,盟军和法国抗德部队肯定要报复他。想到自己的下场,他惊恐不已。他用枪托在桌子上敲了敲,说道:"假如我把他们弄出监狱,你将会如何保护我?"

"我保证,"克里斯蒂娜回答道,"我以英国当局的名义向你保证,假如你把我丈夫和他朋友都弄出监狱,我会尽一切努力保护你和申克上校的人身安全,让你们免受游击队员的报复。盟军一到这里,我也一定会把你

---

① Real coffee:真咖啡,与速溶类咖啡相区别而言。

这次为盟军所作的重大贡献告诉他们。你应该可以想到,只要有我的保护,他们决不会把你关进监狱,也决不会迫害你。我保证你会受到全方位的保护。"

克里斯蒂娜觉得她已经为"罗杰"的生命赢得了时间。然而,她明白,她必须尽快筹到钱,以免韦姆改变主意。她中断了会谈,以最快的速度赶回了塞纳。她要求"奥古斯特"立刻和阿尔及尔总部取得联系。她给布鲁克斯·理查兹的留言就是:"用200万法郎赎回'罗杰'和他同伴们的性命。"她还补充说时间非常紧迫。她确信阿尔及尔总部一定会对她的求救信号做出回应。于是,她马上就去为空投大箱的钱安排一个空降地。

8月14或15日,克里斯蒂娜见到了申克。钱是总部在16日夜里空投下来的。克里斯蒂娜把用塑料袋装好的钱放在了自己床下,那天晚上,她睡了一会就醒了,一直辗转反侧到天亮。天一亮她又踏上了那条她再也熟悉不过的通往迪涅的道路。

与此同时,约翰·罗珀在塞纳却遇到了麻烦。由于他和指挥官联系不上,他迫切需要另一个总部的指示。因此,他从塞纳出发,一直走下山,想和以前一样,从迪涅绕道而行,到山的另一侧去搭车。他刚走了不远,坐在车里的克里斯蒂娜就赶上了他。她简略地告诉他说,她已经为"罗杰"制定了越狱计划。因此,迪涅将会处于高度戒备状态,他根本就没有机会穿过迪涅。克里斯蒂娜把他带回了特里尔那里,而她自己又去了迪涅。

在监牢里,"罗杰"他们个个都变得十分消沉。虽说"罗杰"不能确定他们会不会被枪毙,但是,他知道,他们的性命已危在旦夕。"罗杰"说:"我们一共被囚禁了四天,他们简略地审问了我们。这四天里,我大部分时间都在睡觉,我想其他的人也在睡吧。他们安排了一个奸细和我们住在一起,搞得我们连话都不能讲。"

第四天中午,自从进监狱以来,"罗杰"他们第一次吃了一顿像样的饭。他们一边喝着热蔬菜粥,一边啃着硬面包,若有所思地交换了一下眼神。他们心想,这顿饮食的变化预示着什么呢?菲尔丁和"牧师"认为这是他们生命中最后的一顿午餐了。

那天下午,马克斯·韦姆上身穿着国防军的军衣,头上戴着印有骷髅画的护卫军帽,昂首挺胸地走进了监牢,粗暴地命令他们出来。他们战战兢兢地跟在他的后面,因为他们心想,他是来把他们带到足球场去处决的。韦姆手中握着左轮手枪,押着“罗杰”他们穿过院子,走到了监狱门口。“就在监狱外面,”“罗杰”说道:“停着一辆汽车,那是辆前轮驱动的雪铁龙汽车,是我们车队中的一辆,我记得克里斯蒂娜就坐在车里等着。克里斯蒂娜坐在前座,韦姆、赞·菲尔丁和索伦森爬到后座,我坐到汽车的驾驶位子。随后,我们就驶离了监狱。汽车一起动,克里斯蒂娜就说‘成功了’。”

汽车以最快的速度疾驰而去,“罗杰”驾驶着汽车往迪涅的郊区开去。他们又碰到了一个路障,不过这次哨兵看到有韦姆在,就示意他们继续赶路。他们来到了乡村开阔的土地上,“罗杰”找了一个地方把车停了下来。马克斯从车里走了出来,向菲尔丁做手势叫他跟上。然后他们来到一个陡峭的堤坝边,沿着河岸滑到了河里。韦姆在河里脱下身上的制服和帽子,接着就和菲尔丁在水下挖了一个坑。当坑挖的足够深时,他们就把制服和帽子放进里面,然后用泥土和一堆鹅卵石掩埋起来。办完这件事之后,他们又回到了车里,“罗杰”驾驶汽车继续赶路。

大约在晚上 11 点钟,他们把车停在了一个荒废谷仓的外面,约翰·罗珀和几个无线电联络员正在谷仓里面等候着他们。

对于这次重聚,他们感到异常兴奋。“这些犯人”和押送他们的人来到这里一个小时后,大家都在收听 BBC 广播电台。新闻过后,他们在“私人消息”的节目里,听到了这样两句:“‘罗杰’已经自由了,电贺保利娜小姐。”

他们返回了塞纳,所有前来迎接的人都在欢庆他们的胜利归来。人们焦急地等了好几个小时,才等到这一时刻。另外一个好消息就是,在克里斯蒂娜和“罗杰”与同伴们离开迪涅几个小时之后,美国装甲部队的总指挥官已经率领部队成功攻占了迪涅。哈弗德·冈恩也意识到了迪涅监狱里的情况变化。他开着那辆小小的标致牌汽车,疯狂地驶往圣特罗佩兹,想让美国人尽快赶往迪涅营救“罗杰”。但是,美国人来得太迟了,正如冈恩后来所说，"这无疑是克里斯蒂娜起了作用"。

正如克里斯蒂娜以英国当局的名义所保证的那样，申克上校和马克斯·韦姆确实受到了安全保护。这种保护一直持续到制定好对他们进一步处置的方案为止。申克不顾别人的警告和建议，自作主张带着克里斯蒂娜之前给他的200万法郎回到了迪涅。结果，他在迪涅遇害。他的死肯定与这些钱有关。这时申克夫人的处境非常危险。但克里斯蒂娜和"罗杰"并没有弃她不管，并在经济方面给予了她很多帮助，让她和她的两个孩子安全回到了阿尔萨斯。

后来，马克斯·韦姆被关押到驻扎在尼斯的英国伞兵旅。"罗杰"通过关系才把他从英国战地警察的看管所里送到意大利的巴里。后来，韦姆参加了远东的自愿军。最后，他被作为战俘送到了澳大利亚，安然无恙地回到了他的故乡比利时。从那以后，再也没有听到过有关克里斯蒂娜曾交给他的那200万法郎的消息。

最后谈到迪涅营救行动的有关情况的就是赞·菲尔丁。他写道：

> 克里斯蒂娜意志坚定，敢冒着生命的危险去营救他们。她肩负的责任，几乎超出了常人所能承受的限度。抛开她个人勇气的因素，她还必须从特种行动执委会的角度，去考虑她的行动是否完全可行。就个人而言，她会毫不犹豫地用自己的性命去换取这三人的性命。然而，作为一名特工，她不得不去考虑自己和这三个人，谁的生命更有价值。假如事实证明是她更值得活下去，那么她的任务就是去保护自己。
>
> "牧师"和我的性命价值与"罗杰"的相比，简直就是微乎其微。她认为，"罗杰"的性命更值得自己去拿定主意，并采取行动。假如"罗杰"没有和我们一起被逮捕的话，克里斯蒂娜完全没有必要去采取任何行动。因为采取行动，这也就意味着危及自己的性命。间接说来，全亏了"罗杰"，我才得以活了下来；但直接来讲，我更应该感激克里斯蒂娜。

第十章

战后飘忽不定的生活

"罗杰"他们三人和死神几乎就是擦肩而过。不过,在迪涅营救行动之后,这三人很快就分道扬镳了。菲尔丁少校被调离了法国战场。他被派到希腊,加入了唐纳德·哈密顿·希尔的机构。由于懂希腊语,加上之前在克里特的经验,他简直就成了该机构的无价之宝。索伦森指挥官悄悄溜到了巴黎的法国军情局,而且还谋得了一个高级职位。约翰·罗珀早已骑着摩托车离开了,回到北方继续做自己的生意。

而克里斯蒂娜和"罗杰"则立即踏上了去寻找盟军总部的道路,他们希望到那里可以有用武之地。他们找到一位特工联络官——班伯里上尉,班伯把他们带到了锡斯特龙。在锡斯特龙,他们和美国一级参谋取得了联系,参谋把他们介绍给了指挥美国装甲部队的将军。

将军草率的做事作风几乎到了无礼的地步。"罗杰"提议说,他对这个地区很熟悉,完全可以带领手下的人来支持盟军的军事行动,但将军却说他对地下部队的活动毫无兴趣。随后,他背对着"罗杰"和克里斯蒂娜,假装专心致志地看地图。

"罗杰"急忙把克里斯蒂娜拉出帐篷。直到他俩赶到加普,"罗杰"一直耐着性子,一言不发。德军在加普已大规模投降。美国军队正沿着锡斯特龙公路向镇里逼近,他们到达加普镇上的一个据高点,在那里过了一夜。当克里斯蒂娜和"罗杰"加入他们的时候,他们正在为攻占小镇的战斗做准备。与此同时,加普的地方行政秘书长——瑟奇尔·巴雷特,也是"罗杰"抵抗部队的一名成员,已说服德军放弃抵抗,并告诉他们说一切都已结束了。他把敌军关在当地的一家电影院里,由童子军守卫着。

黎明时分,坦克轰轰隆隆地开进了加普,没有遇到任何抵抗,童子军自豪地移交了他们的战俘。"罗杰"、克里斯蒂娜也和部队一起参加了这次盛大庆典。这次庆典非常成功,没有损失一兵一卒。当时谣言四起,说德军正准备进行一次反击战,很快就会到达贝厄德山口。

此时,有人把"罗杰"和克里斯蒂娜介绍给了一个美国上尉。上尉说道:"该死,我在这里的山口俘虏了2000名穿德军制服的波兰士兵。"克里斯蒂娜和"罗杰"想起了拉尔什山口。那里的德国国防军东部的士兵正准备加入盟军部队。于是,他俩说道:"让我们去看看战俘吧。"

午饭过后,他们陪同上尉来到了一个大牧场,那里是关押波兰籍战俘的营地。克里斯蒂娜手里拿着扩音器,一边向战俘们走近,一边向他们喊道:

> 德军要进行一次反击战,我们呆在这里很危险,希望你们能
> 与我们一道抵抗德军。但是你们不能穿着德军制服去作战,可
> 是我们也没有制服给你们。因此,你们只有光着膀子上阵了。

顿时,波兰士兵一阵沉默无语。一阵沉默过后,他们便脱下上衣,手拿衣服在空中挥舞。这很明显表示,他们准备跟随克里斯蒂娜参加战斗。

上尉高兴地说:"嗯,怎样处理才合适呢? 不过我们要征得将军的同意才行啊。"因此,他们三人就去找将军。将军非常冷淡地接见了他们,说"罗杰"和克里斯蒂娜一直在插手他的战俘工作,甚至还威胁说假如他们不马上离开,就立即逮捕他们。

这让大家都感到十分恶心。那天晚上,"罗杰"和克里斯蒂娜会见了一位著名的美国战地记者,向他诉说了这件事情。"罗杰"后来说:"我不知道是不是我们的缘故,但无论如何,这位将军不久就离开了战争舞台。"

随后,"罗杰"和克里斯蒂娜驱车来到了帕奇将军的总部,向他汇报并询问下一步的工作计划。帕奇将军非常亲切友好,并告诉他们说,罗纳山谷西边的军队左侧防线是他最担心的问题。他请求"罗杰"和克里斯蒂娜担任他的联络员,与在加尔、阿尔代什和罗纳三个区的抗德部队取得联

系,命令他们尽快向赶往里昂。

他俩带着正式命令离开了帕奇将军的总部。随后,他们在沃克卢斯找了几个朋友一起驱车穿过了三个区,来到了圣埃蒂尼和里昂。

就在"班巴斯"(哈弗德·冈恩)前往尼斯去组织一支美法联军以前,他和克里斯蒂娜到山区去和一支游击队会谈。他说:"她的体力令我十分惊讶,这一路走来,即使对男人来说都极其艰苦,但克里斯蒂娜一点劳累的样子都没有,尽管我肯定她好几次肌肉痛得厉害。我们话谈的不多,但我记得,她看上去很悲伤,对未来一点也不乐观。"

最后一次经过那片他们既热爱而又熟悉的地方时,"罗杰"和克里斯蒂娜的心里都有一些恋恋不舍。因为他们清楚,他们很快就不再是搭档了。他们都知道,在以后的岁月里,再也不可能有像这种关系那样紧紧把两人结合在一起了。尽管认识的时间不长,不过他们一起工作过,一起经历过危险,感受过紧张。这一切都使得他俩的感情跨越了通常的障碍,而且一下子就飞跃到了相互信任、相互理解的最高情感境界。他们很清楚,这就是他俩一起工作的最后一次。他俩知道,其他来接管工作的人也许不会关爱和同情他们的法国朋友;他俩也明白,隔阂已再次产生。

"罗杰"总是想起克里斯蒂娜。不仅是因为她救过他的命,让他回到了幸福的家庭生活和工作当中,而且还因为她的行动证明了他的一些观念是正确的,即人类在和平与战争年代能够表现出极大的勇气。至于克里斯蒂娜,除对安德鲁之外,她对"罗杰"挚爱的感情早已超越了一切。这个男人和蔼可亲的性格与高贵的气质,让她心中一片豁然。对他能够默默理解她那从未向任何人透露的性格特点,她心存感激之情。

当"罗杰"和克里斯蒂娜赶到里昂城时,这座曾经毫无生气的城市到处都是一片欢声笑语。德军在这里的统治早已土崩瓦解,一队队神情沮丧的士兵,一批批拖曳着脚步的战俘,慢慢从当地居民房子的窗外走过。长久以来,他们留给居民的只有恐惧和痛苦。

克里斯蒂娜非常高兴能与西尔维娅尼·雷伊重逢。"我为了和她说笑,谈到了她所驾驶的吉普车牌照,"西尔维娅尼·雷伊说道,"那是军情五处的牌照。我们一起吃午饭的时候,就像两只鹦鹉一样不停地说话。

吃完午饭,我们向莫兰广场走去。在广场'保利娜'突然发现她的袜子脱线了。她感到非常沮丧,因为在那个年代,尼龙袜就像是夏日里的雪球,极为稀有。所幸的是,我刚好有一双新的尼龙袜可以给她。她非常开心。她女人味十足,而且十分讲究自己的外表。"

在里昂,克里斯蒂娜和"罗杰"遇到了很多故友和熟人,其中一位就是彼得·斯托尔斯。一次很偶然的机会,斯托尔斯在阿尔及尔的西迪-费鲁奇第一次遇到了克里斯蒂娜。现在他将会更加了解她。

"我们第一次见面时,"他说道,"我还是个小角色,在阿尔及尔的盟军总部效力。道格拉斯·多兹·帕克是我们机构的头头,我的上司是弗朗西斯·布鲁克斯·里卡兹。那个时候的克里斯蒂娜身材纤细,整天跑来跑去的,非常迷人,和后来的她相比简直就判若两人。后来,就在我们得知'罗杰'和他的助手在韦科尔发生的事后,我们在阿尔及尔才开始对这对出色的搭档产生了兴趣,对他们的安危,我们都很关心。在听说了迪涅事件之后,我们都非常敬佩克里斯蒂娜的勇气。

"我跟随盟军取道科西嘉,在靠近圣特罗佩兹的一个海滩登陆。我们和'大公爵'取得了联络,他是我们在战区的代表。他为我们找来了一辆车子和一位司机,车门上印着一个降落伞的图案。我的工作就是在乡村到处走动,接应我们负责的特工人员。我们驾车穿过乡村,来到了阿尔代什,随后又到了里昂。按照上级指示,我要在弗朗西斯·布鲁克斯·里卡兹赶到里昂之前组建一个总部。这个总部是英美联军汇报情况和储藏武器弹药的中心,专门接收藏匿在乡间各处的大量武器和弹药。我把这个储藏中心设在一间很大的私人住宅里。我记得很清楚,地点是在格兰德—布列塔尼大道。'罗杰'和克里斯蒂娜把他们所知道的有关武器、装备、人员的情况及时地汇报回了总部。然后,他们就一点一点地把那些武器带到总部。

"这段时光充满了惬意,因为那时 RF 分部和 F 分部彻底分开了,我要和很多各色各样的特工相处,其中包括极富传奇色彩的托尼·布鲁克斯。我们这些人一有空,就呆在一起。我很快就发现,克里斯蒂娜是个地地道道的欧洲人,因为我很肯定,她是为欧洲的价值观而战。克里斯蒂娜只要和她信任的上司在一起,即使条件再艰苦,她也非常忠诚,毫无怨言,但是她从不耐着性子和愚蠢的人在一起共事。这是从战场向阿尔及尔发来的简洁扼要的电报中提到的,我清楚地记得那份电报。她肯定是我见过的最勇敢的女人。"

这种充满活力和危险的生活激励着她。然而,这是克里斯蒂娜最后一次享受这种生活了。她很快就要失去那种有男性保护的战友关系了,而这种关系对她来说非常重要。同时,她也将失去那种作为组织一部分的安全感。虽然组织可能要她奉献生命,但组织也会照料她。当她属于组织时,组织肯定会给她提供住处、衣着、饮食,还会给她提供足够的交通和通信工具。因此,在战场上,她从来用不着担心日常生活中这些鸡毛蒜皮的事情。

克里斯蒂娜完成任务之后,向阿维尼翁总部作了情况汇报,在克里伦酒店她遇到了约翰·罗珀。地方总部的几个参谋要求罗珀汇报完自己的工作情况后再离开。但他对这件事一点也不感兴趣。因此,大约过了一个晚上,克里斯蒂娜、约翰·罗珀和一个军官借了一辆抵抗部队的车子,驱车来到了里昂。他们从里昂搭乘飞机,经过巴黎来到了伦敦。克里斯蒂娜的几件行李被误送到了法国北部,再也没有送回到她手里。她唯一的一件行李就是一条笨重的钱包腰带,里面装满了金币,这些金币原本是要分发给那些法国马基游击队员的,但他们拒不接受。她根本就没有自己的钱财。

克里斯蒂娜知道,在她的人生当中,这是一个重要阶段的结束。她带着一颗脆弱的心,孤独地离开了法国。以前她每次到伦敦,总是有一种回到安德鲁身边的温暖。这次,却没有任何人来问候她。尽管她回到伦敦的当天是星期六,但对克里斯蒂娜来说,那天晚上却非常漫长,她独自一人漫步在伦敦的大街上,身无分文。这座城市正舔抚着战争带来的创伤,一副灰白而又阴森的景象。这漫长的一夜是一次令人心碎的经历,因为就在那时,克里斯蒂娜对她即将面对的未来开始感到害怕了。她没有向她所信奉的宗教乞求帮助,原因很简单,虽然她是作为一个天主教教徒而被抚养长大的,但是,在她承受压力的日子里,她的信仰却没有坚定到能够支撑她的地步。当她拼命地想去**相信**的时候,这种精神信心的缺失又为她增添了一份凄凉感。

就在这段悲凉的日子里,克里斯蒂娜再次见到了约翰·罗珀。这次重逢加深了他们之间的友谊,更让他们成为了好朋友。"就在那时,"约翰·罗珀说道,"她第一次来到我在伦敦的公寓,并住了下来。公寓是我的姨妈,已故的弗伦奇夫人暂时租下的。在接下来的几个月,就是在我们前往意大利准备执行曾一度被中断的波兰任务之前,克里斯蒂娜和我似乎或多或少都靠这套公寓,才有安身之处。我记得很清楚,我们俩一直绕到了贝克街去讨论那件事。最重要的是,在那段日子里,克里斯蒂娜和我彼此更加了解了对方。

"正如众所周知的那样,她对男人极富吸引力。然而,在我身上,这却不是主要的一点。她的美貌一点也没有什么特别,尽管这样说会让人听起来很荒诞。不过,事实上她是一个很特别的人,尤其是她懂得怎样去和别人相处。她和我当时的女朋友以及我的姨妈关系都很融洽。但这种关系与对别人的关系又不一样。比如说,我家的厨师对她倾慕不已,但她对厨师的态度却只有友好。我和她之间的友情非常坦诚。也许有人会问,为什么过了那么多年,当我再也不能整个月都陪伴她时,我仍然还是把她当作亲密的朋友。我能说的就是,假如是我遇害,而不是克里斯蒂娜,那么我可以坦率地说,我想她现在也仍然和我看待她一样来看待我。她的友谊是很独特的。"

安德鲁·肯尼迪在意大利的时候,总是想着克里斯蒂娜能够回到他的身边。而他也一样经历了一番坎坷。最初,他去了意大利的巴里,接着又到了莫诺波利。随后,他又来到了奥斯图尼和波兰伞兵学校,那些伞兵学员将要被空投到波兰战场。

安德鲁有过多次冒险经历。有一次偶然的机会,他在罗马当面聆听了庇护十二世教皇的谈话,这是他最为称道的一次冒险。安德鲁能成为听众的一份子,这都多亏了一位达科他人。此人坐着由一名澳大利亚飞行员驾驶的飞机在波兰着陆后,找了一伙人,这些人当中包括塔塔将军和汉恰陆军上校,他们在内务部队中发挥了十分重要的作用。

驻意大利的波兰大使安排将军和上校去拜见教皇,对来自波兰和内务部队的任何人来说,这都是第一次。但是,将军因为要开会,只得飞回伦敦,而上校由于只懂波兰语,就叫安德鲁陪同他一起去见教皇。

"我们是从侧门进去的,"安德鲁说,"迎接我们的是由瑞士警卫组成的一排仪仗队。随后,我们一直沿着巨大的走廊走到了一个接待室,接待室里挂满了很多漂亮的油画。里面有一位高级宗教领袖正在等候我们,我猜应该是位主教。他带领我们四处参观了一下。随后,他把我们领到了一间屋子,教皇就坐在里面。这个房间很小,里面放着几张白色的路易十六时代的椅子。教皇坐在一张普通的椅子上,我们走了进去,吻了吻他的戒指,然后谈话就开始了。教皇坐在中间,波兰大使和我坐在两边,可怜的上校却未能参与我们的谈话。就纳粹德国对犹太人和波兰人所做出的惨无人寰的行为,我建议教皇应该表明自己的态度,但教皇没有听从我的这一意见,对此我十分失望。

"我感到很痛苦,忘记了应有的礼仪,说道:'但是,我的教皇,人们惨遭杀害掳掠,有的还被毒气毒死,天主教肯定不会坐视这样恐怖的暴行继续下去而不说些什么吧?'教皇说:'好了,我的孩子,你一定得理解,天主教照顾的是整个世界,而不只是一个国家。'"

在意大利,安德鲁隶属于 139 部队,该部队是特种行动执委会的一个分部,由 H. M. 思雷福尔陆军中校统帅。而上校在 1943 年秋天,被调到了欧洲的中部地区,担任珀金斯陆军中校手下的副将。这个地区覆盖了波兰、捷克斯洛伐克和匈牙利三个国家的领土。早在 1944 年,盟军为了在欧洲大陆采取军事行动,组建了 139 部队。当时所有欧洲大陆的军事行动都是从地中海开始展开的。

在意大利的巴里建立特种行动执委会,能够把两年前发起的行动扩展到被占领的波兰。像自由法国①一样,波兰在英国也有一个流亡政府象征性地代表本国的主权。这些国家的人民从沦陷的欧洲领土一起来到英

---

① 第二次世界大战中,法国人民反抗维希傀儡政府,因为该政府由纳粹德国控制。大部分反抗的人都来自法国之外,他们试图推翻该政府,领导人是戴高乐上校。

国,和英国人民共同组成了一股强大的抵抗力量。而波兰人民一直就在同轴心国作战。特种行动执委会在波兰开展军事行动的开始是以1941年委派一个独立代表团到波兰为标志的,所有的行动则由波兰人民直接组织领导。能够在英国的控制外组建自己的政党,波兰人感到特别自豪。这些代表团甚至是由波兰的机组人员用飞机把他们运送到波兰的。直到战争结束的最后几天,英国的代表团还没有踏上波兰国土,这些军事行动由英国和波兰的特种行动执委会专门组织,实际由伦敦的波兰人指挥。波兰人在英国正作为一股独立的力量在发挥作用。

1943年,安德鲁旅行到了伦敦。在伦敦,安德鲁遇到了一位重要的波兰人,这人名叫诺瓦克,他是驻伦敦的波兰政府与华沙地下组织的高级情报员之一。

"我邀请他与我共进午餐,"安德鲁回忆说,"并向他说了我的想法。我认为,在波兰派驻一个英国使团,这极为重要。那样的话,他们就可以直接向英国政府传递情报。我向他解释说,英国是个岛国,英国人决不会相信外国人,他们只信本国人。诺瓦克同意我的观点。他说:'我知道,正如你所说的那样,有这样一个使团对我们十分重要。但是,索斯恩科夫斯基将军和第七局坚决反对建立这样一个使团。'"

从1941年初到1943年,支持波兰秘密部队,前往波兰执行特别的军事行动都是由英国的特种行动执委会组织的。到1943年秋天,对飞行来说,这条北方航线已变得很困难、很危险了。1943年9月,在两次夜间行动中,盟军损失了六架飞机。这是因为这条飞往波兰的航线穿过了敌军夜间战斗机的飞行路线。敌军的防空带已由丹麦的北部一直延伸到了德国中部。德国建立这条防空带,是为了保护柏林免受空袭,因为那时轰炸机指挥部正实施猛烈的空袭计划。那时特种行动由轰炸机指挥部负责,由于丧失了六架飞机,指挥部认为,这条飞往波兰的北方航线过于危险。因此,指挥部建议飞机应从南方飞入波兰。

第一个建议就是从北非飞入波兰。1943年底,由多架解放者号和哈利法克斯号组成的波兰飞行队飞离了英国。他们组成"1586飞行队",并在北非建立了基地。12月初,三架飞机进行了第一次行动,但恶劣的天气迫使他们返航了。12月里,他们又进行了一次尝试。结果获得了三次成功的飞行。

那时,他们又决定,尽快把波兰飞行队转移到意大利南部,并且只要布林迪西的飞机场改建得适宜开展特种行动,搬迁就立即开始。1944年1月初,在布林迪西组建的1586飞行队与148飞行中队,以及英国皇家空军,一起组成了334左翼飞行队。除了美国的一架大型作战飞机从英国起飞,飞往华沙以外,此后所有前往波兰执行特种行动的飞机都从意大利起飞。

把飞行路线从英国转移到意大利,就意味着盟军必须在意大利建立一个能与波兰方面取得直接联系的通讯站,以及拥有必要的波兰工作人员。1943年末,盟军在拉蒂亚诺建立了通讯站。同时,盟军还决定,去往波兰第六局的新兵要在一个学校进修。这些新兵是从中东刚组建的波兰部队里招募来的。由少校克里茨尔领导的训练学校,以作风大胆而出名,它建在奥斯通尼。而那个以"魔鬼训练"著称,起初由格拉诺夫斯基上尉领导,后由雅兹温斯基少校管辖的基地,则建于拉蒂亚诺。两个地方都有英国联络官,他们负责指导与英国军事当局所有必要的商谈,从而使得波兰的特种行动能与特种行动执委会在地中海行动的总格局相协调。

在意大利,英波基地只负责在波兰的特别行动的训练和执行,与波兰本土的直接联系仅限于一些很重要的事情。所有和政策或情报有关的问题都由伦敦的波兰军情六局去处理。六局有自己的无线电,可以和战场直接取得联系。在所有的同盟国中,唯有波兰享有这一特权。伦敦和拉蒂亚诺基地的波兰人之间也有直接联系。

3月底,直到H.M.思雷福尔陆军上校和I.C.克劳伯少校加入之后,这一组织才最后确定下来。他们把总部设在一个名叫莫诺波利的小渔港,正好在巴里和布林迪西的中间。思雷福尔上校说:"那里的人民非常贫穷,疾病在到处蔓延,如果你不考虑这方面的话,我想你可以把那个地方称之为一个风景如画的地方。安德鲁是我的军官之一,一度曾是我在奥斯通尼波兰训练学校的联络官。我早听说了克里斯蒂娜,当有人建议我用她时,我非常肯定,像她那样有才干的人,一定会成为一名得力的干将。"

在莫诺波利,你找不到许多可供娱乐和消遣的地方。镇上最壮丽的建筑就是一座为纪念圣尼古拉斯而建的大教堂。教堂既是当地人的骄傲,也是他们娱乐的场所。教堂里有一幅圣母像,人们也称之为"木筏上的圣母像",因为曾有一幅放在木筏上的圣母玛利亚画像奇迹般地飘进了港口。圣母像的旁边堆满了从多方收集而来的谢恩物品,其中最醒目的就是一块雕刻勋章。这枚勋章是颁发给圣母像的,因为她曾奇迹般地解除了一枚炸弹。这枚炸弹是英军轰炸莫诺波利时投下的六十颗炸弹中的一枚。

在英国空军妇女辅助队,克里斯蒂娜接到了一个很光荣的任务。她身穿英国皇家空军制服,于1944年11月21日飞抵意大利。约翰·罗珀当时也正打算前往波兰执行任务,所以他俩就一起出发了。当看到安德鲁的奥佩尔牌小汽车停在街上时,他俩兴奋极了,迫不及待地想找到安德鲁。

"当我再次见到克里斯蒂娜时,我感到心潮彭湃、激动万分,"安德鲁说,"她看上去非常消瘦,瘦得只剩下皮包骨头了,但她脸上却洋溢着胜利的喜悦。她没有在那里呆很久。因为有任务在身,她很快就踏上前往英国的旅途。我和她在一起的时间只有几天,但在那几天里,我们过得非常开心。"

1944年8月1日,当俄军跨过维斯图拉河,向华沙郊区挺进的时候,很多民众都加入了华沙的波兰秘密部队,与他们一同反抗德军。同时,秘密部队也向盟军请求武器支援。在伦敦波兰政府的请求之下,参谋长给地中海盟国空军发了封电报,询问他们此事的可行性。经过几次重要协商,援助计划被否决了,原先8月4日准备飞往华沙的15架飞机也转而飞往波兰的其它地方。其中,4架飞机没有返回,2架飞机在着陆时坠毁。

巴尔干空军负责从意大利发起所有特种行动。他们宣称,夜间有月亮的时候,到波兰执行特种行动过于危险,故而取消了行动。他们的理由是,德军的夜间战斗机和雷达探测保护着西里西亚的工业区。因此,在波兰最需要援助的时候,华沙不但没有得到支援,而且所有支援秘密部队的行动计划也都被取消了。

这种情况并没有持续下去,因为在 139 部队的指挥官发布紧急情况之后,巴尔干空军允许波兰空军飞行队前往华沙执行特种行动。与此同时,在莫斯科的波兰总理米科拉济兹克先生也请求俄国的斯大林元帅能给予援助。苏联表面上许诺一定会给予援助,但实际上在 9 月 13 日的晚上才开始向波兰提供支援。

华沙特种行动执委会重新调整了策略。波兰最高指挥官直接向参谋长发出了紧急支援的请求;同时,波兰政府也请求英国政府能给予紧急援助。因此,可以说大家为第二次请求支援华沙下了很大一番功夫。经济战线部长塞尔伯恩爵士,为了向特种行动执委会负责,给丘吉尔发了一封电报。结果,这封电报使得地中海盟国空军的地位被重新审查了一番;同时,在 8 月 13 日,203 部队还被迫调配了两个中队的解放者号飞机去增援334 左翼空军。

思雷福尔陆军上校说道,"当时,我已经在职权范围内尽了全力。我正在尽一切可能去帮助波兰人,但总是很难。我常常像是夹在政治三明治中的肉片。不管伦敦方面作出的决定对波兰是有利还是不利,我都会把消息传递给波兰人民。与此同时,我又像是一只老虎,总在为他们想要得到的而拼命厮杀"。

安德鲁说:"对波兰人来说,思雷福尔上校是个好朋友。他办事很注重效率,已经让英国当局承认英国在波兰的使团是很有必要的。我还得说,我要严厉批评六局。当灾难袭来的时候,当华沙战火四起的时候,他们除了对那些使团表示同意以外,什么实际行动都没有。

"飞机从布林迪西开始就往华沙空投供应物。无线电里从华沙向我们发出的呼叫是'支援!支援!'。起初,飞行员还可以回来。通常,他们上午 5 点离开,下午 5 点回来。飞机穿过意大利和南斯拉夫时,遭到了防空炮的射击。随后,他们飞过匈牙利,遭到更多防空炮的射击;再后,他们飞到波兰,在华沙上空开始空投。飞机来到时,华沙到处都是一片火海,人民生活在水深火热之中。由于当时华沙已被分割成许多不同国家占领的小区,有的空投物品落入了敌人手中。因此,大部分空投行动都是在做无用功。参加空投行动的飞机损失巨大,牺牲惨重,很多盟军飞行员在华沙空投完供应物之后,发现飞机已严重损坏。虽然苏军领地就在维斯图拉河的另一边,但苏联盟军却不让他们在自己的领地降落。"

华沙起义刚结束,克里斯蒂娜就回到了莫诺波利。克里斯蒂娜、安德鲁以及波兰分队由于无兵无权,当自己的国家正在遭受劫难时,他们只能眼睁睁地看着,这对他们所有人来说,都是让人难过的时刻。他们白天黑夜都守候在收音机旁,因为无力帮助自己的国家,克里斯蒂娜唯有以泪洗面。在克里斯蒂娜的一生中,这很可能是她最痛苦的一刻,因为以往任何事情都不及她的祖国所遭受的苦难更让她伤心难过。她最强烈的想法就是立即赶赴波兰。

波兰使团本来有三个小队,但只有一队去了波兰。安德鲁、约翰·罗珀以及一个他们很信任的朋友保罗·哈克都属于第二队,但这一队从未去过波兰。第三队和克里斯蒂娜也没有去成,因为她的任务是在分队之间担任信使和联络员。

思雷福尔上校谈及克里斯蒂娜时说:"我想克里斯蒂娜是一个很有趣的女人。她聪明、有活力,做事有干劲。不幸的是,我们不能给她提供一份固定的工作,但她为我们这些想进入波兰的英国军官在波兰情况的介绍上提供了帮助。

克里斯蒂娜住在巴里的帝国饭店。为安全起见,男人们被安置在巴里后山上一间条件很差的冷屋子里。安德鲁和约翰·罗珀共住一间卧室,但罗珀却很少见到他的朋友们,因为他正努力从事波兰语的工作,并且每天都要负责完成两次通讯任务,而其他人却不用。

几乎从克里斯蒂娜刚来的那时起,天气就开始变得恶劣了,这是意大利三十多年来最恶劣的一个冬天。随着天气变得越来越恶劣,听到有关华沙的消息时,克里斯蒂娜和安德鲁也变得越来越急躁。那时,克里斯蒂娜前往华沙的任务已确定被取消了,她失望到了极点。

就在这时,克里斯蒂娜和安德鲁之间的那种亲密和充满激情的关系开始起了变化。尽管他们相互之间早有协定,各自过独立的生活,但两人在经过这种漫长的恋爱事件之后,心里早已深深地对对方产生了一种嫉炉和占有之念。因为在伦敦时,安德鲁曾和他俩都认识的一个女孩交往过密,而这个女孩正好也想嫁给安德鲁。在这件事上,克里斯蒂娜从来就没有真正原谅过他。

然而,安德鲁也是有苦难言。克里斯蒂娜常常也触及他的痛处,她身边的崇拜者曾多次把他从她的身边赶走。然而,他俩的爱是那样强烈,彼此之间是那样需要对方,所以每次他俩团聚的时候,两人都感到异常幸福,早把所有的不愉快都忘得一干二净。

安德鲁知道,克里斯蒂娜在被取消了前往华沙的任务之后非常失望。所以,他决定和克里斯蒂娜暂时分开一段时间。在过去的几个月里,发生了许多事,他想让时间去重建他俩之间原有的那种亲密之情,并观察克里斯蒂娜对他已安排好的一个新计划的反应。

克里斯蒂娜说她准备休息一下。因此,安德鲁就做好了一切安排。在一个风景如画的小宾馆,他为她找好了几间舒适的屋子,他想克里斯蒂娜应该会喜欢的。他有太多话想和她说,可是,他几乎没有机会去向她在韦科尔和迪涅的出色功绩表示庆祝。安德鲁第一次这么认真地考虑放弃自己个人独立生活的念头,他急切地想把自己的这一决定告诉克里斯蒂娜。而对克里斯蒂娜来说,这也是她最关心的问题。他希望克里斯蒂娜听到这个好消息后,能改变她那对婚姻多少有些偏见的观点。他怀着比平常更加强烈的期待之情,在等待着爱人的到来。

最后,克里斯蒂娜终于来了。即使到了现在,安德鲁还是很难去谈论那次简短而又让人心碎的聚会。克里斯蒂娜说她要即刻前往开罗。因为她要去那里的多边原子武装力量统帅部下属的行动部门工作。这就是克里斯蒂娜取消与安德鲁一同度假的理由,假如这并非真正的理由,那么,克里斯蒂娜也没有给过安德鲁其他理由。

毫无疑问,这种情形下发生的激烈争吵终止了他们之间那种和谐、完美的亲密之情。他俩的心灵结合得非常紧密,两人的情感决不会出现任何危机。但是,自从那时起,安德鲁认为,自己再也不是克里斯蒂娜的心上人了。后来,尽管他们还会常常在一起,但是原来那种感觉已经不复存在了。自从经历了巴里的那起灾难性的事件之后,他们再也不能像以前那样亲密了。

克里斯蒂娜那样伤害安德鲁的原因是无法解释的。这一次，由于她自己的过失，并没有减少安德鲁在她心中的分量。自从她遭受人生挫折之后，安德鲁就是她的一切。安德鲁和克里斯蒂娜都是背井离乡之人，当她回到他的身边时，她总是感觉好像是回到了家里。

1945年1月1日，因为救过两名英国军官的性命，克里斯蒂娜·格兰维尔被授予乔治勋章。因为她救过索伦森少校，法国授予她战斗银星十字勋章，勋章的背面刻着泽勒将军对克里斯蒂娜的表彰。

克里斯蒂娜最迫切的愿望是回到波兰。1945年，当她听说她的朋友帕特里克·豪沃思（上次还是在莫诺波利的时候见过他）在华沙的英国大使馆就职时，就给他发了封电报，敦促他在华沙给她找份工作。"我马上就去找我们大使，"忠诚的帕特里克说道，"我把有关克里斯蒂娜的传奇故事告诉了他，比尔·卡文迪什·本廷克非常乐意雇用她。我高兴极了，即刻写了封信，并寄给了外交部。但是，外交部不同意，所以我只能如实告诉克里斯蒂娜，她听后极其失望。"

1944年10月，在开罗的大陆宾馆，克里斯蒂娜遇到了一个年轻人。后来，这位年轻人成为了她很要好、很信任的朋友。迈克尔·邓福德少校是个英国人，是位雷达和通讯专家。他以前在中东四处旅游，曾效力于英国议会。1942年，由于他的文官才能，得以效力德黑兰最高级会议，担任新闻界和公众活动的安排工作。

邓福德少校立即就被克里斯蒂娜迷住了。但是，在他们相遇的时候，她还没有从情感的伤害中恢复过来，对于将来要和谁去谈婚论嫁，她根本就无法确定。虽然在意大利惨败之后，她和安德鲁之间曾有过一道裂痕，但不管怎样，克里斯蒂娜还是希望可以和安德鲁和好如初。

克里斯蒂娜呆在英国驻中东部队统帅部下属的行动部门，直到复员为止。1945年5月11日，克里斯蒂娜放弃了在英国空军妇女辅助队的工作，部队给了她100英镑的退役金。随后，感激的英国政府就把她忘得一干二净。

```
- E X T R A I T -
──────────────────

de l'ordre général n° 211

Le Général Z E L L E R Henri, Commandant la

16e Région Militaire


C I T E
──────────────────

A L'ORDRE DE LA DIVISION


Madame  G R A N V I L L E  Christine .

          ".De nationalité britannique, descendue en parachute sur le
" Vercors au mois de juin 1944, a montré jusqu'à la libération un courage
" remarquable, une volonté magnifique, une endurance surprenante.

          " Parcourant toute la zone alpine, a réussi un grand nombre de
" missions de liaison périlleuses.

          " Chargée plus spécialement de prendre contact avec les soldats
" polonais servant dans l'armée allemande, a conduit à la reddition la gar-
" nison du col et du village de LARCHE.

          " Est parvenue à sortir de la prison de DIGNE, un officier bri-
" tannique et deux officiers français tombés entre les mains de la gestapo."


          LA PRESENTE CITATION COMPORTE L'ATTRIBUTION DE LA CROIX DE
GUERRE 1939-1945 AVEC ETOILE D'ARGENT.


                              Fait à Montpellier le 30 novembre 1945

                                        signé: ZELLER.


EXTRAIT CERTIFIE CONFORME :

Paris, le    0 8 OCT. 1974

L'Administrateur civil B A L A T
Chef du Bureau des Décorations,
     Commandant BATTINI,
```

　　特种行动执委会,这个"机构"先前总是承诺会给她提供一些保障,然而,在对待他们出色的特工时,却是那样随随便便。克里斯蒂娜的祖国根本就没有做出任何表示来表彰她的英雄女儿。甚至在寻找最卑微的工作上,克里斯蒂娜都遇到了极大的困难。她有很多忠心的朋友。然而,她的自尊心极强,加上自己又想独立,不愿成为别人的负担,因此,对于开始困扰自己的精神焦虑,她没有向任何人吐露。她对私事总是难以启齿,即使是她最亲近的朋友,对她的经济状况也是一无所知。

约翰·罗珀在德国一直呆到了1946年。同年,他进入外交部工作,并有幸得到了重组波兰武装部队的工作。就在这时,他觉察到,克里斯蒂娜在战争结束后把心思大多放在关心他人的问题,而不是自己的问题上。

1947年夏季,约翰·罗珀被调到雅典工作,但在他上任前,克里斯蒂娜已从中东返回,于是他便尽量抽时间去看望她。那时,约翰·罗珀和一帮朋友就开始忙碌,看是否能为克里斯蒂娜找到一份他们认为合适的工作。在这伙朋友当中,有两位当时工党政府的年轻部长,以及至少两名未来保守党的部长。他们想了许多点子为她找工作,但克里斯蒂娜却明确告诉约翰·罗珀说,凡是基于她在战争期间的表现而给她提供的工作,她根本就不打算接受。因此,他们的一切努力都付诸东流了。

现在,克里斯蒂娜开始过着颠沛流离的生活。有一段时间,她和安德鲁在一起。在结束汉堡的战斗之后,安德鲁去了波恩。保罗·哈克是波恩军政府的农业部长,他将安德鲁招进他的部里。最后,安德鲁打算在德国安家,对于这一决定,克里斯蒂娜完全不能接受。随后,她就只身一人去了法国南部。她有个年迈的穷姨妈住在那里。她认为赡养姨妈是自己应尽的义务。她在当地的一个房产代理商那里找到了一份工作,但过了一段时间,她认为这并不是自己所想要的那种工作。她的生活飘忽不定,而她最想要的就是安稳。

安德鲁说:"假如克里斯蒂娜有一份个人收入的话,她可能会在法国南部买一块地。房子也许会建在普罗旺斯的附近,或在山上某处。按她的想法,房子可能会建成普罗旺斯魔角旋转式的,屋子里既没有防潮层,也没有电灯。她决不会在屋里放满家具,但一定会养一群无家可归的狗和猫,还有一大群鸟儿。接下来,她就会躺在阳光下享受她的后半生。正如我所说的那样,她是个酷爱阳光之人。"

具有讽刺意味的是,假如克里斯蒂娜接受了一幢伦敦的房屋遗产,那么她就会有一份家产了。她的一位英国朋友在遗书中要求把这幢房子赠送给克里斯蒂娜。在他临死的时候,他的遗嘱执行人与克里斯蒂娜取得了联系，并告诉她，现在她是这份财产的继承人。由于某些不愿示人的原因，她拒绝了这份遗赠。当安德鲁问她为何要抛弃一次可以拥有安定生活的机会时，她只是笑了笑，然后就拒绝谈论这事了。

为了尽快办理好自己加入英国国籍的手续，克里斯蒂娜回到了伦敦。由于情况看起来没有任何进展，她就开始认真找工作了。为什么像克里斯蒂娜这样才华横溢的女人还要去找工作，并接受这种志趣不相投的卑微职业呢？这确实让人很难理解。然而，她在这个时候显然非常沮丧。她整个人似乎都快要崩溃了，根本无法去忍受日常生活的现实，她强烈地感到战争已经让她精疲力竭了。由于这些烦恼，她一度似乎丧失了了活下去的意志。

尽管这时克里斯蒂娜不经常在外抛头露面，但她还是继续去看望她的朋友。她的幽默感丝毫没有减弱，在各种各样的工作当中，她遇到过很多人们日常生活中所发生的简短闹剧，为了逗大家开心，她就一五一十讲述了这些闹剧。她曾在印度旅馆做过一段时间的接线员，但是电话转换机让她神经过敏。她还在一家哈罗德服装店卖过衣服，但是当那些身材臃肿的顾客在试穿那些短小的衣服时，她那直率而坦诚的评论并没有赢得顾客的好评，而且她的上司也不喜欢她的这种做法。

她的下一次冒险是去接手帕丁顿一家宾馆被服室里的工作。克里斯蒂娜的这一举动完全出乎人的意料，因为她决不是位熟练的女裁缝。一大堆一大堆的毛巾、被单、枕套都要不断的修补，做这样的事令她很沮丧。于是她就辞职了。

一个朋友把她介绍给了一位管理着几家连锁酒店的经理。在她第一次面试的时候，经理就告诉她，这一职位只会考虑结了婚的女人。克里斯蒂娜问这位经理，这一规定是否也同样适用于男人，经理的回答当然是否定的。"行，"克里斯蒂娜说道，"给我一份你们还没有结婚的经理名单，我就嫁给他们其中一位。"

克里斯蒂娜的夙愿终于实现了。她加入了英国国籍。因为她原先在英国并没有必需的居住证明，所以并不符合条件。艾丹·克劳利是她的赞助人之一，作为下院议员和副部长，他是个说话很有分量的人物。但是,当时每位负责这项工作的人都认识很多要求加入英国国籍的人。于是,英国官方决定,把几个有出色战绩的波兰人的名字收集起来。在这份有十个波兰申请人的名单上,克里斯蒂娜的名字列在第一位。这些人的个人情况首先要经过丘特尔·伊德的专门审核,然后再递交给内政大臣。内政大臣毫不犹豫地裁定了入选名单,他完全认可他们对英国做出的贡献。然而,他却忽视了一个事实:他们在英国没有居住权。

1947 年,克里斯蒂娜拿到了英国护照。她十分高兴,并且相信这肯定标志着一个前途更加光明的全新时期的开始。她紧紧地握着这份崭新的证件,兴高采烈地来到了日内瓦。在日内瓦,她怀着激动的心情,怀着对未来的憧憬,去参加了工作面试。她未来的雇主仔细检查了她的新护照。

"对不起,格兰维尔女士,"老板把护照还给她说道,"你不是英国人,你只是一个拿到了英国护照的外籍人员。"护照前页上的个人说明让人看起来很不舒服。按照护照上的说明,克里斯蒂娜是一位"移居英国的外国侨民。"移民证书上写着"亚利桑那第 20605 号,英国内政部编号 G26822,1946 年 11 月 23 日颁发"。"这些所有的数字使她感觉自己就像个罪犯,"安德鲁说道。

这件事情带来的打击使克里斯蒂娜再也承受不住了。克里斯蒂娜想离开欧洲。她总是渴望阳光和广阔的视野。当她的朋友迈克尔·邓福德写信告诉她说,他已决定在内罗毕定居,并非常喜欢乡村时,让他意想不到的是,克里斯蒂娜竟回信说她将去他那里。战后的欧洲,什么都要定量配给和排队,到处是一片灰暗沮丧的景象,能够逃离这儿去往阳光普照的辽阔非洲,令克里斯蒂娜激动不已。

邓福德并不相信克里斯蒂娜真的会来非洲。令他大吃一惊的是,几个星期之后,她就来到了肯尼亚。1947 年 7 月,他们一同去了比属刚果度假。她立即就恢复了活力,也重新获得生活的乐趣。在她的这一人生十字路口,对克里斯蒂娜来说,迈克尔·邓福德可以算是一位合适的伴侣。他的善意和理解帮她恢复了健康,更让她的心态平静了下来。他俩之间有很多共同的爱好,两人都喜欢大自然和旅游。

克里斯蒂娜申请准许在肯尼亚居住。但是,由于某些不明原因,"当时的殖民地当局驳回了她的申请。7 月 20 日，克里斯蒂娜获悉，她的英国勋章和乔治勋章将由那时的肯尼亚总督菲利普·米切尔爵士转交给她。克里斯蒂娜用自己特有的方式声明，假如英国政府认为她不适合在肯尼亚居住，那么她就不接受国王代表转交的荣誉勋章"。迈克尔·邓福德记得，当她摆出这副姿态的时候，肯尼亚殖民当局感到非常尴尬。直到肯尼亚英国皇家空军司令官出面，请她以一名前英国空军妇女辅助队成员的身份来接受这一荣誉，她才来到肯尼亚的政府议院接受了勋章，并获准在肯尼亚居住。

默文·考伊是位"名人"之乡的传奇式人物，克里斯蒂娜来到内罗毕之后的一段时间，他委任迈克尔·邓福德去管理自己所创办的一个新组织。这个组织就是肯尼亚旅游协会，它也是东非旅游协会的前身。

当克里斯蒂娜想在肯尼亚找份工作的时候，她的护照很快又成了令当局十分头痛的一件事。肯尼亚民航登广告招募一批女乘务员，克里斯蒂娜申请了这份工作。检查护照的官员问她，为什么带着英国护照旅游，为什么她不回自己的国家去。这个问题激怒了克里斯蒂娜。第二天，她带着一名律师返回到了那位官员的办公室，并要求他把原来的话再说一遍。

克里斯蒂娜随后给安德鲁发了封电报，约他在伦敦相会。当她来到伦敦的时候，她仍余怒未消。她决定把勋章和护照还给英国当局，因为她觉得当她拿着这些东西时，对方和她说起话来就好像是对待"二等公民"一样。安德鲁安慰了克里斯蒂娜一番后，她才平静了下来，他们又再次去看望艾丹·克劳利。克劳利富有同情心，他很快与英国内政部就此事进行了一番交涉。结果由于他的干涉，克里斯蒂娜与那些过去和她有着同样情况的人们被称为"英国和殖民地的公民"。

艾丹·克劳利和他的作家妻子弗吉尼娅·考尔斯都是克里斯蒂娜的挚友，他们总是很乐意克里斯蒂娜去他们家做客。"她十分可爱，"艾丹·克劳利说道，"身体虚弱，体格瘦小，身材纤细。她对男人很有吸引力，但对女人就不太感兴趣了。她常常不辞而别，但她总是会告诉我们她去了哪里。她很聪明，待人非常亲切，而且不愿伤害别人。这最终导致她的毁灭。她常常会因为普通生活的氛围而感到压抑。当我和她讨论勇敢的时候,她笑着说,在战场上,当危机出现的时候,通常由于自己太忙了,根本就没有时间去考虑害怕。她是一名经验丰富的卓越战士。"

克里斯蒂娜返回肯尼亚,重新开始了她的生活。我们从她在这段时间照的相片可以看出,她当时完全是一副轻松、美丽和恬静的样子。很明显,她对生活很满意,而且正在享受着生活。关于是否该在非洲定居,她曾认真地考虑过好几次。她和迈克尔·邓福德还在中东四处旅游,还在塞浦路斯呆过一段时间。邓福德还在塞浦路斯买了块地,建了一个度假屋。尽管如此,克里斯蒂娜还是一心想回内罗毕,因为只有回到那里,她才会感到放松自在。

克里斯蒂娜常常挂念安德鲁,还不断地给他写信,把自己的计划和方案告诉他。她梦想着在一个阳光明媚的地方建一幢房子,并希望安德鲁能够和她一起生活在那里。她渴望能在这个生气勃勃的新世界里,与安德鲁一起,携手开创美好的新生活。然而,安德鲁根本就没有去非洲居住的打算。他说:"我刚开始享受我在漫长的战争年代里错过的一切。一想到在太阳底下生活,我的脑袋就会发懵,这种生活对我来说,没有丝毫吸引力。那里的生活远离欧洲文明,我能在那里做些什么呢?我非常了解克里斯蒂娜,她一定会想念她的朋友们的,而且她肯定还会想回家。"

安德鲁对他们未来的计划采取了不合作的态度,因此克里斯蒂娜被激怒了。迈克尔·邓福德作为旁观者,只有耐心等待。邓福德第一次觉察到,安德鲁紧握自己所钟爱女人的双手已经开始放松了。

就在此时,安德鲁发生了 场车祸,性命危在旦夕。他在医院昏迷了很长一段时间。当他终于睁开双眼时,他在病床前看到的第一个人就是克里斯蒂娜。

第十一章

悲伤的结局

安德鲁化了一段时间才得以康复。由于他体格健壮,恢复得比较快,才提前出院了。在他康复期间,他和克里斯蒂娜为未来制定了很多计划。克里斯蒂娜决定不再返回肯尼亚,但对于自己的生活方向她感到非常迷茫。

弗兰西斯·卡默茨说:"有位海军官员为了帮助特种行动执委会的人员找工作,开了家短期职业中介所,但经营期限只有几个月。那时,他们给克里斯蒂娜介绍了很多工作,但没有一份工作适合她。我常常问她究竟想要一份什么样的工作,但她只能告诉我她不想做什么。她绝对不想涉足行政部门,也不想参加长期培训。但她想和别人一起工作。"

虽然克里斯蒂娜本人对钱并不是很感兴趣,但每当她需要钱的时候,安德鲁总是欣然向她提供经济援助,为此她想好好报答安德鲁。克里斯蒂娜收到了一位在开罗认识的朋友的来信,这位朋友在信里说自己已经移民到了澳大利亚。一想到可以像安德鲁一样想出一个有趣并有利可图的商业计划时,她就欣喜异常。

迈克洛夫是个俄国人,正在南斯拉夫军队里服役。他在移居澳大利亚前,曾加入了盟军部队。他在给克里斯蒂娜的信中说,他已和一个叫诺曼·汉密尔顿的合伙人携手合作。汉密尔顿是位澳大利亚飞行员,他有很多关系。他们已合伙做生意。他们想,一旦拥有汽车代理权,就可以挣很多钱。

安德鲁认为这是一个极好的主意,马上给迈克洛夫写了封信,并向他询问具体的要求。那时,根据计划安排,迈克洛夫和他的合伙人应该来欧洲,详细讨论这一交易。克里斯蒂娜返回伦敦之后,安德鲁就在德国忙着打通各种必要的关系。

对于这桩新生意,克里斯蒂娜和安德鲁都抱有很高的期望。他们希望,这桩生意可以满足他们所有的经济需求,可以成为一份盈利事业的基础。他的澳大利亚合伙人将来拜访他们,为了安排这件事情,安德鲁投入了所有的精力和时间。

在接下来的几个月里,安德鲁和克里斯蒂娜在伦敦和欧洲大陆频频见面。1950 年,他们开始了美妙的环法长途旅行。他们到处游玩,而且还拜访了克里斯蒂娜的故友。在韦科尔举行了一次纪念仪式,这个纪念仪式是他们旅行途中最为快乐的时刻。在整个仪式中,克里斯蒂娜被称为战争女英雄,而且还一直被尊称为"保利娜小姐",这让安德鲁感到无比的自豪。

迈克洛夫和汉密尔顿来到欧洲时,安德鲁替他们做好了一切安排,并为他们取得了很多著名汽车生产商的代理权,其中有著名的保时捷汽车生产商。这次会面取得了很大成功。安德鲁和克里斯蒂娜非常慷慨地款待了来访的客人。虽然花费很大,但是安德鲁确信,他为自己和克里斯蒂娜做了一次很可靠的投资。

虽然合伙人很乐观地回到了澳大利亚,但两件无法预测的事件毁掉了他们所有的计划。严重的经济衰退刚刚开始,以至于速度快和价格昂贵的欧洲汽车的销售受到很大限制;另外,合伙人之间也出现了严重的意见分歧。

当这一消息传到克里斯蒂娜和安德鲁耳朵时,对他们来说,不啻晴天霹雳。更糟糕的是,安德鲁已经把他所有的可用资金都投资在了启动新项目的费用方面。一想到是因为自己把迈克洛夫介绍给安德鲁并给他带来如此的不幸,克里斯蒂娜就感到非常内疚。因为现在她和安德鲁都相当缺钱,除了去澳大利亚把合伙人之间的事情弄清楚外,她也想不出任何别的好方法。

就在这时,她和她的表弟斯坦利·克里斯托弗又恢复了联系。"有一天,突然她给我打了电话。我已有很长一段时间没有见到她了。她提议要见我,我十分高兴。她仍然和原来一样,不过看上去脸上似乎少了点光泽。尽管如此,她还是比其他的人活泼多了。我们举行了一次家庭聚会,谈了谈波兰和我们的亲戚。克里斯蒂娜很爱她母亲,任何时候一提到她母亲,就会让她很难过。因此,我们就再也不提可怜的斯特凡妮。

"我当然知道,克里斯蒂娜在战争期间表现得非常出色,但她却拒不谈论战争年代,自从我们上次见她以后,或许她发生了什么事。很难搞清到底她在做什么,或者将来她想做什么。我和我妻子觉得,她好像生活得不太顺心,或许不太安定。她看起来只与波兰朋友关系密切。"

事实并非如此。克里斯蒂娜看望了她的很多英国朋友,其中有弗朗西斯·卡默茨和帕特里克·豪沃思。只要约翰·罗珀在伦敦休假,他就一定会去看望克里斯蒂娜。安德鲁在伦敦的时候,他和克里斯蒂娜就会"突然出现"在他们朋友的面前。他们是一对妙趣横生的夫妇,因此只要他们出现在公共场合,总是受到大家的欢迎。毫无疑问,关于他俩的行踪,总是有股神秘的气息。部分原因是因为他们很少按时拜访朋友,还有就是因为克里斯蒂娜很少谈及她的个人私事,以及她从不谈及自己的经济担忧。

克里斯蒂娜大部分时间确实都和她的波兰朋友在一起。她一直想回到生她养她的故乡,并试图在同胞当中找到过去的影子。像她一样,她的同胞开始意识到,战前他们所熟知的那个世界已经被敌人摧毁,已经永远被埋在了波兰的砾石下面。克里斯蒂娜强烈地感觉到,那些流离失所的波兰人就是她的族人,他们的平安与幸福才是她关心的事。由于未能在伦敦找到金色的避风港,所以她自然就只能向她的族人寻求安慰。

就在这期间,克里斯蒂娜出了一场车祸。这场车祸给她带来了巨大的打击。在伦敦海德公园角,她被一辆汽车撞翻在地。虽然没有骨折,但身心都受到严重伤害。克里斯蒂娜习惯上身体处于最佳状态,而这次意外不仅让她身体开始走下坡路,而且还让她觉得心里沮丧和困惑,为此她非常烦恼。

那时,"普茜"·迪金住在牛津,在她与克里斯蒂娜都认识的朋友的公寓里,她常常看到克里斯蒂娜。这套公寓就坐落在伦敦的帕克大街上。

"普茜"对克里斯蒂娜过去的很多方面都很好奇,但克里斯蒂娜巧妙回避了她的问题,并把话题转向其他方面。一旦"普茜"问到有关迪涅行动的细节时,克里斯蒂娜就说:"过去的事情就让它过去吧。"朱利安·多博斯基一直和所有生活在伦敦的波兰人都保持着联系,就像当初在开罗一样。他很为克里斯蒂娜担心,一次又一次试图为她找合适的工作,但都以失败而告终。

一天,"普茜"来到帕克大街,发现克里斯蒂娜那天心情很低落。朱利安·多博斯基对"普茜"说:"你去和她谈谈,看看她到底想做什么,她现在正在胡思乱想呢。""普茜"握住克里斯蒂娜的手说:"我们都已经不小了,人一旦到了开始发福的年龄,就必须认真地考虑自己的将来。你自己有什么打算呢?你总不能继续一个接一个地更换工作吧?为什么不嫁给安德鲁呢?他可一直在等着你呢。他不会永远这样等下去的。"

克里斯蒂娜突然大笑起来。"我才不担心呢,管它发福还是发生其它什么事呢。你应该知道我的脾气。至于我的将来嘛,我打算从今天开始就去周游世界。放心吧,我会给你寄一大袋漂亮的明信片的。"

克里斯蒂娜立刻想到了一个不用任何花费,就可以去澳大利亚的方法。她准备去当一名轮船乘务员。这样她就能一举两得。她可以去见见澳大利亚的生意合伙人,消除他们原有的误会;与此同时,她还可以环游世界,长长见识。

因此,想到可以最终解决这一问题,她就感到很宽慰。她来到肖·索威尔航运公司,问是否有女乘务员的职位空缺。没费多大工夫,她就被雇用了。她拿到了一本船员服务手册和编号为 R549975 的卸货证,还有一个大的新手提皮包。1951 年 5 月 12 日,她去了维多利亚码头,成为了吨位重达 17851 吨的"劳海因"号肖·索威尔客轮上的一名乘务员,开始了她前往澳大利亚和新西兰的初次航行。

当克里斯蒂娜走到舷梯通道的时候,41 岁的浴室服务员丹尼斯·乔治·马尔唐尼正倚靠在栏杆上。他看见一位瘦小的年轻妇女正弯着腰,提着一个很重的箱子。他跑下去,从她手里接过了那个箱子。这次会面,对于克里斯蒂娜·格兰维尔和丹尼斯·乔治·马尔唐尼来说,就是通向以悲剧结束的交往的开始。

　　这趟旅行的开始并不是个好兆头。克里斯蒂娜的职位是名二等舱女乘务员。她被告知在上班的时候必须佩戴她的勋章。她很不情愿地戴上了勋章,然而勋章上耀眼的饰带立即就引起了某些船员的猜疑和嫉妒。一些男海员嫉恨他们从来就没有机会获得类似的勋章,何况这些勋章竟然授给了一个外国人,而且是还个女人。

　　克里斯蒂娜有教养的举止、沉默寡言的性格和乘客对她的一致好评使得有些女乘务员心里很不舒服。矮小的马尔唐尼立刻就被克里斯蒂娜吸引住了,他自封为她的保护人,尽他的一切努力为她铺平道路。克里斯蒂娜非常感激马尔唐尼为她所做的一切,因为她以前从未遇到过类似船上这些人员性格的人,他们卑鄙、不近人情,喜欢恶意刁难别人,而且还表现出侮辱"外国妇女"的强烈决心。

　　马尔唐尼庆幸自己竟然得到了一位战争女英雄的关注,此时的克里斯蒂娜在他眼里是一位说话幽默、待人和善、魅力四射的大美人。然而,克里斯蒂娜却仅仅把他看作是宠物群中新来的一只凄惨、邋遢、跛足的狗。然而,她不知道这是一个新品种,是一只极其危险的动物。

　　马尔唐尼出生于威根,父母都是爱尔兰人。他是在孤儿院里长大的,成年后的大部分时间都在海上渡过。不过中途有过几次间断,在这期间,他当过汽车司机。他很早就娶妻生子了。然而,当他的儿子还很小的时候,他的妻子就和他离婚了。马尔唐尼是个天主教徒。他多愁善感,自命不凡,还是个精神病患者。有时会突然一阵狂怒;有时不高兴的时候还装作一副沉思的样子。他沉默寡言。以前,他从来就没有遇到任何像克里斯蒂娜·格兰维尔这样艳丽的女人。她鼻子小而发亮,牙齿雪白,对生活还很虔诚。他疯狂地爱上了这个性情温和的女人。

　　克里斯蒂娜很孤独。在船上,她没有朋友,在受到伤害和侮辱的情况下,她强烈的自尊心不允许她表现出任何痛苦。马尔唐尼就像是一条热心的杂种狗,帮助她、保护她、崇拜她。克里斯蒂娜也变得开始依恋这个奇怪的小男人了。为了使她的初次航行更加顺利,他做出了很多努力,为此她打心眼里感激他。当她发现他没有家庭,而且还因为孤独害怕上岸的时候，她心中对他就充满了同情。她决定让自己的朋友去帮助这个曾竭力帮助过自己的男人。

在澳大利亚，虽然克里斯蒂娜成功地见到了迈克洛夫，但想要协调他和汉密尔顿之间的矛盾为时已晚。不管中断合伙关系的原因是什么，这都使得克里斯蒂娜和安德鲁想拥有稳定未来的希望破灭了。

1951 年 9 月 16 号，"劳海因"号客轮驶进了维多利亚港口，克里斯蒂娜给安德鲁发了封电报，叫他来与她相会。他们的重逢是快乐的，因为克里斯蒂娜和他已经有四个月没有相见了。她看上去很健康，就是脸晒黑了。克里斯蒂娜把马尔唐尼介绍给安德鲁认识，并解释说要不是因为他帮助，她也许早就葬身鱼腹了。安德鲁立即就明白了，克里斯蒂娜是想让自己帮她报恩，于是就让马尔唐尼与他们一起回伦敦。从这一刻开始，马尔唐尼就被介绍进了他们的朋友圈里，而且还得到了充分的重视和关照。至于马尔唐尼为什么总是尾随克里斯蒂娜和安德鲁之后，始终没有人弄得清楚。没什么人关注这位从不开口说话、鬼鬼祟祟的小个子男人。帕特里克·豪沃思记得，在白鹰俱乐部和克里斯蒂娜一起喝茶时，克里斯蒂娜把她的一位新朋友介绍给了他。"有好几次，我尝试着和他说话，但我的努力都以失败而告终。之后，我就把他忘得一干二净。我对他一点印象都没有。"

对于克里斯蒂娜的才智、四海为家的性格、以及她的了不起朋友，马尔唐尼印象极为深刻；对于自己过去只在服务员大厅和乘务员广场所瞥见的那种生活方式，马尔唐尼同样记忆犹新。的确，克里斯蒂娜很多亲密的朋友都是身无分文的流浪者。但他们有修养，都有一个辉煌的过去，这一过去给予了他们无穷无尽的回忆。在回忆里，他们有宽敞的房子，有记者招待宴会，有马匹，还有佣人。

每次航行之后，克里斯蒂娜总是和马尔唐尼成双成对地出现。最后，她的朋友都对这一不相称的友谊感到迷惑不解。普斯洛斯卡女伯爵非常了解克里斯蒂娜，1939 年在扎科帕内时，她和克里斯蒂娜住在同一所膳宿公寓。她说："那时，她没有和她的丈夫呆在一起。我不知道安德鲁在那里;但我知道,无论如何,她都喜欢独立的生活。她是那种社交面很广的人,在各行各业都有朋友。这个社会,这个美丽的世界并没有给她带来多大快乐。她喜欢与政治家、知识分子呆在一起。她希望得到他人的鼓励。她聪明,精力很旺盛,对生活总是充满很多奇特的想法。她还是个有趣的人。马尔唐尼就像一只好奇的小动物。在白鹰俱乐部时,我常常看到他和克里斯蒂娜呆在一起。很明显,他有一种可怕的自卑情结。我们常常寻思,为什么她会和他在一起呢?他不是来自于她周围的朋友圈,也绝对不是克里斯蒂娜这种类型的人。克里斯蒂娜总是有很多优秀的男人可以选择,为什么她要浪费自己的时间,与马尔唐尼这样的丑八怪在一起呢?"

随着时间的推移,在克里斯蒂娜的生活中,马尔唐尼已经成为了她不可或缺的朋友。在航海旅行中,对于他曾给予过克里斯蒂娜的关照,虽然安德鲁心存感激,但他开始发现,这个浴室服务员变得越来越讨人厌了。"丹尼斯总是在她身边,"安德鲁说道,"他真是不知羞耻,简直就让人难于置信。他长得又矮又黑,给人一种不安全感,还有强迫症和精神病。我们都认为他是个危险的傻子,但我们谁都不清楚,到底他会变得有多危险。他就像是一只疯疯癫癫的狗,总是跟在克里斯蒂娜的身后小跑着。

"有天晚上,我们都打算去看电影。马尔唐尼和我走在克里斯蒂娜和一位朋友的前面。我有一个怪习惯,就是在走路的时候,喜欢大声地打响指。当我不由自主地打响指时,马尔唐尼抬头盯着我,他那宛如雪貂般的脸开始扭曲起来,露出一副害怕的神情。'安德鲁,停下!停下!我受不了了。在我的头脑里有一种可怕至极的噪音!'

"我什么也没有说,一边走,一边继续打着响指。过了一会儿,他抓住我的手臂。'安德鲁,手指的咔哒声越来越响。'我不耐烦地说:'来吧,丹尼斯,镇静点。你脑袋里没什么,什么也没有。我就像这样打着响指,'然后,我就在他的鼻子下,噼啪噼啪地捻着我的手指。"

弗朗西斯·卡默茨说:"在克里斯蒂娜的朋友圈里,马尔唐尼已经完全丧失了理智。我认为,他是个令人讨厌的可鄙家伙。但是,克里斯蒂娜却把他的背景、失败和凄惨的人生解释了一番。她告诉我,马尔唐尼不会放过她的。她说唯一可以躲避他的方法就是假装签约下一个航班。然后，就尽她的一切可能走得远远的，直到他醒悟为止。我十分赞同她的观点，因为我看得出，他已经离不开克里斯蒂娜了。"

对马尔唐尼的占有欲，还有一阵阵由于嫉妒而引发的狂怒，克里斯蒂娜自己也变得愈加担心起来。与此同时，他对克里斯蒂娜的完全信赖，既迎合了她的权力情结，也迎合了她对这位矮个子乘务员深深的怜悯之情。他完全就是她的人了，当他最需要她的时候，她绝对不会抛弃他。生活已经对他很不公了，她不忍再去毁弃他对她的信任。再者，她觉得，把他介绍到一种与他自己的生活方式完全不一样的生活当中来，这是她的责任。现在，这种新的生活方式已变得对他很必要了。她说，他不太聪明，这才使得他容易受到伤害，一想到要去伤害他，她就犹豫不决了。

要不是因为马尔唐尼，也许，克里斯蒂娜就会好好地享受她的海上生活。在一次航海旅行快要结束的时候，克里斯蒂娜获悉，他一直在等着她，这让克里斯蒂娜非常烦恼。当约翰·罗珀从希腊回来休假时，她说想去看看他的女儿，那时他的女儿只有两三岁大。在罗珀打算回到雅典的头天晚上，克里斯蒂娜及时地来到了他们所住的宾馆，与他的继子和小女儿嬉闹了一番。然后，就和约翰·罗珀以及他的妻子一块吃饭去了。

吃过晚饭后，他陪她走回到了她所住的宾馆，他们谈了很久。她把马尔唐尼的情况告诉了罗珀，还说她很怕马尔唐尼。在宾馆的外面，她跟罗珀吻别了，她还用波兰语说了几句话，然后依依不舍地补充说："那为你和你孩子做的一个很短的祷告，因为我想，我们可能再也不会见面了。"

1952 年 3 月，马尔唐尼对克里斯蒂娜变得越来越肆无忌惮了，为此，克里斯蒂娜感到极为惶恐和恼火。无论她到哪里，他都要紧跟其后。他会在她所住的宾馆逗留；他会在她购物的商店里徘徊；他会在她探望朋友的公寓外、吃饭的餐馆处闲荡，甚至连她上卫生间，他都要紧紧地跟在后面。有一次，克里斯蒂娜给路德维希·波皮耶打了电话，叫他来见她，并护送她回去，因为她现在已向马尔唐尼正式告别了，她害怕再次见到马尔唐尼。

波皮耶带她回去了,当他们走到莱克哈姆公园时,他们看到马尔唐尼正在人行道上一来一回地慢步走着。克里斯蒂娜和波皮耶亲切地向他打了声招呼,他们站着和他聊了一会。这时,马尔唐尼突然说,他想和克里斯蒂娜单独聊聊。她摇了摇头说,任何要说的事都可以在波皮耶的面前讲。突然,马尔唐尼的脸一阵抽搐,他坚持说要和克里斯蒂娜单独谈谈。

"很对不起,丹尼斯,"克里斯蒂娜断然说道,"这种烦扰真的应该结束了。你的古怪行为让我很尴尬。我欠你的人情,我已经尽我所能回报你了,我现在很受不了你老是跟着我。我想,我们不该再见面了,不知我说的够不够清楚?"

马尔唐尼宛如一匹受惊之马,双眼四处观望。

"你最好现在就走,"波皮尔说道。

"行,我会的,"马尔唐尼说完这话,拖着沉重的步子,消失在了黑暗之中。"恐怕这不会是我最后一次见到他,"克里斯蒂娜说道,"他简直就是一个顽固不化、让人恐怖的侏儒。"

克里斯蒂娜在被联合城堡轮船有限公司雇用前,又到澳大利亚旅游了两次,这两次旅游前后间隔有三个星期。1952 年的时候,人们觉得乘邮政便船往来于南非旅游仍然比乘飞机更有趣。乘客们有他们自己的方法去享受航海旅行,因为有很多可供挑选的地方——南非给小费极为慷慨,加上气候条件又十分宜人。男女乘务员们也很喜欢这种游程。

克里斯蒂娜下定决心要和马尔唐尼断绝来往。1952 年 4 月 30 日,她来到了英国皇家陆军邮政轮船公司下属的"温切斯特城堡"号豪华班轮上当乘务员,这艘客轮吨位高达 20000 吨,由南安普敦开往南非。

这班轮上的男女乘务员的等级十分严格,就像过去旅馆大堂内服务员的等级一样。副乘务长负责女乘务员的工作和生活。女乘务员们往往两个人睡一个船舱,她们不是在儿童游乐广场上,就是在游客沙龙里当着乘客的面吃饭。

女乘务员的工作很辛苦,她们工作的时间十分长。早晨六点钟就要开始工作,准备好早茶后,又得到船上做巡回服务,一直要工作到上午 11 点。下午的工作通常比较清闲,但就是没有她们自己的活动空间。按惯例来说,很多班轮都会让船上的女乘务员使用船尾的甲板,因为这里是禁止乘客进入的。

私人佣人所需做的一些日常事务也是女乘务员的工作范围。乘客要吃饭的时候,她们必须随叫随到,提供一切服务;她们要拆洗床铺,要打扫船舱,还要更换果盘里的水果和水壶里的冰水。假如有任何紧急情况发生,她们还必须在场。大部分的女乘务员都很有才干,许多人都是合格的护士。班轮到达终点之前,乘务员是没有假期的。

轮船在离开普敦还有一半的旅程时,克里斯蒂娜就想好了行动的计划。虽然她不愿那么残忍地对待马尔唐尼,但她知道,她必须这么做,她必须不惜任何代价让自己摆脱这个梦魇。他的占有欲、嫉妒、无名的狂怒已经使她无法继续在伦敦生活下去了。在她乘"劳海因"号做第一次航海旅行的时候,马尔唐尼给过她很多照顾,为此,她已欣然地尽自己的一切所能回报了他。她实在是自讨苦吃,因为她现在意识到,这个乘务员对她病态的迷恋很快就会真正威胁到她的人身安全。

她知道,只要马尔唐尼可以联系上她,跟随她,见到她,她就无法摆脱他。她认为唯一可以摆脱他的方法就是出国,去一个他无法找到的地方。克里斯蒂娜写信把自己将来的计划告诉了安德鲁。她觉得安德鲁会为自己的决定而感到安慰,因为安德鲁也打心眼里讨厌马尔唐尼。

1952 年 6 月 13 日,轮船靠岸了,克里斯蒂娜带着愉快的心情向伦敦走去,来到了莱克哈姆公园的谢尔伯恩宾馆,这里是她在伦敦常住的地方。她接到了安德鲁从波恩写来的一封信,安德鲁在信中说他完全同意她离开英国一段时间的决定,而且他将会在列日①和她碰头。她在那里可以好好放松和休息一下,并且制定下一步的活动计划。

克里斯蒂娜感到如释重负。她立即就为前往列日作好了一切准备。不幸的是,班机被取消了,所以她只好定第二天的班机,并给安德鲁发了封电报,把延误的情况解释了一下。

在宾馆,克里斯蒂娜刚打开自己的行李箱,马尔唐尼就出现在了她的

---

① 列日:比利时东部城市,列日省的省会。

房间门口。和往常一样,他的手在房门上乱刮着。她高兴地和他打了招呼,但态度很冷淡。他一声不吭,一脸苍白地看着她。她仍然继续在开着行李箱。她心情十分沉重。她看到,他的脸上已经出现了紧张的迹象,这种紧张肯定会爆发出来。克里斯蒂娜想让他冷静下来,就和他聊起了航海旅行,还问了他在革新会做厨房杂工这份新工作的有关情况。他说他做这份工作是为了让克里斯蒂娜从航行回到伦敦时方便找他。克里斯蒂娜说,以后再也不想出海旅行了。

突然,马尔唐尼走到她面前,脸色苍白,整个人都在颤抖。他指责克里斯蒂娜向他撒谎;指责她图谋要抛弃他;指责她试图要把他逼疯。他还语无伦次地大骂她和安德鲁,以及她和其他很多男人的关系。他还重复了克里斯蒂娜曾向他发过的誓言,最后,他还要求克里斯蒂娜把他原来写给她的信归还给他。

克里斯蒂娜让他继续大骂下去。以前,她也见他出现过类似的情况。她知道,他暂时已经失去了控制。她极为生气,但也很害怕。她祈求有人能给她打电话,或者,某个朋友会像平时那样悄然来访。但是,没有人出现,马尔唐尼继续在那里颤抖着、狂骂着,还威胁说要杀了她,然后再自杀。克里斯蒂娜耸了耸肩,这一举动又再次让他开始疯狂起来。最后,等他声音沙哑到只能低声说话的时候,她就心平气和地说,她在波兰哈思俱乐部有一个约会,并问他是否愿意陪她一块去。她正常的声音语调把他带回到了现实当中,也让他神智清醒了过来。他为刚刚的突然发火表示歉意,还说他不会陪她去,因为他必须回革新会上班。随后,他就送她下了楼。

带着一种不祥的预感,克里斯蒂娜上了一辆不是直达展示街的波兰哈思俱乐部的公共汽车。她和几个朋友约好了去俱乐部喝咖啡。想到刚才和马尔唐尼在一起的情形,她就惊恐万分。当朋友开玩笑似的问她,马尔唐尼为什么成为了她的"阴影"时,她就简短地回答说,他已经找了一份新工作,她希望工作能让他忙起来。随后她还补充说,很奇怪为什么这么小的一个人会有那么多暴力。

6月15日清晨,阳光明媚,万里无云。在她那间高顶的黄褐色房间里,克里斯蒂娜已开始整理自己的东西了。原先,屋子的比例十分协调,现在,屋子已经被一块硬纸板一分为二了。她想把制服放在一只装有樟脑球的大衣箱里,经宾馆一位好心的波兰经理的允许,她可以把衣箱储放在宾馆的地下室里。

克里斯蒂娜一想到第二天在列日就可以见到安德鲁就激动不已,她期待着和路德维希·波皮耶共进晚餐时谈谈她将来的计划。

她用当天剩下时间,把所有的事情都安排得井井有条。随后,她把头发清洗了一下,因为她想以一种不同的发型开始自己的新生活。安德鲁记得,她常常会变换发型。有时头发很蓬松,有时很长,有时很短。偶尔她还会把头发盘起来,或者卷成泡沫状。

去商店买了点东西之后,克里斯蒂娜就去了波兰哈思俱乐部。随后,又和波皮耶在一家叫玛丽内卡的波兰小饭店吃了饭。这家饭店刚好就在布朗普顿大道的路口。晚餐吃得很轻松愉快。在吃饭时,克里斯蒂娜向波皮耶解释说,她打算出国,主要是因为马尔唐尼已经成为了她的负担。她说最近和马尔唐尼有过两次很不愉快的碰面,她希望马尔唐尼不会在她回去的路上拦阻自己。当他们离开饭店之后,波皮耶说要护送她回宾馆;但克里斯蒂娜却向他保证说,她会没事的。在地铁站,波皮耶很不情愿地和她道别,随后他就离开了。晚上 10 点半,克里斯蒂娜回到了宾馆。她和宾馆一名波兰服务员闲谈了一会,并问他地下室是否仍然还开着,因为她想把装有制服的衣箱放进去。他殷勤地表示愿意为此效劳,然后就走下去了,以确认一下地下室的门是否还开着。

克里斯蒂娜离开房间时,手上抱着一大堆制服,从这堆制服的顶端,她刚好可以看到脚下的路。她穿过一个小平台,来到了楼梯口,楼梯又窄又陡;因为衣服很重,下楼梯的时候,为了保持身体平衡,她不得不小心地调整怀里抱着的衣服。在楼梯下,马尔唐尼正等着她。他问她是否真的想要离开伦敦。她回答说是的。随后,他又叫克里斯蒂娜把信归还给他。克里斯蒂娜说,她已经把信给烧了。他问她打算离开多久。她回答说可能要离开两年。

突然,马尔唐尼向她猛扑过去,把一把长刀深深地捅进了她的胸部。

克里斯蒂娜大声呼喊："把他从我这里带走,把他弄开。"这时,一名受惊的宾馆旅客马上就给警察和救护医院打了电话。就在这位旅客打电话时,那位宾馆服务员跪在地上,把克里斯蒂娜抱在怀里,扶着她的头部。等救护人员赶到时,克里斯蒂娜已经离开了人世。

马尔唐尼并没有企图逃跑。他站在那里,凝视着克里斯蒂娜的尸体,反复说道:"我杀她,是因为我爱她。"当警察赶到的时候,看到他正试图往自己的嘴里倒"一种白色粉末"。警察认出白色粉末是粉状的阿司匹林后,就把这些粉末从马尔唐尼手里夺了下来。警察把他带到了拘留所。第二天,他被一辆警车带到了西伦敦的治安法庭。后来,他双手戴着手铐,被带到了侦缉督察伍尔纳那里。

总督察乔治·詹宁斯告诉治安法官 E. R. 格斯特先生说:"今天上午12 点 45 分,在肯辛顿莱克哈姆公园处的谢尔伯恩宾馆的一楼接待室,我看到了马尔唐尼。我对他说道:'12 点 15 分,在大厅的楼梯下面,我看到了克里斯蒂娜·格兰维尔的尸体。'根据我的调查,我有理由相信,是你用这把刀刺死她的。"随后,督察詹宁斯举起了一把带有木柄的剑形长刀。马尔唐尼回答说:"是我杀了她。让我们离开这里,快点结束吧。"

马尔唐尼呆若木鸡地站在被告席上。治安法官问道:"你是否希望我给你提供法律援助①?"马尔唐尼简短地回答说,"不需要。"

经过简短的审讯后,他被押回了拘留所,一直关到 7 月 2 日为止。与此同时,由于安德鲁不在这里,而他被指名为克里斯蒂娜的直系亲属,于是警方一边等待安德鲁,一边联系斯卡贝克家族的族长安德鲁·斯卡贝克陆军上校。

上校的长子约翰说:"我在白金汉郡经营了一个农场,我从农场里冲了出来,联系上了我父亲,还有我弟弟安德鲁,他那时还是个医学院的学生。我们来到了肯辛顿的一个警察局。在警局,一位表情严肃的督察问了我们很多问题。随后,我们就看到了最恐怖的场面,我们看到表姐躺在太平间里,身上盖着一块白被单。出来时,我们被一群新闻记者和摄影记

---

① 法律援助:指对无钱聘请律师或进行诉讼者给予的经济援助。

者围住了,他们都急切地想知道究竟是怎么一回事。

6月19日审讯的时候,斯卡贝克伯爵证实了死者就是克里斯蒂娜。F. E.坎普斯病理学家医生说,她致命的刀伤位于胸部,大出血导致了休克性死亡。审讯持续了三分钟。后来,为了使刑事诉讼程序符合要求,审讯还决定延期进行。

安德鲁乘飞机赶来了。对克里斯蒂娜的死他感到非常震惊。葬礼的筹备工作已经开始。对克里斯蒂娜被谋杀的原因的猜测传得沸沸扬扬。有的人说,克里斯蒂娜成了共产主义阴谋的牺牲品;还有人说,她成了纳粹分子报复的牺牲品,或者说她是死于法国反叛者的报复性行动。英国军情五处的领导珀西·西利托先生,详查了各种各样的报道,立即驳斥了这些说法。毋庸置疑,克里斯蒂娜是死于一个嫉妒狂和暴力精神病患者之手。

1952年9月11日,星期四,丹尼斯·乔治·马尔唐尼走到了老贝利①的被告席上。他站在那里,双手深深地插在自己那件破旧的雨衣口袋里,冷漠地朝法庭四周凝视了一遍。法庭里坐满了克里斯蒂娜的家人和朋友。

法庭陪审员站起来说道,"今年6月15日,你被指控谋杀克里斯蒂娜·格兰维尔。你有罪还是无罪?"

"正如所指控的那样,我有罪,"马尔唐尼大声叫道。

贾斯蒂斯·多诺万先生打断他说道:"你坚持这一回答吗? 因为假如你坚持的话,那么留给我们唯一可以做的就是判刑了。"

"很好。我希望你们尽快宣判。"

"你仍然执意不要律师为你辩护吗?"法官问道。

"坚决不要。"马尔唐尼回答道。

随后,法庭陪审人员问站在被告席的马尔唐尼。"根据法律,你能说出法庭不判你死刑的理由吗?"

"我无话可说。"

---

① 老贝利:英国伦敦中央刑事法院的俗称。

法官戴上了他那顶黑色的帽子,在结束宣判时,他庄严地说道:"希望主会饶恕你的灵魂。"

"会的,"马尔唐尼说道,"会的。"

当囚犯离开被告席,被押往死牢的时候,律师罗杰·弗里斯比先生代表克里斯蒂娜·格兰维尔的亲戚和朋友,说这件案子最让人痛苦的一点就是马尔唐尼向警察所做的陈述引起了很多公众的注意。弗里斯比先生说他被要求指出马尔唐尼的话是一派胡言。他说格兰维尔女士来自于波兰一个颇有名望、备受尊重的古老世家。正如世人所知的那样,她是一位英勇的女战士。她为养育她的祖国做出了卓越贡献,祖国永远都不会忘记她。律师希望他的这番话,能够确保克里斯蒂娜的名誉将来能像她现实的生活那样洁白无瑕。克里斯马斯·汉弗莱斯先生代表公诉主任说,他同意这番评论。

9 月 29 日,内政大臣宣布,就丹尼斯·乔治·马尔唐尼一案,完全没有理由执行死缓。马尔唐尼一直到死都鄙视看守他的狱警和所有想接近他的人。早上,他拒不起床,连衣服还是被强行穿上的。他不做任何运动,还抱怨说给他吃的食物质量很差。监狱为了分散他的注意力,为他提供了游戏和娱乐节目,但他拒不参加。甚至连牧师提供的帮助,他也拒不接受。他不给任何人写信,也不接见任何探监者。虽然他很喜欢他的儿子①,但最后他任何要求都没有提出。他儿子已经 9 岁了,住在离本顿维尔监狱很近的地方。

1952 年 9 月 30 日,星期二,丹尼斯·乔治·马尔唐尼离开了关押他的牢房,走上了绞刑架。在前往绞刑架的路上,他说的唯一一句话就是:"杀了她才能最终占有她。"

那年早些时候,即 6 月 21 日上午 11 点,心情沉重的人群聚集在肯萨尔—格林罗马天主教公墓的圣玛丽小教堂的外面。他们来这里是为了祭

---

① 当马尔唐尼的儿子还个婴儿时,他妻子就改嫁了。他儿子对于自己父亲的真正身份,根本就无从知晓。

奠克里斯蒂娜·格兰维尔的。她的离世深深震惊了她的朋友和同事,这使得他们迟迟才意识到,在战后的岁月里,他们对克里斯蒂娜了解得太少了,关心的也太少了。只有安德鲁和她亲近的朋友,诸如弗朗西斯·卡默茨、约翰·罗珀和帕特里克·豪沃思他们才知道,在克里斯蒂娜的一生中,她所得到的荣誉是少之又少。很多威严的军人代表都聚在了这里,他们一看到这一颇具讽刺意味的情形,就感到很悲伤。克里斯蒂娜活着的时候,这些人忽视了她的需要。但现在,他们却庄严地聚在这里,围着克里斯蒂娜的尸体,向死去的她致敬。

银光闪闪的橡木棺材上面铺着一块红白相间的国旗。国旗的上面放有一块红色的垫子,垫子上摆放着克里斯蒂娜的勋章和其他徽章——伞兵部队颁发的徽章、法国抗德先锋部队颁发的徽章和波兰抗德运动部队颁发的徽章。这里,只有两件私人物品克里斯蒂娜最为珍惜,因为那是她从波兰出来时就一直带在身边的。这两件东西就是她那印有琴斯托霍瓦黑色圣母像的大徽章,还有她的图章戒指。

很多花圈、一束束鲜花和一些小花朵排成一字,摆在了小教堂的外面;有些是买来的,有些是送来的。虽然他们个人对克里斯蒂娜并不是很了解,但他们一个个来到公墓,就是为了向她的勇敢表示敬意。其中有一位来自文布利的莉莉·霍利迪女士,她说:“我不是个勇敢的人,但我来了这里,向一位最勇敢的女子表示敬意。”

在这 200 名哀悼者中,有大个子弗朗西斯·卡默茨。英国急救护士队的特种部队部门的 12 个成员也来了,他们都站在克里斯蒂娜的坟墓边。拄着拐杖的特雷莎·卢比恩斯卡女伯爵是克里斯蒂娜的一位老朋友,也是她的同事。五十多岁的时候,她就成了波兰地下运动组织的领导者之一。女伯爵衣服的一个贴身袖子下面印有臭名昭著的奥斯威辛集中营标志。

代表波兰方面来参加悼念的是斯坦尼斯劳斯·科潘斯基上校,英国方面由格宾斯空军少将代表,法国方面则由一队在韦科尔大屠杀中的幸存者来代表参加悼念仪式。

在教堂,经过一个简短的宗教仪式之后,护柩者人员就把棺材抬往了墓地。在这些护柩者中,有安德鲁·肯尼迪、斯卡贝克上校和安德鲁·斯卡贝克。法国马基游击队队员把红白相间的国旗丢进了他们的"保利娜小姐"的坟墓里。为了让克里斯蒂娜可以在她祖国的国土下安息,一袋从波兰运来的泥土撒在了克里斯蒂娜的坟墓上。此刻,忧郁、沉闷之情袭上了那些追悼者心头。随后,一切都结束了。自从与克里斯蒂娜初次认识以来,安德鲁最终失去了她。

1975 年 3 月 25 日于博沙姆

后 记 一

秘密、谎言大聚焦发

　　1975 年该书首次出版问世时,克里斯蒂娜在特种行动执委会的许多朋友和同事都还健在。克里斯蒂娜的情侣、伙伴兼最好的朋友安德鲁·肯尼迪(安德泽朱·科尔斯基)和我在博沙姆曾共同度过了三个月,协助我工作,进行录音口述,这些口述成了该书的真实基础。该书一经出版就受到了热烈欢迎。为使公众记得克里斯蒂娜所做的工作,我点燃的小小火焰在稳定燃烧。在该书两次出版之间的这些年中,读过克里斯蒂娜事迹的人们都一直在为她本人,她的英雄事迹,还有那可怕的死亡感到惊讶,并产生了浓厚的兴趣。

　　我和安德鲁一直保持着联络。安德鲁来伦敦的次数非常频繁,来伦敦时,他经常和我碰面。安德鲁在德国开了一家汽车经销点,好像他仍然在暗中为英国进行间谍工作。虽然安德鲁从没和我谈起过他的工作,但他却告诉我,他是多么怀念他的另一个自我——克里斯蒂娜,渴望能和她再度团聚。

　　此外,我还和薇拉·阿特金斯一直保持联系,她退休后去了温奇利西。我和塞尔温·杰普森一直保持着朋友关系,他经常谈起克里斯蒂娜。每年的 6 月 16 日,我总是会去韦科尔地区进行虔诚的朝圣,去参加纪念仪式。在日益减少的仍然健在的特种行动执委会特工当中,总会出现弗朗西斯·卡默茨那高高的影子,他的性命还是克里斯蒂娜捡回来的。

　　我的研究成果可能会改编成电影。这消息刚一传出,关于克里斯蒂娜的许多新信息如同潮水一般涌来。这提醒我注意到这一事实，即我的著作中存在很多漏洞，需要进一步进行挖掘和调研。但安德鲁1988年就离开了人世，帕特里克·豪沃思也于2004年与世长辞。虽然卡默茨仍然热切地力图维护对克里斯蒂娜的回忆，但他年事已高，且身体虚弱。

克里斯蒂娜的同时代人中有个叫做某某夫人的波兰女士，1947年她曾在肯尼亚为波兰人做翻译。她曾见过克里斯蒂娜，那时克里斯蒂娜正由迈克尔·邓福德陪伴着。根据各方面的说法，邓福德极为喜欢克里斯蒂娜。某某女士和克里斯蒂娜的关系似乎非常奇怪，一方面，她欢迎克里斯蒂娜，觉得这个新来的人天资聪颖，爱国心强。但另一方面，正如许多波兰人一样，某某女士对于贵族出身的克里斯丁娜·斯卡贝克居然采用了英国人的代号，成了特种行动执委会的一名优秀特工感到别扭。某某女士如此回忆道：

> 克里斯蒂娜没有和邓福德住在一起，而是呆在一家旅馆里，我曾去那里看望过她。克里斯蒂娜一点也不喜欢家居生活，厌倦所有的家务工作。第一次拜访她时，我发现她住在一个小房间里。房间和她本人一样完美无瑕，除了壁炉上有把闪闪发光的小匕首外，房内没有其他装饰品。我向克里斯蒂娜打听这奇特装饰品的来历，她回答说："我不喜欢枪支，枪声音太吵了。这武器不仅轻便，而且足以致人以死命。在很多场合，我都可以好好利用它"。

某某女士对克里斯蒂娜的总体评价非常有趣：

> "从一般意义上来说，她并不漂亮。但她娇美可爱，非常神秘。"
>
> "为什么说她神秘呢？"我问道。
>
> "因为聚会或谈话时，她总能奇特地和周围的人融合在一起。她双腿非常迷人，不喜追逐时尚，唯一的时髦之处就是她喜

欢搜集五颜六色的头巾。克里斯蒂娜喜欢小孩子，就像和动物说话一样，她经常和小孩子交流。但事实是她在内罗毕生活得并不开心，我想大概是这里有太多关于乔治·吉齐基的回忆。克里斯蒂娜渴望战斗，渴望冒险，怀念欧洲古时的栏杆，怀念安德鲁'。此外，她也面临着紧迫的经济问题，她经常困窘地只剩下五十英镑。克里斯蒂娜感激邓福德为她做的一切。但她渴望外出游历，所以她就回到了伦敦。"

1947 年，克里斯蒂娜人在开罗，为自己的未来感到忧心忡忡，因为前景看起来特别令人沮丧。克里斯蒂娜不想，也的确不愿去当秘书。她想要的一切就是重新过上那能参加战斗和冒险的生活。看到提供给自己的卑微工作时，克里斯蒂娜心里甚是不快，心灰意冷。正如以往一样，克里斯蒂娜交际很广。有天她遇到了《肯斯里报》的记者爱德华·豪，豪正从伊斯坦布尔的本部前往开罗旅游。豪非常清楚克里斯蒂娜的背景以及她为特种行动执委会所做的工作。所以当克里斯蒂娜询问，他是否认识参加过战争的某个人，能帮她找一份可以发挥她特殊才能的适当岗位时，豪就把自己的朋友伊恩·弗莱明的地址告诉了她。豪确信，弗莱明会对克里斯蒂娜感兴趣的——她当然非常迷人，或许还能成为某处的新闻记者。

弗莱明非常感兴趣，第一次约克里斯蒂娜在伦敦夏洛特街一家餐馆见面。这次会面之后，弗莱明给豪写信道："我确实明白了你对克里斯蒂娜的评价，她真得浑身散发着小说中人物才有的特点和光辉。很难找到这样的人物。"这顿饭很不错。

那时候，弗莱明是伦敦最为合适、最受欢迎的单身汉之一。他个子高大，衣冠楚楚，特别聪明，是《肯斯里报》繁忙的国际新闻部的负责人，他成了每一个女人的梦中情人。但对于那些女性仰慕者非常不幸的是，弗莱明对她们的调情无动于衷，因为他体会到一种深深的厌倦感。只有通过不断的消遣和寻求刺激，他才能摆脱这种厌倦心理。弗莱明来自一个富裕高贵的家庭，父方有着苏格兰血统。母亲埃弗利·比阿特丽斯—圣克鲁瓦·罗斯的祖先见多识广，她自称有位祖先就是兰开斯特公爵、岗特的

263

约翰。比阿特丽斯为这位祖先感到特别骄傲,确信他的儿子们,特别是弗莱明,会明白她们家族古老的世系。

弗莱明的父亲、瓦伦丁·弗莱明少校在二战中阵亡,死后被授予了优异服务勋章。弗莱明的遗孀让丈夫成了儿子伊恩,彼得,迈克尔,还有理查德的行为模范。父亲过世时,伊恩刚刚九岁,深受母亲命其追随父亲英勇事迹的影响。

伊恩骨子里总是有种叛逆的成分,似乎不适应任何传统的模式,这令他那虔诚专制的母亲极为沮丧,因为她试图也扮演孩子父亲的角色。弗莱明被迫做了很多工作,但没有一件工作引起他的兴趣。直到1931年,他加入了路透社,这件工作非常适合他,即将给他提供一些有关新闻,特别是新闻采集的熟练知识。

1939年,第二次世界大战爆发前夕,海军少将、皇家海军情报处的主任约翰·戈弗雷招募时年31岁的弗莱明为自己的私人助理。弗莱明起初做了中尉,后来成了海军中将。弗莱明大胆熟练地完成了几项重大任务,从而完全证明了少将对自己的信任。

战争结束之后,弗莱明成了《肯斯里报》的对外负责人。他在牙买加修建了宅邸"黄金眼",以一种懒懒散散的姿态向社会名流安妮·罗瑟米尔女士求爱,并最终娶她为妻。与此同时,弗莱明和克里斯蒂娜·格兰维尔有了深深的纠葛。

由于克里斯蒂娜守口如瓶,他们之间的关系不为人所知。每次约会也都选择在远离伦敦,且没人"监视"的地方进行。只有克里斯蒂娜的一位波兰女友奥尔加·比亚洛格斯基明白克里斯蒂娜有了新情人,但即使她也不知道任何细节。看来好像弗莱明也没对任何人倾诉过这段感情。随着克里斯蒂娜有了一件新工作:在开往澳大利亚和南非的远洋轮船上做了侍者,他们约会的次数就变得很少了。

有充分的理由可以认为,在弗莱明的帮助下,克里斯蒂娜重新开始了间谍工作。克里斯蒂娜所有的朋友都清楚,她不喜欢做各种家务,更愿意住在旅馆里或提供服务的住处,而不是去打理一些诸如铺床或擦家具这样琐碎的事情。从这些事实来看,克里斯蒂娜居然成了一名谦卑的服务员(工作主要和家务有关),这就似乎很奇怪了。更可能的情况是,通过做服务员,克里斯蒂娜可以接触到船长,高级船员还有船上所有的工作人员,可以知道在轮船造访的港口内发生的一切政治事件。

虽然这对情侣有许多共同之处,但他们却逐渐分开了。人们猜测这主要是因为安妮·罗瑟米尔怀上了弗莱明的孩子。弗莱明娶了罗瑟米尔,但就目前人们所知,他对于自己和波兰伯爵小姐的联系一直保持沉默。然而,不管对于克里斯蒂娜生死的感觉如何,我觉得他没有忘记克里斯蒂娜。

四十四岁时,弗莱明创作了《皇家夜总会》,这是第一本刻画詹姆斯·邦德中校的小说,弗莱明把邦德塑造成了二十世纪晚期英国最伟大的间谍形象。《皇家夜总会》还刻画了一位极为迷人、与众不同的女英雄形象,这是一个叫做维斯珀·林德的漂亮的双重间谍,邦德疯狂地爱上了她。把维斯珀介绍给邦德作为新助手后,马西斯说道:"她像你所希望的那样严肃,也能像冰柱一样寒冷。她能像本国人一样讲法语,对工作了如指掌。"

邦德对维斯珀的首次描述可能就是克里斯蒂娜的肖像:"她头发乌黑,脖子后面的头发修剪得又短又直……再加上那光滑漂亮的下颚曲线,衬托出了其脸部的轮廓……她肤色浅褐……双臂和两手露在外面,呈现出静谧的样子。"第一次共同用餐时,邦德就声称"如果不知道对方的名字,他是不会夸她漂亮的"。维斯珀说自己叫"维斯珀·林德"。接着,她解释说,根据她父母的说法,她出生在一个狂风暴雨的夜晚,显然父母想让孩子记住这个晚上。

事实上,克里斯蒂娜·斯卡贝克就出生在一个风雨交加的晚上,克里斯蒂娜的父亲、耶日·斯卡贝克伯爵给这女婴起了个爱称,叫做"Vespera-le"。或许,正如他所解释的那样,意思是"晚上的星星"。

关于弗莱明的传记很多,其中有本(唐纳德·麦考密克著)主要讲述了弗莱明和克里斯蒂娜的风流韵事。我无法断定,弗莱明笔下维斯珀·林德的原型就是克里斯蒂娜,但弗莱明的小说真的很有激情,他对维斯珀美貌和性格的描写综合起来就是对克里斯蒂娜的恰当刻画。弗莱明如此写道:"他觉得和她的友谊让人舒适放松。她身上有一种高深莫测的东西,这不断激起了人们的兴趣。她很少泄露自己的个性,他感到不管他们在一起的时间多么长久,总有一些他无法闯入的私人空间。她为人细心体贴,从不卑躬屈膝,不会放弃自己傲慢的个性……只有在允许自己被人占有之后,她才肯让自己乖顺起来。"

我和特种行动执委会重新取得了联系,这使我看到了自己以前忽略的克里斯蒂娜生活的另外一面。近来,我参加了在坦格梅雷军事航空博物馆举行的一次"聚会"。我们在一个大帐篷里受到了接待,帐篷里挤满了来自世界各地的特种行动执委会特工的子女及孙子(女)。出席聚会的人中有英勇的南希·韦克,还有维奥莉特·绍博的女儿塔妮娅。我和一个年长的特种行动执委会特工坐在一起,他认识克里斯蒂娜。那时,她正在比尤利接受培训。当然,我知道特种行动执委会特工曾在英国各地和庄园里的安全房接受训练,其中一处安全房就位于比尤利。

后来,我遇到了比尤利公共关系主任玛格丽特·罗尔斯。她告诉我,有个特种行动执委会展览、秘密军队收藏品展即将在2005年3月举行。她还告诉我,我可以见见活动的组织人约翰·史密斯。于是,在2004年11月一个阴冷的日子,我动身前往比尤利。在新福里斯特,有些封建时代的东西存在了下来。时间在那里静止凝固了,高大的树木守卫着森林的秘密。野马在开阔地带自由地来回闲逛。

我对这块巨大庄园的兴趣与其秘密有关,很多秘密现在仍然尚未被人所知。比尤利修道院位于叫做"书架"的古老回廊墙壁的幽深地带。在修道院中世纪遗迹里面一个方形院落里,有一个很大的现代化圆形匾额,上面写着:

在上帝面前,请记住这些欧洲抵抗运动中的男男女女。他们在比尤利秘密接受训练,以参加抗击希特勒的孤独战斗;在进入纳粹领地之前,他们在这里发现了他们所为之战斗的宝贵和平。

这些话语用来纪念至少来自欧洲十五个国家的三千余名男男女女，还有许多加拿大人和美国人。在第二次世界大战期间，他们在官方名字叫作"精修学校"的地方，接受培训以成为各种类型的特工。

学校由特种行动执委会在比尤利地区征用的十一间民房组成。1940年后半期，特种行动执委会在全国设立了许多机构，依据包含了诸如阴谋破坏、颠覆、密码等突击队技巧和技术的粗糙大纲，来培训不同国籍的特工。设立这些机构的想法应该源自时任外交部长官兼第四部门成员的盖伊·伯吉斯。伯吉斯是把金·菲尔丁招募进部门的负责人之一。两人都勤勤勉勉地为俄国人刺探情报。比尤利是被选中的庄园之一，这主要是因为它位于森林深处，在诸多大花园包围之中，有许多位置极佳的宽大私房的陈旧住处。克里斯蒂娜将会住在博曼斯。

在角斗场接受了为期十天的特工培训后，菲尔比就在"精修学校"走马上任了，担任宣传战科目的老师。他教的学生当中就有克里斯蒂娜·格兰维尔。

那天我前去参观时，爱德华——比尤利的蒙塔古勋爵给我当导游，陪伴着我。他告诉我说："游戏规则中一切都要保密。在不同房间接受训练的学生从来都不知道他们在其中生活的房屋的名字。那时，我在伊顿公学读书，回来度假，当然我觉得有什么事情发生了，但却从来不知道是什么事情，也没见过一个特工。我的几个小妹妹很受进驻人员的喜爱，但他们对于自己真正在做些什么，却一直保持缄默。"

比尤利"精修学校"的教师队伍中有十六名军官，还有大约六名"辅助性的男女舍监"。大多数男教师都能讲几种语言，能指导学生学习不同的技艺。课程包括诸如静音杀人，纵火，毁坏火车，入室盗窃等课程——他们雇用了曾经做过盗贼的一个人来教给学生特殊的技能。此外，大纲还要求学生掌握破门而入，伪造文件，"秘密"宣传等。

有些最为出名的特工曾经在比尤利受训。在法国的有彼得·丘吉尔，本·考伯恩，还有罗伯特·赫斯洛普。包括克里斯蒂娜在内的 65 名著名女特工曾在比尤利受训，其中就有珀尔·威瑟林顿还有奥黛特·哈洛斯。

这份名为附录 A(提议的前往匈牙利的军事候选人资格)的文件就记载了克里斯蒂娜在比尤利从事的一些活动:

到三月底时,克里斯蒂娜将在下列科目中完成训练:

(1)W/T,克里斯蒂娜最为熟悉的这个班是 B 班。

(2)跳伞。

(3)使用基本的炸药。

(4)特定情报服务。

(5)准备委员接待工作。·

(6)简易的化装。

此外,校方还安排克里斯蒂娜在 BARI 培训如何使用无声电话。

尽管克里斯蒂娜最终没有执行这些特定任务,但这份文件的确暗示了培训安排的实用性技巧范围之广。特工们使用无线电话向基地发回信息。新跳伞特工接待委员会必须时刻准备提供各种当地知识。然而,危险并不仅仅局限于德军及其盟友占领的地区。其中的特别情报服务课程是对一个独立(又常常是竞争)的部门,即特别情报处所作的概括性的介绍。特别情报处又名军情六处,主要负责外部安全。它对成立特种行动执委会一直耿耿于怀。最初,秘密情报处只是提供信号,密码服务,收音机,假文件,还有所有他们自以为可以跟踪,并能控制对方的随身用具。

我收获最大的一次是去了位于丘桥一座豪华现代化大楼里面的国家档案馆(以前的公共记录办公室)。好多年来,这复杂的系统里面积攒的文件外界基本上无法得到,这就激起了那些历史学家和作家们的兴趣,他们正在寻找二战当中从事间谍工作的那些个人的真实面目。因此,怀着一丝期待的颤栗,经过许多安全检查以后,我坐在了一张小桌子旁边,翻开了"克里斯蒂娜·格兰维尔的个人资料"。

薇拉·阿特金斯悄悄告诉我,欧洲胜利日刚过,温斯顿·丘吉尔就下令解散特种行动执委会,并毁掉委员会的记录。1946 年 1 月 1 日,特种行动执委会最终解散了。1998 年 7 月,公共记录办公室炮制了一份没有署名的关于发行更多文件的小册子。小册子透露:在 1945 和 1950 年之间,特种行动执委会至少 87% 的资料被故意毁掉了,有些是被特种行动执委会毁的,还有些是被秘密情报处毁的。1946 年,特种行动执委会总部发生了一起神秘的火灾,这烧毁了波兰区域的大多数资料,但有些文件从大火中被抢救出来。薇拉承认她本人就毁了许多记录。所以,剩给我们的就只是局部的画面了。

很明显,克里斯蒂娜是个性格十分复杂的角色。如果不是从事一些需要极大活力和勇气的危险任务,她"不容易对付"。克里斯蒂娜似乎喜欢采用不同的化名,以此来掩盖自己的真实身份。克里斯蒂娜打着为英国报刊采集信息的幌子,以马钱德夫人的名义,前往波兰执行一项危险重重的任务。克里斯蒂娜着手去做一件叫做"福克斯通行动"的危险计划,摇身一变成了克里斯蒂娜·玛丽·格兰维尔,但这计划最终破产了。在法国和弗朗西斯·卡默茨共事期间,克里斯蒂娜以保利娜·阿尔芒的身份为人熟知,并备受喜爱。

这份档案包含了许多有关克里斯蒂娜乱七八糟的开支状况的文件,尽管克里斯蒂娜过着一种似乎非常节俭的生活,但她肯定也有一些昂贵的开销。有一次,克里斯蒂娜招致了一位小官僚的愤怒和挖苦。那是 1944 年 11 月,克里斯蒂娜递交了一份 240.7 英镑的账单,在当时这可是一小笔钱财。小官僚说道:"因为对敌行动的损失,提出的服装索赔与任何类似的索赔一点也不成比例,这是公共基金费用不允许的,因为索赔项目里面列举的服装在质量和数量上都很奢侈。"

克里斯蒂娜对钱财非常小心谨慎,她甚至为此拒绝了一位仰慕者要将伦敦的一处房屋相赠的要求。但这位官员居然如此吹毛求疵地斥责这样一位女性。在法国执行完一项危险任务后,精疲力尽的克里斯蒂娜回来了,腰带上挂着沉甸甸的许多沙弗林①,她一夜都在街上徘徊游荡,而不愿花费不属于自己的一便士。克里斯蒂娜签署的一份文件提到了自己的请求:要以她自己的的名义,把部分资金送给住在法国的姨妈,一位表弟,还有她的前夫、当时住在加拿大蒙特利尔的乔治·吉齐基。

---

① 英国旧时价值 1 英镑的金币。

1945年,克里斯蒂娜复员了,她放弃了自己在空军妇女辅助队的职务。1945年5月11日,克里斯蒂娜拿到了100英镑的退伍金。那时,忘恩负义的英国政府早就将克里斯蒂娜忘得一干二净,波兰方面也没有什么援助,她以前为之服务的国家也没有要奖励这位女英雄的仁慈表示。

1945年晚期,克里斯蒂娜困于开罗,为自己能否再得到她所热爱的危险工作而忧心如焚。同事的一封回信(克里斯蒂娜向同事寻求帮助)让她的希望破灭了。

> 亲爱的克里斯蒂娜:
> 　　我非常担心:不管是现在还是不久的将来,要想给你寻找一份适合你那军事才能的工作,恐怕希望非常渺茫……知道你不喜欢办公室工作,所以我想你不会对任何形式的秘书工作感兴趣的,这就在很大程度上制约了给你找点事做的可能性。安德鲁要回国了,可能就乘坐下一班船回来,我们正尽力给他在德国找份工作。我们正采取所有必要的措施,以便一旦规章制度允许(可能就在战争结束时),你和安德鲁就能加入英国国籍。

有大量官方来信称赞克里斯蒂娜英勇无比,其中有封署名为联盟军队总司令 H. R. 亚历山大的信件就推荐克里斯蒂娜应被授予最高巴思爵士头衔。因为克里斯蒂娜是外国人,所以她没资格获得这一荣誉,但加入英国国籍以后,她就能被授予英帝国勋章了。

克里斯蒂娜在开罗期间,只亲笔写过一封信,信是写给珀金斯的(最初在比卡姆·斯威特埃斯科特的领导下,波兰分部于1945年夏末成立。后来,领导人成了 H. B. 珀金斯上校)。信上标明的日期是1945年3月25日,这封信就是她对自己的将来焦虑不安的一处明证。

克里斯蒂娜的字体很大,笔迹优雅卓越(根据一位笔相家的说法,其笔迹具有受过良好教育、接受过修道院训练的学生书法的典型特点)。克里斯蒂娜的英语虽然流利,但绝不完美。从许多方面来看,这封信都语调哀怜,令人难忘,措辞谦恭。为自己的书法表示歉意之后,克里斯蒂娜接着向"珀金斯"解释道：

> 我已经提出申请，要在皇家空军找个职位，但我担心可能太迟了。如果我需要，你能写信告诉他们：我是个诚实纯洁的波兰姑娘吗？……
>
> 我想和您保持联系，看在上帝面上，如果名单依然存在，不要把我的名字删除。请记住，我愿意去做任何事情。或许你会发现：趁着德国集中营和监狱里的囚犯还没被枪毙，我也许能发挥一点作用，帮助他们逃脱那些地方。我愿意去做这些事情，即使每天都要跳飞机我也愿意。

正如以往一样，克里斯蒂娜挂念着他哥哥还有安德鲁，信里向"珀金斯"发出请求："请照看安德鲁，不要让他做蠢事。"克里斯蒂娜也为她的一位老朋友、优异服务勋章的获得者 A.G.G. 沙特兰（克里斯蒂娜很早就曾遇到过沙特兰）感到担忧。查斯特莱恩是"在布达佩斯的我们的人"，石油工程师，一个杰出的人。他既是克里斯蒂娜也是克里斯蒂娜的丈夫吉齐基的朋友兼仰慕者。在写给"珀克斯"的信中，克里斯蒂娜写道："你能留心一下，看看沙特兰是否收到了我写给他的这封信？如果他真的遇到了麻烦，或许他会需要这封信的。这信中有些人或许能提供对他有利的证据。"

我一直怀疑，在克里斯蒂娜及其伙伴安德鲁呆在开罗期间，有股遭受怀疑的阴云笼罩着他们。有些朋友给了我一些宝贵的新信息，在这些朋友的帮助下，我发现自己的心理七巧板上遗漏了更多的新信息。那时，克里斯蒂娜已经为特种行动执委会效劳有两年时间了，不想服从在伦敦流亡的波兰新政府的命令。对于克里斯蒂娜拒绝为流亡政府服务，为了表示惩罚，政府可能暗中传播谣言，打算毁坏克里斯蒂娜和安德鲁的信誉。他们放出风声，说这对情侣是双重间谍。

最近，政府发行的文件表明：波兰政府在开罗的头脑雅各布·亚历克应对这些控诉——克里斯蒂娜和德国人还有法国维希政府保持着联络——负

Folks Kochany,

Thank you very much for your very nice letter. I was expecting something like that since our Polish scheme fell through — but you always put things in a kindest way. I am very grateful to you for the three month pay you are offering to me. I should like to stay here in Cairo for at least three three month and, in the meantime look around for another job. If I do not succeed — then I will again ask for your help. I have already put in an application for a work with R.A.F. but I am afraid that it's too late. If I need it — will you write and tell them that I am honest and clean polish girl? I have got two other things in mind en I may be one will come off.

Anyway I should like to keep in touch with you and for God's sake do not strike my name from the firm till it exist — remember that I am always too pleased to go and do anything for it.

1945 年克里斯蒂娜写给 H. B. 珀金斯上校的信。（存于国家档案馆）

责。对于他们的"背叛",亚历克却无法提供任何证据,但特种行动执委会却相信了他所说的话,于是克里斯蒂娜和安德鲁被驱逐了。

新上任的特种行动执委会开罗支部的长官彼得·威尔金森上校把这对情侣传来,通知他们不再需要他们效劳了,但或许他本人不相信克里斯蒂娜和安德鲁是叛徒,所以没有把他们的名字从薪水册上删除。在两年的时间里,克里斯蒂娜和安德鲁在开罗苦苦地空等着,直到特种行动执委会的新领导帕特里克·豪沃思重新接纳了克里斯蒂娜之后,她才再度开始为执行危险的任务接受训练。1944 年 7 月,克里斯蒂娜跳伞在法国着陆,由此揭开了她事业当中最为辉煌的一章。

安德鲁·肯尼迪终生未婚。他继续在慕尼黑生活和工作,直到 1988年去世,享年 78 岁。在遗嘱中,安德鲁表示,希望自己的骨灰能埋葬在克里斯蒂娜的坟墓中。

又一次,我和一群默默无语的送葬人站在了肯色尔—格林公墓。克里斯蒂娜的坟墓——在为克里斯蒂娜举行葬礼时,她的坟墓上装饰着她获得的各个奖章,琴斯托霍瓦"黑色圣母像"的圆形勋章,还有她曾佩戴的唯一的一件首饰(图章戒指)——现在又铺满了鲜花。

安德鲁和克里斯蒂娜的家人都在场,在场的还有克里斯蒂娜在特种行动执委会的同事中幸存下来的人。忠心耿耿的弗朗西斯·卡默茨一直看着盛有安德鲁尸骨的骨灰盒细心放置在坟墓中。举行了简短的宗教仪式,接着一切都结束了。现在,安德鲁和他深爱的克里斯蒂娜永远团聚在了一起。

后 记 二*

　　阅读一本有关你熟识的某人的书时,没有想象书中主人公对该书以及该书的艺术处理所做的反应,是不可能的。我相信,克里斯蒂娜的朋友们也会赞成:面对该书还有任何以她为主人公的书时,克里斯蒂娜的反应可能是爆发出一阵嘲笑。"这本书是写我的,太可笑了。怎么这么大惊小怪?"她当然会声称:有很多其他人物更加有趣,更加重要,他们会很高兴看到有些书和他们有关,所以为什么选她呢? 克里斯蒂娜不想使自己作为在战争期间曾做出过许多英勇事迹的个人而被人了解,欣赏。正如马德琳·马森所言"她是个非常喜欢安静的人物"。我们为什么,什么时候可以正当地侵入那种隐私呢? 二十三年光阴的流逝就可以为这种侵犯提供正当的理由吗?"

　　我想我们必须对这种论点产生怀疑,这肯定是传记作家经常面临的进退维谷的处境。尽管存在种种疑虑,但在和许多相关的朋友交谈之后,我还是答应要和马森女士合作,给她提供有关本书的信息,并撰写前言。我答应下来是因为我深信:这本书迟早会有人写的,因为我同样深信:作者的真诚客观,力图寻求真相加以书写的决心是无可争辩的。读完该书的草稿之后,我确信我的猜测没错。对于如此低调、如此悲惨地被铲除一切,成了环境牺牲品的某个个体来说,就人们所能揭示的真相而言,本书的调查研究描绘了一幅准确和谐的画面。

---

　　* 本书 1975 年版本的前言,作序人:弗朗西斯·卡默茨。

我也必须产生怀疑:谁会阅读这本书呢?他们为什么会阅读这本书?人们对答案很少存在疑问。读者阅读该书是因为它是描绘二战的大量文学作品中的一部。很奇怪的是,在这个国家,在欧洲的很多地方,或许在美国程度会差一点,读者似乎对于人们在1939—1945年间那段悲惨岁月中的行为有着永远无法满足的好奇心。一战之后的1920年代中期,埃里克·玛利亚·雷马克的《西线无战事》的出现似乎给"战争文学"的潮流划上了一个句号。当然,小说中的现实主义描写终结了人们对矫揉造作的豪言壮语的过分强调。尽管《二十二条军规》(人们可能期待该书在1960年代后期起到类似的功能)取得了成功,人们似乎并不愿意停止欣赏有关这种主题的文学。三十年后,描写逃亡、不列颠战争以及特别情报服务的书籍仍然魅力很大。这种魅力不仅在那些上了年纪的感伤主义者或具有怀旧情结的退伍军人那里体现得一清二楚,而且在中学还有学生中间同样风光无限。

去年,我受邀参加了为纪念在韦科尔高原牺牲的烈士而在瓦西谢乌克斯举行的集会,在该书中马德琳·马森曾经提到这件事情。在正式的仪式结束之后,我们分属三代人的三千人举行了户外野餐会。参加者有那些幸存者,他们的子女还有孙辈。在一种轻松从容的氛围中,我有机会和许多介于十五到二十岁之间的男男女女进行交谈。我急于查明:他们是否完全厌倦了那些无休无止的谈话和聚焦点,因为正如布尔战争之于处在他们那个年龄段的我,这些事情对他们来说距离非常遥远。

我得到的答案形式多样,表达大相径庭,但它们却传达了同样清楚的信息。"我们想了解有关那个时代的一切,想得知真相。我们羡慕你,因为你明白正误的区别,生活对你来说简单明了,是否要采取实际行动清清楚楚。"或许,这就解释了为什么他们好奇心那么重。自从1945年以来,也发生了别的战争,其他的人类悲剧,饥荒,洪水,地震,还有一些情况非常简单、人类的选择毫不模糊的时代,但这些都距离遥远,和他们的文化以及家人没有什么关系。

我想有一点同样是正确的,即在1970年代,年轻的非洲作家倾向于过分关注他们为了寻求独立而极力抗争的时期;人们真地需要认同一个情况简单、决定采取行动的时代。然而,不管这多么值得理解,对战争加以美化、给它包裹上一层美丽的外衣的危险仍然很大。

我一点也不怀疑,既然很多人会阅读这本书(因为它和战争有关),克里斯蒂娜或许会和我感觉一样,即注意力集中在一个个体或数个个体身上将会不可避免地曲解真相。在一个完全相互依赖成了日常生活本质的团体里,人们日复一日地生活抗争,个体的筛选无法全面反映现实的画卷。对法国或波兰的个体代理人来说,他们的每顿饭食、每夜的睡眠都要依赖他人。被依赖者的幼小孩子,年迈双亲,个人财产还有生计都因我们的在场而不断处于危险当中。和我们的贡献相比,他们的贡献牺牲更大。

不过,这只是一幅画像。如果你描绘肖像,你就不可能描绘出整个环境。大西洋和乌拉尔山区之间平民百姓的经历吸引了马森女士,他们的生活,文化,语言,宗教,还有家族纽带都被战争以及战争的后果完全破坏了。这的确是个"被置换了"的个人经历,这骇人听闻的短语背后埋葬了这么多不为人知的生命。这也是某人的经历,在面对失去了所有那些通常来说能使生活可以接受的东西时,他能够保持一种幽默感,一种为了取得不可能、和蔼大方的人类联络而需要的勇气。

在后弗洛伊德世纪,有关心理学碎片知识的传播使人们越发倾向于把人物分成若干原型,并试图解释他们的行为及行为模式。当然马德琳·马森在此并没这种意图,但毫无疑问许多读者会这么尝试。如果这本书不按照它本来的面目(真诚的探询某人)被人看待,这将会是一大遗憾。在那种搜寻中,人们发现了许多有趣可敬的东西,发现了大量仍然被历史掩盖、不为人知的东西。这是一项令人钦佩的工作,作者满怀同情和怜悯之心,诚实无欺、体察入微地完成了任务。我只能希望,正如作者撰写该书的时候一样,读者阅读的时候也要带着同样的理解。

图书在版编目（CIP）数据

双面的克里斯蒂娜／（澳）马森著；刘略昌，王二磊，程庆华译.
—北京：新星出版社，2007.9
ISBN 978-7-80225-254-7

I. 双… II.①马…②刘…③王…④程… III.克里斯蒂娜－传记 IV.K835.657=5

中国版本图书馆CIP数据核字（2007）第046053号

CHRISTINE:SOE AGENT AND CHURCHILL'S FAVOURITE SPY by
MADELEINE MASSON.
Copyright © 1975 BY MADELEINE MAS
This edition arranged with LITTLE, BROWN BOOK GROUP LIMITED
through BIG APPLE TUTTLE-MORI AGENCY, LABUAN, MALAYSIA.
Simplified Chinese edition copyright © 2007 New Star Press
All rights reserved.

著作权合同登记图字：01-2006-3579

双面的克里斯蒂娜

[澳] 玛德琳·马森 著　刘略昌 王二磊 程庆华 译

责任编辑：段晓楣
责任印制：韦　舰
封面设计：陌室铭

出版发行：新星出版社
出 版 人：谢　刚
社　　址：北京市东城区金宝街 67 号隆基大厦　100005
网　　址：www.newstarpress.com
电　　话：010-65270477
传　　真：010-65270449
法律顾问：北京建元律师事务所

经销电话：010-65276452
邮购电话：010-65276452
邮购地址：北京市东四邮局 7 号信箱　100010

印　　刷：北京中科印刷有限公司
开　　本：660×970　1/16
印　　张：18
字　　数：180千字
版　　次：2007年9月第一版　2007年9月第一次印刷
书　　号：ISBN 978-7-80225-254-7
定　　价：24.80 元